Hamburg

Liebe Leserin, lieber Leser,

diese Hamburg-Ausgabe ist etwas ganz Besonderes. Zum ersten Mal in seiner 60-jährigen Geschichte zeigt MERIAN etwas auf dem Titel, das es gar nicht gibt – noch nicht: Denn das erste Konzert in der Elbphilharmonie wird erst in ein paar Jahren zu hören sein.

Trotzdem erfüllt der spektakuläre Bau schon jetzt die Aufgabe, der er künftig neben seiner Funktion als Konzertsaal dienen soll: maximale Aufmerksamkeit und weltweite Publicity für Hamburg. Vorerst sind es noch die Baukosten, die für Schlagzeilen sorgen. Aber schon wenn sich der Rohbau der Elbphilharmonie über dem Kaispeicher erheben wird, werden Staunen und Stolz das Gegrummel ersetzen. Und wenn die ersten Töne des Premierenkonzerts im Großen Konzertsaal erklingen, werden alle Dissonanzen und aller Ärger vergessen sein. Die Elbphilharmonie wird ein weltweit gültiges Wahrzeichen für Hamburg sein, so wie es das Opernhaus für Sydney ist.
Ich jedenfalls freue mich über den Mut der Bauherren und werde stolz meine auswärtigen Gäste hierher einladen.

Dieser Stolz gilt im Übrigen für ganz Hamburg, wo MERIAN ja im Juni 1948 gegründet wurde. Wieder einmal habe ich die Schönheit dieser Stadt neu entdecken dürfen. Und damit meine ich nicht nur Hafencity und den Elbrand, sondern vor allem die Klassiker, die wir Ihnen hier neu präsentieren. Wo in Deutschland gibt es noch einmal so etwas wie das Blankeneser Treppenviertel, St. Pauli und den Hafen und die vielen Stadtviertel mit ganz eigenem Charakter?

Ich würde mich freuen, wenn Sie wie wir die Hansestadt wieder einmal gründlich erforschen würden. Dieses MERIAN soll Ihnen dabei helfen.

Herzlich, Ihr

Andreas Hallaschka
MERIAN-Chefredakteur

Hamburger Wahrzeichen: Der MERIAN-Zeppelin kreuzt zum 60. Geburtstag dieser Zeitschrift über dem Michel und wirbt für den „MERIAN Blue Port“

Für MERIAN unterwegs

Marc-Oliver Schulz wandelte sich zum Leichtmatrosen: Er fotografierte aus dem Mastkorb der „Sedov“ **Seite 62**

Marc Bielefeld und **Frank Siemers** suchten nach Jobs, die es nur im Hafen gibt. Sie fanden viele und neue **Seite 72**

Klaus Bossemeyer porträtierte die neuen Sammler der Hansestadt **Seite 160**
Heike Ollertz kletterte, kamerabeladen, die Treppen rauf und runter **Seite 148**

Walter Schmitz verlebte lange dienstliche Nächte auf St. Pauli. Und schoss geniale Fotos für die Bildstrecke **Seite 14**

INHALT

Hamburg

SEITE 132

KIEZKULTUR

In den wilden 60er Jahren entwickelte sich St. Pauli zur Brutstätte der neuen Musikszene. Eine wichtige Rolle spielte dabei der „Star-Club"

SEITE 42

CITY MIT WEITBLICK

Neue Bestlage mit Elbblick, ruhig wie vor der Stadt, nur mittendrin: Eine Büroadresse in der Hafencity ist gut fürs Image

MERIAN | Reise-Service ab Seite 171

STADTIDYLLE

Die Alster gewährt Einblicke: Vom Wasser aus lassen sich die Villen der reichen Hanseaten am besten entdecken

HAFENJOBS

Arbeitsplatz mit Postkartenblick: Brückenfahrerin Katrin Lünz hievt im Minutentakt Container aus Schiffen

JET IM BAU

Ob Montage, Mobiliar oder Lack: Das Rekordflugzeug A380 bekommt in Finkenwerder den letzten Schliff

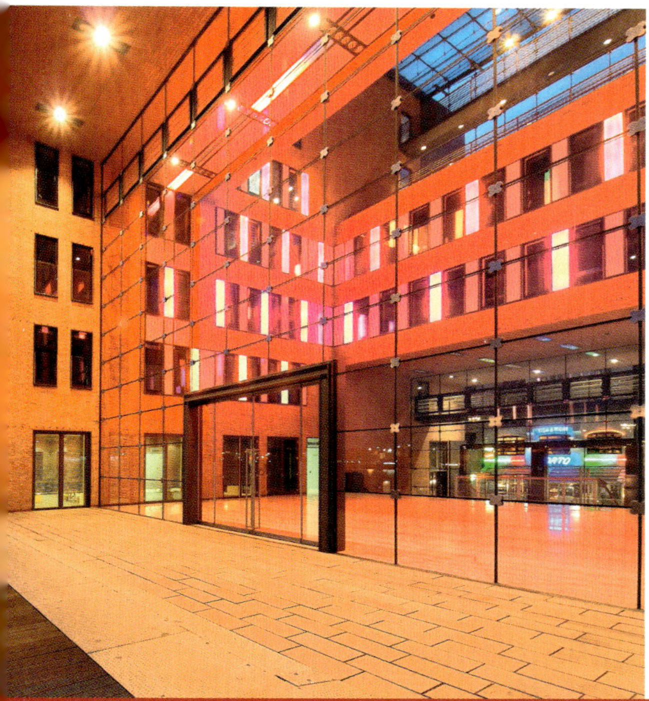

TREPPENVIERTEL

Fein, klein, steil: Wer am Blankeneser Hang aufwächst, ist lebenslang stolz auf sein Dorf am Strom

Wenn es um Qualitätsmöbel geht,
fragen selbst Fischköppe uns Landeier.

AIMAQ · RAPP · STOLLE
hülsta

Theater anders

Eine der neuesten Bühnen Hamburgs, die Fleetstreet, ist eine Art Künstlersalon, zu dessen Ensemble bildende Künstler, Tänzer, Musiker gehören. Eine offene Kollision von Club-, Sub- und Hochkultur. Und ein angenehmer Treff der Szene um Regisseurin Angela Richter. Ihr Mann, der Maler Daniel Richter, und dessen Freund Jonathan Meese sind auch beteiligt, irgendwie. Genauso wie der Entertainer Rocko Schamoni. Wegen der Qualität und Offenheit ist das Programm bereits legendär. Und wenn nicht gerade große Worte fallen, dann ist da immer noch die Bar zum stilvollen Schweigen. (M 3) Fleetstreet, Admiralitätstr. 71, Tel. 39 99 38 83, www.fleetstreet-hamburg.de

Seefahrtsschule ahoi

Einmal den Kreuzfahrtgiganten „Queen Mary 2" zum Überseeterminal steuern? Und festmachen? Kein Problem, ab März 2009 können das auch Laien. Virtuell. Aber nur am Wochenende, denn Mo-Fr ist der 360-Grad-Schiffssimulator mit 14 Meter Durchmesser der Trainingsplatz für alle, die sich hauptberuflich mit der ganz großen Fahrt befassen. Das Hightech-Gerät ist eines der modernsten, mit deren Hilfe Seegebiete und Häfen simuliert werden können. Wie wär's also mit einer Hafenrundfahrt im Maritime Training Center? (A 1) Schnackenburgallee 149, etwa 250-700 €, frühzeitig anmelden auf www.joffi.com

Blauer Planet

Der Kubus ist der neue Saphir in Hamburgs Museumslandschaft: Der Bau im Botanischen Garten der Universität Hamburg zeigt die Nutzpflanzensammlung, die Wissenschaftler und Laien seit dem 19. Jh. zusammengetragen haben. Außerdem gibt es Ausstellungen und ein Minilabor, in dem Besucher z. B. Pilze bestimmen lassen können. Benannt ist es nach der pflanzenkundigen Frau des Altbundeskanzlers. (b 2/3) Loki-Schmidt-Haus, Ohnhorststr. 18, Tel. 42 81 65 83, www.loki-schmidt-haus.de

HAPE HINTERHER

Sternenwege der Pilger in Richtung Spanien haben eine 1000 Jahre alte Tradition: Auf den alten Hansewegen sind jetzt in Norddeutschland weitere 120 Kilometer als Jakobsweg markiert worden. Er führt von Lübeck einmal durch Hamburg immer am Wasser entlang und quert bei Schulau die Elbe. Perfekt ausgeschildert innerhalb des Stadtgebiets, übernachten können Sie günstig in Privatpensionen und Kirchengemeinden, Schlafsack ist mitzubringen. www.jakobswege-norddeutschland.de

Schiffe gucken mit der Maus

Für Schiffsfans und Hobbyfotografen gibt es eine Internetseite, die alles zeigt, was etwa die Elbe rauf- und runterfährt. Also Position, Kurs, Geschwindigkeit, Schiffstyp und -name. **Vesseltracker** fängt einfach die Daten des AIS (Automatisches Identifizierungssystem) ein, mit dem Berufsschiffe ausgestattet sein müssen. Der Gratisservice kann mit zweistündiger Verzögerung, bei einer Verknüpfung über Google Earth mit acht- bis 24-stündiger Verzögerung genutzt werden. 18 000 Schiffsinteressierte sind bereits registriert, viele von ihnen gehören zur Foto-Community und erweitern das Schiffsfotoarchiv. Das Spiel dabei ist vergleichbar dem Trainspotting: Einige Schiffe sind noch nie fotografiert worden. Tauchen die auf, kann es zu einem Wettrennen kommen, wer das erste Bild macht. Oder das am häufigsten im Internet aufgerufene. **www.vesseltracker.com**

Das älteste Behördenamt

Den Schwanenvater als Job gibt es seit 1674, kurz zuvor waren die adligen Vögel in Hamburg unter Schutz gestellt worden. Der Arbeitsplatz des Voglers ist im Sommer die Außenalster, im Winter der (abgetrennte und eisfrei gehaltene) Mühlenteich, wohin er seine rund 120 Kinder mittels Kahn transportiert – und im Frühjahr zurück. In der Zwischenzeit aber füttert er nicht nur Schwäne, sondern ist als offizieller Revierjagdmeister zuständig für alle Wildtiere. Auch für den Hirsch, der sich schon mal im Freihafen verirrte. Bis zu 1300-mal jährlich wird der Schwanenvater zu Einsätzen gerufen.

Schietwetter

Regen-Hauptstadt Hamburg? Manche nennen den Hamburger Sommer auch „grünen Winter“. Alles nur Vorurteile. Denn statistisch gesehen liegt die Stadt mit jährlich **763,5 Liter Niederschlag** pro Quadratmeter auf einem guten Mittelplatz. Übrigens deutlich besser, weil weniger regnerisch, als München auf Platz 5 (972,8 Liter). Mehr noch: Die gefühlte Regenmenge tendiert sogar gen null. Denn der Hamburger kennt keinen Regen. Nur „erhöhte Feuchtigkeit“. Allerdings gibt es trotzdem weniger Sonnenstunden als in München.

MÜTZENKNIGGE

Was dem Bayern sein Seppelhut, ist dem Norddeutschen der „Elbsegler“: eine flache, dunkelblaue, Schirmmütze mit Sturmriemen vorn am Mützensteg. Es gibt mindestens 15 Varianten, eine Herausforderung selbst für Kenner. So trug Altkanzler Helmut Schmidt im Gegensatz zur verbreiteten Legende nie eine Prinz-Heinrich-Mütze, sondern immer das Elblotsenmodell. www.muetzenmacher.de

Elblotse

Altona

Luxus-Schippermütze (100 % Kaschmir)

Alte Fock

Elbsegler

Altstadt

Fleetenkieker

Sommerelbsegler weiß

Creme mit Emblem

Das bekannteste Produkt Hamburgs ist vermutlich Nivea, erfunden und auf dem Markt erhältlich seit 1911. Geschichte machte die „Schneeweiße" (von lat. niveus, schneeweiß) vor allem wegen ihres Marketings: Seit 1925 wird sie in einer blauen Dose mit weißem Schriftzug verkauft. Nivea ist die Mutter moderner Cremes, heute ist daraus eine Markenfamilie mit mehr als 500 Produkten geworden. In Hamburgs feinster Lage mit Alsterblick bietet das neue **Nivea Haus** auf drei Etagen all das, was Frau und Mann in einer hektischen Metropole brauchen, um glänzend dazustehen. **Jungfernstieg 51, Tel. 82 22 47 40,** Mo-Sa 9-21 Uhr

EINE STADT ZWEI VEREINE

Entweder trägt man in dieser Stadt die Raute im Herzen (HSV) oder den Totenkopf auf der Brust (FC St. Pauli). Und da die Liebe zum Fußballverein bisweilen über den eigenen Tod hinausreicht, bietet der HSV jetzt Särge mit dem Clubemblem an. Ein eigenes Gräberfeld hinter der Westtribüne (natürlich in Form eines Fußballstadions) ist auch schon da, der Rasen stammt selbstverständlich aus dem Stadion – er soll Vereinsmitgliedern und Fans gemeinsame Ruhe schenken. Dagegen gibt sich der FC St. Pauli als „Freibeuter" der Liga bewusst diesseitig: Vom Totenkopf auf schwarzem Bikini über Bettwäsche „Millerntor" bis zum St.-Pauli-Toaster bietet der Verein jede Menge kultige Accessoires an. Damit die Fans auch weiterhin am Ball bleiben.

Die teuerste Abo-Zeitung

Sie kostet rund 1220 Euro im Jahr und ist die Pflichtlektüre der Seefahrt- und Hafenbranche: Der **Tägliche Hafenbericht** (THB) mit einer Auflage von 2000 Stück. Darin steht alles, was man wissen muss: Frachtraten, Schiffsnews, Firmeninternes. Angefangen hatte alles mit einer Positionsliste, 1948 erschien sie erstmals als Zeitung. Das wird auch so bleiben, denn der Blick ins Blatt gehört zum Tagesritual an der Küste. Den kann auch die Internetseite nicht ersetzen. **www.thb.info**

DIE FISCHAUKTIONSHALLE am Altonaer Fischmarkt, 1896 als dreischiffige, stählerne Basilika errichtet, ist heute ein schicker Veranstaltungsraum mit einzigartiger Ausstrahlung – besonders im blauen Licht anlässlich der „MERIAN Blue Port"-Tage

Vorbei die Zeiten, als Hamburg sich selbst genug war: Die Stadt ist aufgewacht. Euphorisch feiert sie sich als Boomtown, gibt sich beneidenswert locker und schaut optimistisch nach vorn

FOTOS: WALTER SCHMITZ, MICHAEL MÜLLER

Glänzende

Aussichten

Foto: Walter Schmitz

Foto: Walter Schmitz

DER RONDEELTEICH im Stadtteil Winterhude. In den Villen am Ufer genießen reiche Hamburger die Ruhe in ihren Gärten mit eigenem Anleger. Hier lebt es sich wie im feinen Vorort: Müßiggang unter schattigen Bäumen und ab und an eine elegante Gartenparty

Wo die City Luft schnappt

ZUM ALLJÄHRLICHEN HAFENFEST im Mai treffen sich Schausteller, Entertainer und über eine Million Zuschauer, die sich vor allem an der Parade der Windjammer erfreuen. Steuerbords vom Segelschiff „Sedov“ liegt das neue Dockland-Kontorhaus aus Glas und Stahl

Wo Häuser Schiffen gleichen

Wo Macht dekorativ ist

DIE ALSTERSCHWÄNE sind Eigentum der Stadt seit 1664: der Luxus purer Nostalgie wie auch das Rathaus, dessen Fassade im Stil der Neorenaissance Kulissencharakter hat

Fotos: Michael Müller

DAS DOCKLAND ist Hamburgs ungewöhnlichste Büroadresse: Das gläserne Gebäude (siehe auch Seite 18) gleicht von der Seite einem Parallelogramm und liegt auf Höhe des früheren Englandfähren-Terminals. Von der Freitreppe geht der Blick weit die Elbe hinab

Wo ein Treppenturm baden geht

Foto: Walter Schmitz

Foto: Walter Schmitz

Wo die große Freiheit lockt

SUSIS SHOW BAR ist eines der ältesten Tabledance-Etablissements auf dem Kiez. Die Reeperbahn lockt immer noch Tausende mit dem Mythos von verruchter Halbwelt: Der Reiz ist der Balanceakt aus Kultur, Musik, Party und Rotlichtmilieu

Wo Wasser Ruhe schenkt

DIE AUSSENALSTER ist eine gigantische Sportarena: Zusammen mit der Binnenalster ist sie fast so groß wie das Fürstentum Monaco. Der aufgestaute Fluss lässt die Stadt aufleuchten, schenkt ihr parkähnliche Ufer und stille Weite

IM HAFEN abheben zur Stadtbesichtigung per Wasserflugzeug. Der Ponton liegt direkt vor dem Musterhaus einer schwimmenden Luxus-immobilie in der gerade entstehenden Hafencity. Bis 2025 soll das neue Quartier fertig sein

Fotos: Michael Müller

Wo die Zeit im Flug vergeht

ZU DEN HARLEY DAYS Ende Juni treffen sich alljährlich Tausende Biker aus Norddeutschland. Drei Wochen später sind alle wieder da: zum Motorradgottesdienst im und um den Hamburger Michel

Walter Schmitz

Wo Rocker Andacht halten

Wo ein Hauch von Ascot weht

GESELLSCHAFTLICHES TOPEVENT, seit 1869 traditionell am ersten Sonntag im Juli, ist das Galopp-Derby auf der Horner Rennbahn. Hier zeigt sich die feine Gesellschaft gern ganz groß

SCHWEINESAND vor Blankenese, vor 100 Jahren noch eine Sandbank, wuchs durch Aufspülungen nach jeder Elbvertiefung und bildet längst zusammen mit Hanskalb- und Neßsand eine der Elbinseln. Das Gebiet steht unter Naturschutz: Nur im nordwestlichen Hamburger Teil darf angelandet werden. Von hier scheint die City eine Ewigkeit entfernt

Wo Hamburg nach Meer riecht

Foto: Michael Müller

Hamburg, meine Perle

Wer hier lebt, ist fein raus. Er muss nicht einmal verreisen – denn die ganze Welt ist schon da. Bekenntnisse eines echten Hamburgers, der anderswo leben muss

NIKLAS MAAK, natürlich an der Elbe geboren, lebt nach Aufenthalten in Paris und München heute in Berlin und Frankfurt am Main. Er ist Redakteur im Feuilleton der *Frankfurter Allgemeinen Zeitung*

Ich muss, wenn ich über Hamburg rede, auch vom 20. Juli 2006 sprechen. An diesem Tag erreichten die Temperaturen 38,5 Grad Celsius. Im Schatten. In Hamburg. Die Stadt hat ja nicht den Ruf, das Hauptquartier des guten Wetters zu sein, aber an diesem Tag wurden keine Witze mehr gemacht über die durchschnittlich 52 Tage im Jahr, an denen sich Nebelbänke über die Stadt senken und man in den alten Häusern unten in Övelgönne das ferne Moll der Nebelhörner hört, während der Sprühregen feine Diagonalen auf die Fensterscheiben peitscht. An diesem Tag entdeckten die, die es noch nicht wussten, was Hamburg alles sein kann: Rio de Janeiro. Saint-Tropez. Ibiza. Die Sahara. Das Mittelmeer. Ich meine das ganz ernst. Wer einmal bei solchen Temperaturen an der Elbe saß, weiß, was ich meine. Denn der Elbstrand ist einmalig. Er ist das eigentliche Herz der Stadt.

Ich habe lange in München gewohnt und in Berlin. Ich habe mich an den heißen Sommertagen an den idyllischen Eisbach gesetzt, ans kieselige Ufer der kalten Isar, an die träge und braun vorbeitreibende Spree. Es funktionierte nicht. Es ist nicht das Gleiche.

Vielleicht liegt es daran, dass die Elbe doch deutlich breiter ist und die Nordsee näher. Vielleicht liegt es daran, dass die Elbe zwei völlig verschiedene Welten trennt oder zusammenbringt, je nachdem, wie man es sieht – den bodenständigen Süden von Hamburg mit seinen sogenannten Problembezirken und roten Mietskasernen, und die noblen Elbhänge mit ihren Kiesauffahrten und das blauweiße Alsterhamburg. Der ehemalige Hamburger Oberbaudirektor Egbert Kossak hat die geplanten Neubauten an der Elbe gern eine „Perlenkette" genannt. Wenn demnach die Elbchaussee, an der diese Perlenkette hängt, der Hals von Hamburg ist, dann wären, anatomisch gesehen, Wilhelmsburg, Veddel und der Industriehafen der Bauch von Hamburg, und man tritt diesen Vierteln nicht zu nahe, wenn man sagt: Sie sind der Bierbauch der Stadt. Von dort, vom südlichen Elbufer, tönen die wildesten Geräusche herüber, Schiffe werden gelöscht, Container abgeladen, blaue Kräne mit roten Armen kreischen über ihre Schienen. Alle paar Minuten hört man die gigantischen Stahlspinnen heulen und den Donnerhall energisch aufsetzender, leerer Container: Pank-Gonnnnng! Wuuuuuuiiiieeeh! Da drüben wird gearbeitet, da drüben werden die schwarzen Hanjin-Riesenschiffe aus Südkorea gelöscht, drüben tobt die Globalisierung, wir aber sitzen hier wie auf einer Insel, und es ist, als sei die echte Welt weit weg. Wenn man im feinen Sand des breiten Elbstrands sitzt und hinüberschaut auf den Hafen, hat man das Gefühl, man habe eine erfolgreiche Flucht hinter sich. Der Sand ist weich, das Gegenlicht hart, der Wind kommt vom Meer, die Welt an der Elbe ist größer als an Spree und Isar. Auf der Elbe kommen Schiffe vorbei, so groß wie das Berliner Schloss, haushohe Wände aus Blech. Für einen Moment wird es dann spürbar dunkler am Strand, man hört das Geräusch der großen Dieselmotoren aus den Tiefen des Blechleibs emporwummern, und wenn das Schiff vorbei ist, kommen die Bugwellen, die wie Ausläufer eines kleinen Tsunamis auf den Elbstrand krachen.

Hamburgs Schönheit liegt nicht in den strahlend weißen Villen von Harvestehude, im glitzernden Licht der Alster – Hamburgs Schönheit liegt in der Nähe der absoluten Gegensätze. 15 Autominuten – mehr braucht es nicht von der einen in die andere Welt: vom feinen Klosterstern ins Schanzenviertel, wo Hamburg sich große Mühe gibt, so auszusehen wie die Lower East Side, bevor sie gentrifiziert wurde; von der noblen Bar des Hotel Atlantic in die schrottigen Arbeiterkneipen von Wilhelmsburg – oder eben vom Büro an den Strand. Man kann in der Mittagspause nach Övelgönne zur „Strandperle" fahren, eine halbe Stunde barfuß im feinen Sand liegen, und schon ist man wieder im Büro, mit einem leichten Sonnenbrand und versandeten Haaren. Vielleicht ist es das, was die Hamburger so entspannt macht: zu wissen, dass das andere Leben jederzeit möglich ist. Sie müssen nicht wegfahren, die ganze Welt ist ja schon da. Die Boberger Dünen sind die Sahara, der Sand unten in Blankenese schöner als an den meisten Stränden von Ibiza, und in den sogenannten Harburger Bergen gab es, als ich noch dort wohnte, sogar einen Skilift. Aber die „Strandperle" ist vielleicht das beste Beispiel dafür, wie Hamburg funktioniert – eben nicht, wie es böse Menschen immer wieder behaupten, als nur mit Hermèstuch, Barbourjacke und dunkelgrünem Jaguar zu betretendes Reichenghetto, sondern als klassenlose Utopie. Am Strand von Övelgönne treffen sich alle: Anwälte, Ex-Punker, Studenten aus Altona, Millionäre aus den Elbvororten. Und wenn man mich fragt, wo man in Hamburg am besten essen kann und was das kostet, würde ich immer sagen: Vor der „Strandperle", mit Hafenblick, das Matjesbrot kostet 4,50 Euro und das Bier 2,80 Euro.

Und wenn es doch mal regnet? Dann geht man zum Beispiel in die Innenstadt, auf den Neuen Wall, in den feinen, alten Buchladen von Felix Jud oder nebenan zu Ladage & Oelke, wo zwischen Stoffballen und Mahagoniholzregalen schon Generationen von Hanseaten ihre Tweedsakkos und Cordhosen kauften und wo schnaufende alte Verkäufer mit leicht schief gelegtem Kopf die Frage „Der Herr möchte es eher leger oder klassisch?" stellen (natürlich ist „klassisch" die einzig richtige Antwort). Besonders schön ist es hier im Winter, wenn der Schnee über den Uhrturm der Alten Post treibt und man sich unter der glitzernden Weihnachtsdekoration in eine der Passagen durchkämpft. Fast jeder Hamburger hat irgendwelche nostalgischen Erinnerungen an die alte Innenstadt, und wenn Erinnerung so etwas wie eine konfuse Diashow ist, dann sehe ich beim Neuen Wall mich selbst mit 15 Jahren, wie ich nach der Schule schreckliche Schallplatten kaufen gehe und danach ein Mädchen aus meiner Schule treffe, das einen Dufflecoat trägt und sehr feines braunes Haar hat, in dem sich die Schneeflocken verfangen.

Seitdem habe ich sie nicht mehr gesehen, angeblich lebt sie jetzt irgendwo bei Hannover, aber seitdem denke ich auf dem Neuen Wall an den Geruch von kaltem, nassen Schnee, auch im Sommer. An Hamburg kurz vor Weihnachten. An meinen Freund H. und die anderen, die mit dicken Mützen und weißblauen Schals in der „Scharfen Ecke", der angeblich ältesten Seemannskneipe Hamburgs, ein Pils tranken und dann mit der Bahn zum letzten Spiel der Saison ins Volksparkstadion fuhren, das seit damals zweimal umbenannt wurde und jetzt irgendeinen doofen Banknamen trägt. An die letzte Currywurst, die man nach dem Spiel im „Lucullus" an der Reeperbahn aß, während draußen die heckbetriebenen Taxen die verschneite Davidstraße hinaufschlidderten. An H., der in der Woche darauf jeden Tag vor dem wunderbaren „Petit Café" in Eppendorf auf und ab fuhr, damit es so aussah,

Kleine Fluchten in die nahe Karibik: der neue Garten „Park Fiction" am St.-Pauli-Ufer mit Blick auf die stolze „Queen Mary 2"

Die Elbe ist das Band, das die Stadt zusammenhält: dicke Pötte und feine Villen

als fahre er zufällig vorbei, wenn Julia, die dort als Bedienung arbeitete, herauskäme. Daran, wie er, als sie tatsächlich mit der Hockeytasche über der Schulter herauskam, das Fenster herunterkurbelte und über die Hegestraße „So ein Zufall" brüllte; er komme hier gerade vorbei – ob er sie nach Hause fahren solle? Wie sie daraufhin das allerbezauberndste, frischgewaschenste Hanseatinnenlächeln aufsetzte und „danke, das ist lieb, aber mein Freund holt mich ab" zurückrief. Wie dann ein tiefergelegter BMW mit „NF" als Kennzeichen vorpreschte und Julia in die „Badgalerie" entführte, wo sich die Hamburger Popper trafen, deren Eltern Häuser auf der nordfriesischen Insel Sylt besaßen, was das NF-Kennzeichen an Mamas Auto weithin sichtbar verkündete. Ich möchte an dieser Stelle betonen, dass ich NF als Kennzeichen peinlich finde. Andererseits muss ich zugeben, dass ich, auch wenn ich gerade in Berlin gemeldet bin, ein Auto mit dem Kennzeichen B-HH fahre. Meine Freunde machen sich darüber gern lustig, wozu zu sagen ist, dass diese Freunde ursprünglich aus dem zweifelhaften Ort Bad Segeberg, kurz „SE", kommen, und „B-SE", das Kürzel für Rinderwahn, möchte man ja tatsächlich nicht am Auto haben. Ich freue mich jedenfalls jeden Tag über die vier senkrechten und die zwei waagerechten Balken von HH, die mich an die Elbbrücken erinnern, wenn man von Süden her ins sogenannte „weiße Hamburg" kommt.

Die Nähe der absoluten Gegensätze ist Hamburgs wahre Schönheit

Das „weiße Hamburg". Damit ist, natürlich, das Hamburg der strahlenden Villen an der Alster gemeint; das Hamburg der Segelboote, das Hamburg, wo die Mädchen Maren und Inken und Jonica heißen und die Jungen John, aber nicht englisch, also „Dschonn" ausgesprochen, sondern „John", wie man es schreibt; das Hamburg, wo die Mütter ihre Schwiegersöhne siezen, aber beim Vornamen nennen – „Bernd-Carsten, würden SIE mir bitte noch mal die Orangenmarmelade rüberreichen", die bittere englische natürlich; wo die Damen der Gesellschaft über ihren Betten wilde Zeichnungen hängen haben, die ihnen der betrunkene Horst Janssen auf irgendeinem Gartenfest an der Alster gemacht hat: Das ist das sogenannte weiße, feine, hanseatische Hamburg, das, in dem sich Engländer, Münchner, Jaguarfahrer und Freunde von olivgrünen Gummistiefeln und sandfarbenen Cordhosen wohlfühlen. Und dann gibt es das sogenannte rote – das krawallige, proletarische, politisch felsenfest sozialdemokratische oder schwielige, gebeutelte, verhackstückte Veddel-Holsten-Edel-Hallodigger-Hamburg. Die Arbeitersiedlungen von Barmbek, Wilhelmsburg und Horn, der ölige Industriehafen, das Hamburg, das Lotto King Karl besingt. Lotto ist so etwas wie der gute Geist des roten, proletarischen Hamburgs, der Chefchansonnier aller Astra-Trinker, und seit er bei fast jedem HSV-Spiel vor dem Anpfiff auftritt und die inoffizielle Hanseatenhymne „Hamburg, meine Perle" singt, ist Lotto mindestens so legendär wie seiner Zeit Hans Albers. Im roten Hamburg lebt der anarchische, eher dem Rock'n'Roll als dem dunkelblauen Tuch verpflichtete Geist der Hafenstadt weiter. Zum Lebensgefühl des roten Hamburgs gehören neben dem „Golden Pudel Club" auch die „Motoraver", ein durchtätowiertes Team von Hot-Rod-Fans, die mit matt lackierten Achtzylinderboliden durch St. Pauli bollern, ein Internetradio betreiben und sechsmal im Jahr das gleichnamige Magazin *Motoraver* herausgeben.

Und das Schöne ist, dass das rote und das weiße Hamburg so dicht beieinander liegen; dass sie kein Widerspruch sind. Sie kennen beide den Lärm des Hafens, das Heulen und Kreischen der Kräne, das man nachts, wenn der Nebel vom Fluss bis unter die Straßenlaternen von Altona zieht, noch im Bett hört.

Ist es schwer, Hamburger zu werden? Gute Frage. Es ist vielleicht schwer, in Hamburg eine bezahlbare Wohnung zu finden. Aber am Ende ist Hamburg erst mal gar keine Stadt, sondern eine Haltung, und um die zu begreifen, muss man sich nur einmal an einem schönen Tag in Övelgönne an die Elbe setzen. □

Beauty und Styling: von der Farbberatung bis zum trendigen Make-up

BLAUE WOHLFÜHLMOMENTE

Regenerieren: Meeresambiente und Wohlfühlmassagen

MIT DIESER FARBE SIND WIR GROSS GEWORDEN – SIE IST SOMMER, SONNE UND STRAHLENDER HIMMEL, SIE IST WIE FERIEN AM MEER ...

Und sie begrüßt uns schon am Eingang: Die traditionsreiche, größte Körperpflegemarke der Welt hat seit April 2006 ein Zuhause in Hamburgs schönster Stadtlage, dem Jungfernstieg. Durch das markante blaue Portal geht es hinein in die NIVEA-Welt: an den „Strand", ins „Meer" oder den leuchtend blauen „Himmel" – so heißen die drei Ebenen der 800 Quadratmeter großen Wohlfühloase. Das Erdgeschoss ist das Ressort der Beauty- und Styling-Experten, mit trendigem Hairstyling, glanzvollem Abend-Make-up oder der erfrischenden Pflegerasur für den Mann. Auf der unteren Ebene wird, in coolem Meeresambiente, mit neuesten Massage- und Wohlfühlanwendungen verwöhnt: mit der hawaiianischen „Lomi-Lomi" etwa, oder der sanften „Hot-Stone"-Massage. Der Himmel schließlich gehört der Kosmetik: Helle Farben, Luft, Licht und das traumhafte Alsterpanorama bestimmen das weite Obergeschoss. Im Mittelpunkt: die große blaue Forschungskugel mit den neuesten Technologien für Haut- und Haaranalysen. 60 Wohlfühlexperten kümmern sich an sechs Tagen in der Woche um die Gäste, die entspannen, genießen oder einfach nur über die mehr als 500 Produkte, Accessoires und Souvenirs der großen Marke staunen wollen. Das NIVEA Haus ist die erste Adresse für perfekte Wohlfühlmomente – sei es nach ausgedehntem Sightseeing, als Zwischenstopp auf einer Shoppingtour oder vor dem Premieren-Event. NIVEA-Blau – der Tipp für jeden Hamburg-Besuch.

WOHLFÜHLADRESSE IM HERZEN DER STADT:

NIVEA Haus
Jungfernstieg 51
20354 Hamburg

Mo–Sa 9–21 Uhr
Tel. 040-8222474-0
www.NIVEA.de/haus

Weltklassearchitektur: der brillante Entwurf des Basler Büros Herzog & de Meuron, von Westen gesehen

Text: Joachim Mischke

Zukunfts-musik

Den Hamburgern ist ihre Elbphilharmonie lieb und teuer. Der Umbau des Kaispeichers A zum weltweit bewunderten Wahrzeichen wird immer kostspieliger. Aber was sind schon Millionen gegen Stolz und Selbstbewusstsein einer Stadt, die Großes will?

Extravagant und exponiert: ein Haus, das Geschichte schreibt

Es war einmal. Es war einmal eine reiche, wunderhübsche und gebildete Stadt hoch im Norden, die hatte es sich in einer Art Dornröschenschlaf bequem gemacht. Dort träumte sie vor sich hin, sah sich als Kulturmetropole internationalen Formats und fand sich eigentlich ganz flott, so wie sie war. Dann jedoch wurde sie von zwei Schweizern mit einer umwerfenden Idee wachgeküsst. Und nun? Nun ist alles anders, vieles sehr aufregend und manches unglaublich schwierig.

Hamburg erlebt zurzeit dieses sehr spezielle Märchen. Nennen wir es „Die Schöne und die Baustelle“. Die Hauptrolle spielt ein grober Klotz, auf dem sich eine riesige gläserne Welle erhebt, als phantasievolle Paraphrase auf die Elbe. Als Symbol für enormen, weltweit einzigartigen Ehrgeiz.

„Das ist Zukunftsmusik. Man kann es sich aber schön vorstellen.“ Mit diesem spröden Kommentar reagierte die Kulturbehörde 1999 auf Überlegungen, zusätzlich zur neobarocken Laeiszhalle von 1908 ein zweites Konzerthaus bauen zu wollen.

Ein paar Computergraphiken und einige Zeitungsartikel später war diese wenig kreative Haltung nur noch eine Fußnote in der Stadtgeschichte. Am 2. April 2007 wurde der Grundstein für die Elbphilharmonie gelegt. Sie ist eine aufregende Symbiose aus Alt und Neu, entworfen vom Basler Architektenteam Herzog & de Meuron. Das baute unter anderem die Tate Modern in London, die Allianz-Arena in München, das Olympiastadion in Peking: alles Eyecatcher. Und alles glänzende Markenzeichen für Metropolen – und nicht zu vergessen Renommierstücke für deren Bürgermeister. Die Ham-

Licht und modern wirkt das Foyer (links), der Große Saal mit 2150 Plätzen ist als Spielraum „ohne Hierarchien“ geplant. Das Orchester besetzt die Mitte des Raumes

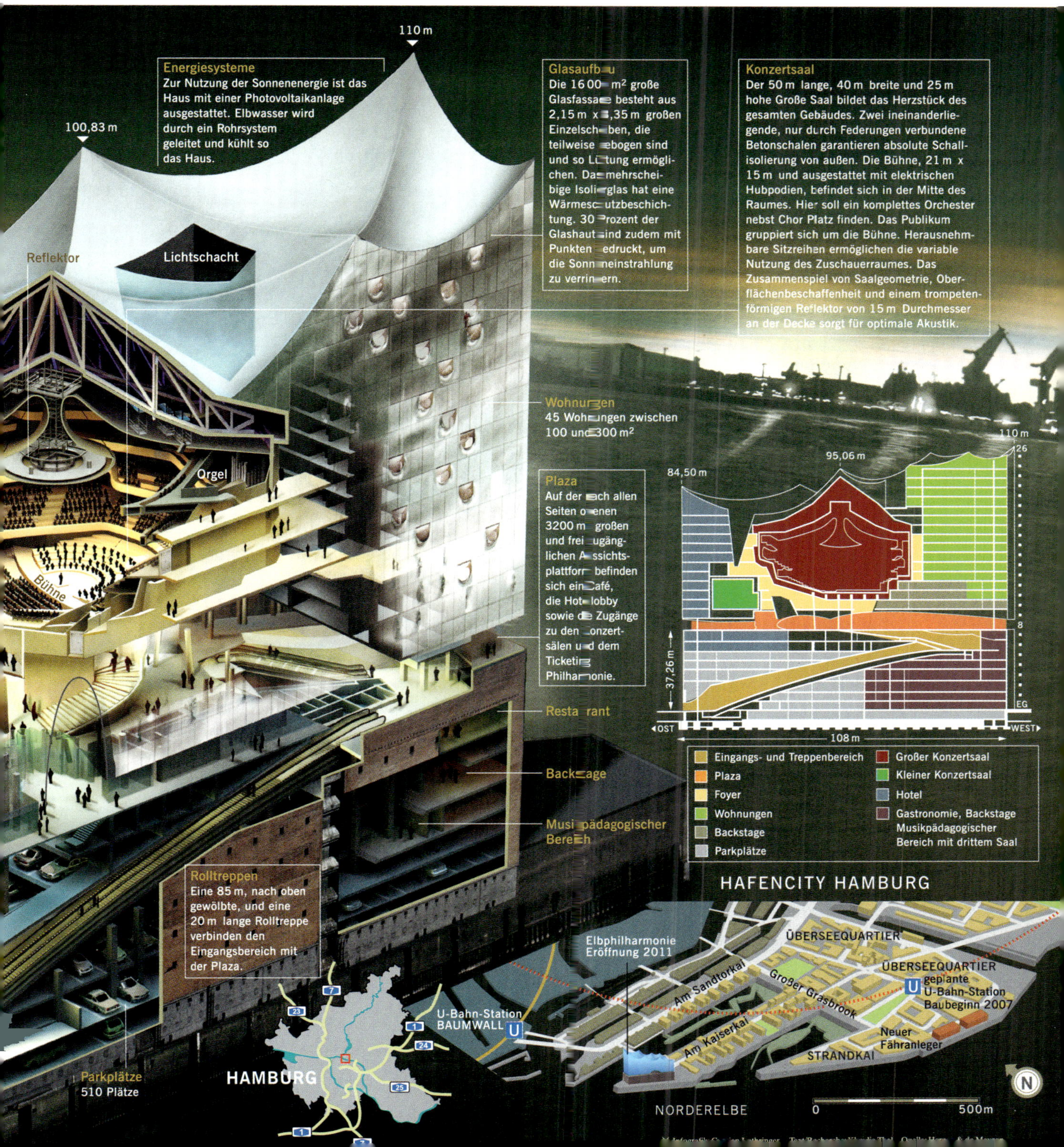

Eine neue Idee mit solidem Fundament auf historischem Grund

Der 1875 fertig gestellte Kaiserspeicher (Markierung) am Kaiserkai war die Spitze des modernen Industriehafens. Links davon die Speicherstadt – der Freihafen

burger Elbphilharmonie, das erste Konzerthaus der Schweizer, steht stolze 37 Meter über dem Wasserspiegel, wird zudem ein Luxushotel beherbergen sowie 45 ebenso luxuriöse Privatwohnungen mit unverbaubarem Blick elbabwärts in den Sonnenuntergang.

Die Anfänge dieser Geschichte waren so kurios wie unberechenbar. Eigentlich sollte der Kaispeicher A, ein asketisch nüchterner Architekturklassiker aus den sechziger Jahren auf einem Filetstück des Hamburger Baugrunds, abgerissen werden, um Platz für ein weiteres, beliebiges Bürogebäude zu machen. Eine architektonisch sichere, aber fade Nummer. Kleinklein im Großformat, wie man es viel zu oft bei schicken Riesenbaustellen wie der Hafencity vorgesetzt bekommt. Doch Alexander Gérard, Projektentwickler, und Jana Marko, Kunsthistorikerin, hatten eine andere Idee: Sie wollten diese zentrale Stelle von Hamburgs jüngstem Stadtteil mit spektakulärer Kultur besetzen. Ein neuer Konzertsaal sollte hier entstehen, denn die großartige, aber chronisch überforderte Laeiszhalle ist Hamburgs einziger Aufführungsort für klassische Musik, seit der Conventgarten 1943 zerstört wurde. Gérard und Marko kannten die Basler Stararchitekten und holten sie für ihre Pläne ins Boot. Buchstäblich: Bei einer Barkassentour begeisterte und überzeugte der Blick auf den an drei Seiten von Wasser umgebenen Bauplatz die Schweizer Gäste sofort.

Die Herausforderung wurde angenommen, die erste Veröffentlichung ihrer Entwürfe im Juni 2003 löste ein enormes Echo aus. Das Design des Großen Saals erinnert an den Zuschnitt der Berliner Philharmonie, soll deren berühmte Akustik aber spielend überholen. Der Trick: Die Musiker rücken in die Mitte des Geschehens, so entsteht nach Meinung der Erbauer ein „Saal ohne Hierarchie".

Mehr als ein Dutzend prominenter Hamburger Architekten plädierte in einem offenen Brief für dieses Konzept. Die anfängliche Bürogebäude-Idee wurde schnell ausgemustert, ebenso der aberwitzige Plan, der Hafencity andernorts eine Kombination aus Show-Aquarium und Konzertsaal zu bescheren. In einer Expertenanhörung konterte der NDR-Chefdirigent Christoph von Dohnányi auf die Frage, ob es denn einen Bedarf für die Elbphilharmonie gäbe, souverän mit einer Gegenfrage: „Hat es einen Bedarf für Beethovens Neunte gegeben?"

Der Wille war nun also verkündet, die Wege sollten prestissimo ganz nach oben führen. In der Klassikbranche rieb man sich verwundert die Augen: Was war denn da auf einmal los, ausgerechnet in Hamburg? So kannte man die Hanseaten gar nicht. Im Rathaus zeigte man sich unterdessen fest entschlossen, diese Jahrhundertchance zu nutzen, um der Hafencity ein visionäres Wahrzeichen zu verpassen. Der Erste Bürgermeister Ole von Beust gab zu Protokoll: „Die Elbphilharmonie ist machbar, wenn wir es wollen. Herausragende Kultur und Architektur haben ihren Preis." Die Meinung des Architekten Jacques Herzog: „Am Ende ist Architektur immer etwas Lokales. Wenn du hingehst, dann muss es dich umhauen."

Private Spender beschleunigten die Entscheidung mit beispiellos großzügi-

Links der Kaiserspeicher, der von den Seeschiffen aus befüllt werden konnte. In der Mitte die Sprengung des Turms – der Speicher war bereits im Krieg zerbombt worden. 1963 baute Werner Kallmorgen am selben Ort den Kaispeicher A, ein asketisch anmutendes Lager für Stückgut wie Kaffee und Kakao

70 Millionen Euro aus privater Hand: Mäzene lassen bauen

Die berühmteste Baustelle der Stadt. Es ist noch ein weiter Weg vom entkernten Ziegel-Fundament bis zum gläsernen Dach. Angepeilte Eröffnung: Herbst 2011

gen Überweisungen. Die Bauunternehmer Helmut und Hannelore Greve verewigten sich mit 30 Millionen Euro im finanziellen Fundament des Prestigebaus, ein anderer Gönner mit der Zusage, die Konzertorgel komplett zu finanzieren. Der Spendenkontostand stieg und stieg, und im Sommer 2008 näherte er sich der 70-Millionen-Euro-Marke.

Während auf der Großbaustelle am Elbufer versucht wird, gegen den Erwartungsdruck anzuarbeiten, hat die Politik längst erste Strukturen und Tatsachen geschaffen. Im Herbst 2007 übernahm ein Wiener das Ruder an der Elbe: Christoph Lieben-Seutter saß zuvor als Chef des Wiener Konzerthauses an einer Quelle aller nur denkbaren Wohlklänge. Er steht nun vor der Herausforderung, als Generalintendant für Elbphilharmonie und Laeiszhalle das bisweilen beschauliche Klassikangebot der Stadt mit seinen diffizilen Machtstrukturen im Eiltempo auf Weltklasseniveau zu trimmen. Man will Stars, Festivals, Superprogramme – Kinder- und Jugendkultur natürlich auch. Das ganze Paket also. Andernorts dauert dies Jahre bis Jahrzehnte; in Hamburg läuft momentan ein riskantes Rennen gegen die Uhr. Dohnányis NDR-Sinfonieorchester wurde schon vor Lieben-Seutters Anreise als „Orchestra in Residence" verpflichtet. Die Philharmoniker von Generalmusikdirektorin Simone Young müssen zwei Aufgaben gleichzeitig bewältigen, sind Staatsopern- und Konzertorchester. Die Hamburger Symphoniker, der dritte Klangkörper, haben sich in den letzten Jahren rasant nach oben vorgearbeitet. Sie dürfen sich, dirigiert vom neuen Chef Jeffrey Tate, zukünftig „Residenzorchester der Laeiszhalle" nennen.

Bereits im April 2006 hatten die Architekten ihren Entwurf der Elbphilharmonie 2.0 präsentiert. Der Große Saal (2150 Plätze) ist deutlich kantiger geworden, über der Bühne schwebt ein riesiger Reflektor, der den Klang optimieren soll. Daneben befindet sich der Kleine Saal für rund 550 Zuhörer. Im Backsteinfundament soll es einen dritten Saal mit etwa 170 Plätzen geben, der auch als Spielfläche für Experimentelles gedacht ist. Besonders augenfällig verändert hat sich die Glasfassade, die mit Ein- und Ausbuchtungen versehen wird. Diese Scheiben müssen in einem komplizierten Verfahren hergestellt und bedruckt werden: eine von unzähligen Premieren auf dieser Hochkulturbaustelle, lange bevor der erste Ton erklingt und der weltweit gefragte Akustikplaner Yasuhisa Toyota sich wieder entspannen kann.

Dass manche der Verantwortlichen aus überdosiertem Ehrgeiz heraus sehr optimistische Voraussagen zu Kosten und Bauzeit an den Tag legten, macht die Sache nicht einfacher. Im Juni 2008 musste die Reißleine gezogen werden: Die Eröffnung wurde um ein Jahr auf Herbst 2011 verschoben. Es begann ein Hauen und Stechen zwischen der städtischen Realisierungsgesellschaft und dem privaten Investor um die Frage, wer an den mehrmonatigen Verzögerungen schuld ist. Und wer bezahlen wird, wenn dieser Verzug den einst veranschlagten Gesamtpreis, etwa 241 Millionen Euro, weiter in die Höhe treiben sollte. Eine Kalkulation mit Open End.

Als Lieben-Seutter im Juni 2006 im Rathaus vorgestellt wurde, erklärte er, nicht ganz frei von Wiener Schmäh: „Hamburg ist keine Musikstadt, ich würde nie wagen, das zu behaupten." Das Hamburg, von dem er damals sprach, das war einmal. Jedes ordentliche Märchen hat bekanntlich ein Happy End. Bleibt also zu hoffen, dass auch dieses Märchen mit einem perfekten Schlussakkord hoch über der Elbe endet und der Traum der wachgeküssten Schönheit Wirklichkeit wird. Der Traum, eine weltweit beachtete Musikmetropole zu sein. □

Joachim Mischke *ist seit 1993 Musikredakteur beim* Hamburger Abendblatt. *2008 erschien sein Buch „Hamburg Musik!" bei Hoffmann und Campe.*

MERIAN | TIPP Mini-Philharmonie

In dem riesigen Glaswürfel, der auf den Magellan-Terrassen steht, steckt das hölzerne Modell der Elbphilharmonie im Maßstab 1:10. Gebaut wurde es für den japanischen Akustiker Yasuhisa Toyota, der damit den bestmöglichen Klang erarbeitete. Das Ergebnis kann sich hören lassen: Im Sockelbereich gibt es 40 Hörmuscheln, aus denen Musik von Jazz bis Klassik erklingt

lufthansa.com
Europa hin und zurück ab 99 €*
Betrachten Sie Ihren Job mal mit etwas Abstand.
Alles für diesen Moment.
Jetzt buchen unter lufthansa.com
There's no better way to fly.
Lufthansa
A STAR ALLIANCE MEMBER

Wer lebt denn hier?

Einblicke in die Hafencity, Hamburgs visionäres Viertel

Alles am Fluss: Aus Hamburgs neuen Kontorhäusern wie dem Deichtor-Center (Architektengruppe Bothe Richter Teherani) blickt man über den Zollkanal auf Speicherstadt und Hafencity

TEXT: GERHARD WALDHERR; FOTOS: KLAUS BOSSEMEYER

155 Hektar Neuland: Die Hafencity ist Europas größtes Stadterweiterungsprojekt – und auf lange Zeit eine gigantische Baustelle. Ein Provisorium, in dem es schon erste Bewohner gibt. Was zieht die Menschen in diese Retortenstadt?

Hamburgs gläsernes neues Herz

Repräsentieren mit Weitblick: Die Panoramasicht aus dem großen Konferenzbereich des neuen Kühne + Nagel Centrums (Architekten Jan Störmer Partner) beeindruckt

Die City ist in fußläufiger Nähe: Nordwestlich des Harbour-Hall-Hauses am Sandtorkai (APB Architekten Beisert, Wilkens, Grossmann-Hensel) sieht man den Nikolaikirchturm

Farbenfroh wie eine Wundertüte

Schöne, neue Stadt: Die Marco-Polo-Terrassen am Grasbrookhafen laden mit Rasenflächen und Liegen zum Verweilen ein. Hier darf die Elbe auch schon mal über die Ufer treten

Glücklich mit der kühlen Moderne: Für Thomas Magold ist seine Maisonette-Wohnung Am Kaiserkai 56 (LOVE architecture and urbanism) schöner als jede Beletage im Jugendstil

Fließende Formen: Einige Wohnungen im unkonventionellen Bau Am Kaiserkai 56 ziehen sich über drei Etagen. Balkone und Erker bieten die verschiedensten Blickwinkel aufs Wasser

Rechts begrünte Balkone mit Sonnenschirmen, links flanierende Menschen auf einer von Bäumen gesäumte Uferpromenade. In der Mitte Buden, Markisen, Gedränge auf alten Brücken und Pontons. Da liegt der alte Senatsdampfer „Schaarhörn". Die Rennyacht „Artemis". Der Lotsenschoner „Elbe No. 5". Möwen kreischen. Schiffe tuten. Im Hintergrund funkelt der gläserne Aufbau der Elbphilharmonie in der Sonne. „Und jetzt", sagt Thomas Magold, „denken Sie sich in der Ferne ein Kreuzfahrtschiff dazu."

Anfang Juli, Freitagnachmittag. Der Himmel ist grau, der Wind kalt, es riecht nach Brackwasser. Thomas Magold steht auf den Magellan-Terrassen in der Hafencity, dort wo tonnenweise Beton und abertausende Pflastersteine noch immer auf wenig Menschen treffen, und spricht von Phantasie. Davon, wie es einmal sein wird. Wenngleich, wie Herr Magold zugibt, man dazu viel Phantasie braucht. Schließlich sind rechts keine Sonnenschirme, links noch Gruben, Schutthaufen, Rohbauten. Im Sandtorhafen gibt es zwar Pontons, aber keine Traditionsschiffe. Und wo die Elbphilharmonie 107 Meter hoch thronen soll, steht ein Wald aus Kränen. Es ist kurz nach vier, als die ersten Regentropfen ins trübe Hafenbecken klatschen.

Wer zieht in so eine Gegend? Wer will in einem Stadtteil vom Reißbrett wohnen, in einem Provisorium? Es hört sich alles gut an: 5500 Wohnungen, 12000 Bewohner, dazu 40000 Arbeitsplätze auf 155 Hektar zwischen Zentrum und Elbe. Überseequartier. Hamburg Cruise Center mitsamt Luxushotel. Hafencity Universität. Stararchitekten, fulminante Wahrzeichen am Wasser, das neue Herz der Stadt. Nur: Lässt es sich hier gut leben?

Stimmt es, was Bürgermeister Ole von Beust sagt: „In die Hafencity ziehen die, die es schon geschafft haben"? Die Journaille machte das neue Quartier daraufhin prompt zum Refugium für Besserverdienende und Cabriofahrer. Dazu passen die aktuellen Angebote des Immobilienhändlers am Grasbrookhafen. Im "Yoo-Haus" von Philippe Starck kosten 94 Quadratmeter 1700 Euro Kaltmiete, ebenso im Angebot: 187 Quadratmeter für gut 4100 Euro kalt. Im Ocean's End stehen „exklusive Lofts" (137 bis 147 Quadratmeter) zum Verkauf. Preis: 555000 bis 695000 Euro, die Tiefgarage 25000 Euro extra. **Viel Geld für ein Zuhause in einem „Würfelhusten am Wasser", wie der Hamburger Stararchitekt Hadi Teherani die neue Stadt nennt. Und mal ganz abgesehen davon: Wo kauft man hier eigentlich Brötchen?**

Die ersten Bewohner kamen 2004. Ende 2007 waren es 800; Ende 2008 sollen es 1500 sein. Und wenn man mit den Menschen hier redet, dann bekommt man das Gefühl, dass dieses Quartier alles andere als ein versnobtes Wohntrauma aus der Retorte ist.

Von wegen gefühllose Stadtplanung, meint Tobias Gloger, der im Harbour Hall am Sandtorkai wohnt, das als eines der ersten Häuser bezugsfertig war: „Uns alle hat das Wasser gelockt. Es ist aber auch das urbane Leben – hier haben wir beides." Vom Harbour-Hall bis zur Mönckebergstraße sind es nur 800 Meter, knapp zehn Minuten zu Fuß.

Von wegen gelackter Stadtteil für Yuppies, sagt Katrin Frömsdorf. Sicher, man könne teuer mieten und teuer kaufen. „Man kann hier aber auch für zehn bis zwölf Euro Kaltmiete wohnen, da zahlt man im Schanzenviertel oder in St. Georg mehr." Zusammen mit ihrem Mann Andreas hat sie eine Wohnung gekauft. Durchaus erschwinglich, behaupten die jungen Leute, sie beschäftigt bei einer PR-Agentur, er ist Nanotechnologe. Und was das Gerücht von der Servicewüste angeht, sagt Michael Klessmann: „Natürlich ist das noch alles im Entstehen, doch gerade haben zwei thailändische Restaurants eröffnet, wir haben einen Kiosk, einen Supermarkt, einen Feinkostladen, jetzt soll noch ein Bäcker kommen. Dann können wir uns mit Brötchen totwerfen."

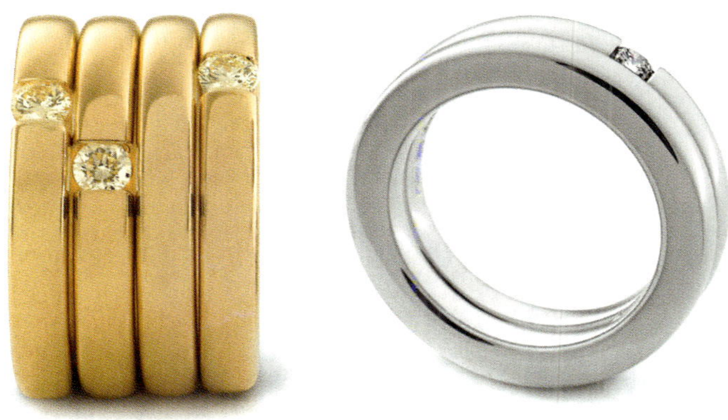

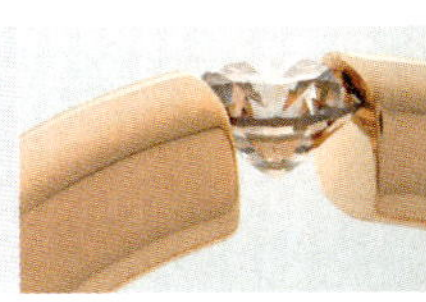

Klessmann sitzt vor dem Bistro „Kaiserperle", schaut auf den Grasbrookhafen, gegenüber liegen die Marco-Polo-Terrassen, ein einsames Pärchen sieht sich dort in die Augen. Es dämmert, die Elbe plätschert gegen den Kai, und Klessmann antwortet auf die Frage, warum er mit seiner Frau in ein Haus am Kaiserkai gezogen ist: „Wir sind Wassermenschen." Und dann schwärmt der IT-Experte über die Flut im November 2007 wie andere Leute über ein schönes Urlaubserlebnis. Zugegeben, sagt Klessmann, das sei Geschmackssache. „Doch ich kenne niemanden, der hier nicht wohnen möchte."

Das liegt nach Ansicht der Anwohner auch an der HafenCity Hamburg GmbH, die bemüht ist, neben luxuriösem auch bezahlbaren Wohnraum und ausreichend Ladenflächen zu schaffen. Sie verschickt Willkommenspakete mit Basisinformationen, beschäftigt sogar einen Soziologen, der sich um die Belange der Anwohner bemüht. Es gehe darum, sagt Marcus Menzl, 2007 von der HafenCity Hamburg GmbH engagiert, „die Entwicklung sozialer Prozesse zu unterstützen". Wo nichts gewachsen ist, kann eine ordnende Hand nicht schaden. „Verbesserung des Alltags" nennt Menzl das. „Wir beobachten, welche Menschen herziehen und wie sich das Leben im Quartier entwickelt, und überlegen dann, in welcher Weise man diese Prozesse befördern kann." So hat Menzl die Familien mit Kindern angesprochen, bevor ein Spielplatz eingerichtet wurde; er ermunterte sie, für die Errichtung eines Spielplatzes einen Verein zu gründen; er hält Kontakt zu den Betreibern der drei Internet-Foren, auf denen das Leben in der Hafencity diskutiert wird. Und er bemüht sich um den Störtebeker-Sportverein oder die Kunstkompagnie, die einige Bewohner der Harbour Hall gegründet haben.

Thomas und Sabine Magold zogen am 1. Mai 2008 am Kaiserkai 56 ein, ihre Wohnung erstreckt sich über drei Etagen. Wer bei ihnen in der Küche sitzt, bekommt eine Ahnung davon, was die Menschen hierher zieht. Durch das deckenhohe Panoramafenster sieht man den Sandtorhafen, dahinter die Speicherstadt, die Kirchturmspitze von St. Katharinen, die Blohm+Voss-Werft auf der Elbe und die Landungsbrücken. Einen Stock höher, auf dem Balkon des Wohnzimmers, schwappt unter einem die Elbe wie abgestandener Schwarzer Tee. Weiter hinten Containerterminal, Raffinerie, Brachland. **Die Dachterrasse, 200 Quadratmeter groß, liegt nur etwa 100 Meter vom Kaispeicher A entfernt, dem Fundament für die Elbphilharmonie. Wasser, wohin man blickt. Herr Magold sagt: „Mehr Hamburg geht nicht."**

Haus Nummer 56 am Kaiserkai ist ein Unikum in der Hafencity. Die weiß beschichtete Fassade glitzert in der Sonne, die Balkone und Fenster haben fließende Formen wie von Colani erdacht; die Glasflächen sind gigantisch. 800 Quadratmeter misst das Grundstück, 25 Wohnungen, zehn Millionen Euro Baukosten. Herr Magold, der bis zu seiner Pensionierung für BMW arbeitete, erzählt gern, wie er in die Hafencity kam.

2004. Er wohnte in Uhlenhorst, gediegener Altbau, als die Anfrage kam. Ob er sich an einem Bauherrenmodell in der Hafencity beteiligen wolle? Herr Magold, der überzeugend über die „rauen Wasser der Elbe und die lieblichen Wasser der Alster" referieren kann und auch Vorsitzender des Hamburger Tourismusverbands ist, wollte. Es folgten Ausschreibung und Wettbewerb. Entscheiden sollten zwei Jurys, eine aus Experten und eine aus Laien, der Herr Magold vorstand. Die Experten favorisierten einen Entwurf aus England, die Laien den aus Österreich. Der englische bot nur einseitige Blicke auf Wasser. Magold: „Da haben wir die Revolution geprobt und gesagt, da werden wir nicht wohnen." Vielleicht, weil Herr Magold viel Phantasie hatte und sich schon damals vorstellen konnte, wie es aussehen sollte?

Nicht jeder kann das. Für den Besucher ist die Hafencity noch ein ambivalentes Erlebnis. Sicher, die Vorstellung,

Neue Heimat: Der Sandtorkai gehört zum ersten Teilquartier, das 2005 fertiggestellt wurde. 120 Jahre lang wurde in diesem Teil des Hafens nur gearbeitet, jetzt kommen Menschen, um hier zu leben

Das neue Glanzlicht der Hafencity ist der Museumshafen: In der Mitte des Hafenbeckens am Sandtorkai können jetzt an acht Pontons bis zu 20 Traditionsschiffe Platz finden

citynah am Wasser zu wohnen, ist faszinierend. Doch wer mittags mit Taxi zum Kaiserkai will, wird vom Fahrer schon hundert Meter vorher zum Aussteigen genötigt, weil der nicht riskieren will, im Gestrüpp der Gerüste, Bau- und Lastwagen stecken zu bleiben. Und wer abends von hier ins Zentrum will, wartet mitunter verzweifelt auf ein Taxi, weil in der Speicherstadt der „Hamburger Jedermann" aufgeführt wird und die Zufahrt nur über kuriose Umwege möglich ist. Ein Provisorium eben.

Daran wird sich vermutlich so schnell nichts ändern. Diesen Eindruck gewinnt man vom View Point, dem orangefarbenen Turm zwischen Grasbrookhafen und Strandkai. Deutlich ist zu erkennen, dass die bisher entstandenen Projekte nur die ersten fertigen Teilchen in einer gigantischen Baugrube sind. Und ob Plätze wie die Magellan- oder die Marco-Polo-Terrassen jemals ihren bizarren in einen liebenswerten Charme verwandeln, bleibt abzuwarten. **Tobias Gloger, Pilot bei der Lufthansa, sagt: „Das ist natürlich nicht die Romantik von grüner Wiese und Wald. Wer ein Einfamilienhaus in der Natur will, zieht nicht hierher."**

Noch einmal zurück zum Kaiserkai 56, Erdgeschoss, zu Tai Tan, einem der beiden neuen Thailänder. Katrin und Andreas Frömsdorf kamen zur Eröffnung, ihre Wohnung liegt schließlich im selben Haus. Auch ihre Freunde Michael Heine und Tanja Haase, er IT-Fachmann, sie Architektin, waren da; die beiden wohnen schräg gegenüber. Heute Abend essen sie wieder hier und erzählen von der Eröffnung. Der Laden sei voll gewesen, aber kurioserweise habe niemand bestellen können. „Um Viertel nach sieben flog die Tür auf, herein kam der Kurier mit einem Stapel aus der Druckerei: Speisekarten. Das ist Hafencity."

Es wurde dann noch ein lustiger Abend mit vielen Antworten auf die Frage, was dieses neue Stück Stadt ausmacht. Dazu gehören natürlich auch der Baulärm, der Schmutz, der Monate dauernde Versuch, den Schacht für den Fluchtweg der U-Bahn-Linie zum Überseequartier in den Kaiserkai zu rammen. Was verbindet die Bewohner der Hafencity? Heine sagt: „Offiziell die Liebe zum Wasser, inoffiziell Ärger über Baumängel." Die Frömsdorfs erzählen von Touristengruppen auf ihrer Dachterrasse und Location Scouts, die im Treppenhaus herumlungern und „nur mal gucken" wollen. Heine und Haase erinnern sich an den Abend ihres Einzugs: „Um 22 Uhr kam die ‚Queen Victoria' rausgefahren. Mit Feuerwerk. Da bleibt einem schon die Luft weg."

Andreas Frömsdorf ging übrigens mit seinem Nachbarn Michael Heine zur Schule, zehn Jahre spielten sie im selben Basketballteam und verloren sich dann aus den Augen. 24 Jahre später hat die Hafencity sie wieder zusammengebracht. „Alle, die hier leben", sagt ein Bewohner, „ticken irgendwie gleich." □

Gerhard Waldherr, *früher wohnhaft in St. Pauli, jetzt in Berlin, würde jederzeit Richtung Elbe ziehen. Nur seine Frau nicht.* **Klaus Bossemeyer,** *Münsteraner mit vielen Hamburg-Erfahrungen, war begeistert vom neuen Stadtviertel.*

MERIAN | TIPP Hafencity-Museen

(O 3) **Dialog im Dunkeln** In völlig abgedunkelten Räumen führen blinde Menschen kleine Gruppen durch eine Ausstellung: Aus Düften, Winden, Temperaturen, Tönen, Texturen wird ein Park, eine Stadt, eine Bar gestaltet. Geboten werden Alltagssituationen, die ohne Augenschein zu völlig neuen Erlebnissen führen. Früh anmelden! Alter Wandrahm 4, Tel. 309 63 40, Di-Fr 9-17, Sa-So 11-19 Uhr

(N 3) **HafenCity-Infocenter im Kesselhaus** Ehemaliges Energieversorgungshaus, in dem heute das Modell der Hafencity (Maßstab 1:500) steht. Außerdem kleines Bistro Am Sandtorkai 30, Tel. 36 90 17 99, Di-So 10-18 Uhr

(N 3) **Speicherstadtmuseum** Typische Waren, Arbeitsgeräte und Berufe der historischen Fleetinsel St. Annenufer 2, Tel. 32 11 91, Di-So 10-17, im Sommer 10-18 Uhr

(N 3) **Spicy's Gewürzmuseum** Riechen, schmecken tasten: 50 Gewürze werden präsentiert und erklärt Am Sandtorkai 32, Tel. 36 79 89, Di-So 10-17 Uhr

>> Internationales Maritimes Museum siehe S. 163

Entwurf des Überseequartiers am Magdeburger Hafen: Gleich einer City in der Hafencity soll hier ein homogenes Viertel auf acht Hektar Fläche entstehen. Um das Quartier lebendig zu machen, wird ein Mix aus Wohnungen, Läden, Gastronomie und Freizeiteinrichtungen angestrebt

Simulation des geplanten *Spiegel*-Gebäudes auf der Ericusspitze (Architects Henning Larsen): Der Sockel ist aus rotem Backstein, darüber erheben sich zwei Gebäudehüllen aus Glas, Stahl und Beton

Das Neueste an der Elbe

Die Hafencity ist die Parade der Gegenwartsarchitekten: Viele wollen das Besondere, jeder spricht eine andere Sprache. Bald ist Bau-Halbzeit, und alle Welt blickt auf Hamburg. Eine Zwischenbilanz von Niklas Maak

Für markante Fassaden ist Erick van Egeraat bekannt. Er plante den Wohn- und Bürokomplex

Ein Gebäude wie eine Welle: Der Italiener Massimiliano Fuksas entwarf das Kreuzfahrtterminal mit Luxushotel

Waben am Wasser: die Water Front Towers des niederländischen Büros Erick van Egeraat

Akademie der absoluten Moderne: die neue Hafencity Universität des Dresdner Büros Code Unique

Die Hafencity gab es schon einmal. Nur hieß sie damals nicht Hafencity, sondern Kehrwieder-Wandrahm: Auf der Insel am Hafen standen bis Ende des 19. Jahrhunderts elegante Barockhäuser neben einer dichten Wohnbebauung. Dann zogen die Kaufleute vor dem wachsenden Hafen weg, Handwerker und Hafenarbeiter rückten nach. Es entstanden, wie Alfred Lichtwark schwärmte, „malerische Arbeiterhäuser", schiefe Fachwerkgebäude, kleine Gassen und alles, wovon Stadtplaner heute träumen: soziale Durchmischung, unterschiedliche, kleinteilige Bebauung, hohe Verdichtung. Nur war das bei den damaligen hygienischen und sozialen Verhältnissen längst nicht so malerisch, wie es den Hamburger Bürgern aus der Ferne erscheinen mochte. „Wohnen am Wasser" war keine romantische Angelegenheit: Es stank, Ratten liefen umher, die Häuser waren feucht bis in die Balken, und im Sommer 1892 brach in Hamburg eine Cholera-Epidemie aus, bei der über die Hälfte der 16956 Erkrankten starb. Der Bakteriologe Robert Koch schrieb damals entgeistert: „Ich habe noch nie solche ungesunden Wohnungen, Pesthöhlen und Brutstätten für jeden Ansteckungskeim angetroffen wie in den sogenannten Gängevierteln (...) am Hafen." **Dass in den 1880er Jahren mit dem Abriss der Häuser unten am Wasser, wo die Speicherstadt und der Freihafen entstehen sollten, begonnen wurde, war also nicht nur bedauerlich.** Und dass es so lange Zeit gedauert hat, bis Hamburg die Schön-

Aufstrebend und ökologisch korrekt: Den Marco-Polo-Tower am Strandkai entwickelte das Stuttgarter Architektenbüro Behnisch als Niedrig-Energie-Wohnturm

Eine Wasserfront mit herausragenden Solisten

heit des Wohnens am Wasser wiederentdeckte, mag auch an der finsteren Geschichte des elbnahen Wohnens am Hafen liegen.

Die Tatsache, dass der innenstadtnahe Teil des Freihafens etwas über ein Jahrhundert nach seiner Gründung überhaupt wieder zum Wohngebiet wird, liegt genau genommen am ehemaligen Oberbaudirektor Egbert Kossak, der schon ab Mitte der achtziger Jahre die Rückkehr ans Wasser propagierte. Und auch wenn die von ihm gern sogenannte „Perlenkette" von Neubauten am Hamburger Hafenrand größtenteils aus klobigen Klinker-Klunkern bestand, die schmerzhaft am Hals des klassizistisch weißen Hamburg zerrten: Der Hafen, den man lange nur als Sammelbecken von Teer, Öl und zwielichtigen Gestalten wahrgenommen hatte, wurde durch seine Initiative als Ort zum Arbeiten, Ausgehen und Wohnen wiederentdeckt. Hamburg, das sich lange wie eine pikierte Dame vom derben Treiben an der Elbe abgewandt hatte, drehte sich zum Fluss herum – und was sie jetzt dort hinter der backsteinneugotisch glänzenden Speicherstadt zu sehen bekommt, ist die Hafencity. Etwa einen Kilometer von der Binnenalster entfernt, auf einem 155 Hektar großen Gelände im alten Freihafen, sind die ersten Bauten eines neuen Stadtteils mit 40 000 Arbeitsplätzen und Wohnungen für 12 000 Einwohner entstanden. Ein Jahrhundertprojekt mit dem Ziel, die Innenstadt in den kommenden knapp 20 Jahren um 40 Prozent zu erweitern.

Wie nötig dieses Erweiterungsgebiet, eines der größten Europas, für Hamburg ist, zeigen demoskopische Prognosen: Keine andere Stadt Deutschlands wird in den nächsten Jahren so viele neue Einwohner gewinnen. Für Rohkaffee ist Hamburg schon lange der größte Umschlaghafen der Welt und für China der wichtigste Standort in Europa; den Hafen von Rotterdam wird man auch noch einholen. Die Hafencity soll der Brennpunkt des europäischen Städtebaus werden.

Was bisher dort zu sehen ist, hinterlässt einen gemischten Eindruck. Einerseits sehen einige Gebäude seltsam aufgekratzt aus, wie biedere ältere Herren, die sich mit dem, was ihnen als modisch erscheint, für einen Discobesuch herausgeputzt haben. Die meisten Bauten hingegen stehen so gähnend langweilig da, dass man ihnen ihre eigenen Backsteine aufs Dach hauen und zurufen möchte: Aufwachen! Ihr steht in der Hafencity! Seid gefälligst ein bisschen einfallsreicher, eleganter und aufregender!

Die Stadt streckt sich ins Wasser

Die neue Biederkeit ist doppelt ärgerlich, denn in Hamburg gibt es zur Zeit so viele hochbegabte jüngere Architekten wie kaum sonst irgendwo in Deutschland: Carsten Roth zum Beispiel, dessen bekanntester Bau die räumlich sensible Ergänzung der raketenförmigen Kirche von St. Nikolai am Klosterstern ist. Oder Laura Jahnke, die in Duvenstedt ein Kettenhaus gebaut hat, das die Frische der klassischen Moderne ausstrahlt. Oder Kraus Schönberg Architekten, die ein so kluges, einfallsreiches und charmantes kleines Einfamilienhaus in Ohlstedt gebaut haben, wie man es sonst nur in Tokio findet. Hamburgs Stadtplaner hätten hier ruhig einmal das Potenzial der eigenen Architekturszene anzapfen können, statt die Projekte national und international zu vergeben.

Ein anderes Problem des neuen Stadtteils: Die ruppige Hafenatmosphäre, das Dichte, Lärmende, Lebendige der alten Kais, ist zu Tode desinfiziert worden. Am Sandtorkai hocken größtenteils banale Luxuswohn- und Bürokartons nebeneinander wie Rentner auf der Parkbank. Nur gegenüber auf dem Dalmannkai spürt man, wie hier einmal eine dichte Wohnstadt mit Restaurants und Läden entstehen könnte. Auffallend im gediegenen Mittelmaß ist das Wohn- und Bürohaus der Architekturbüros „Love" und „Übernormalnull", die seinen Bewohnern einen futuristisch anmutenden Bau mit begrünter Dachterrasse sowie 24 riesigen, weit auskragenden Erkern spendieren, die fast schon fliegende Gärten sind.

Ähnlich begrünt wird es auf den schwingenden Balkonen des Niedrig-Energie-Wohnturms mit dem ambitionierten Namen Marco-Polo-Tower sein, den das Büro Behnisch Architekten am Strandkai plant und

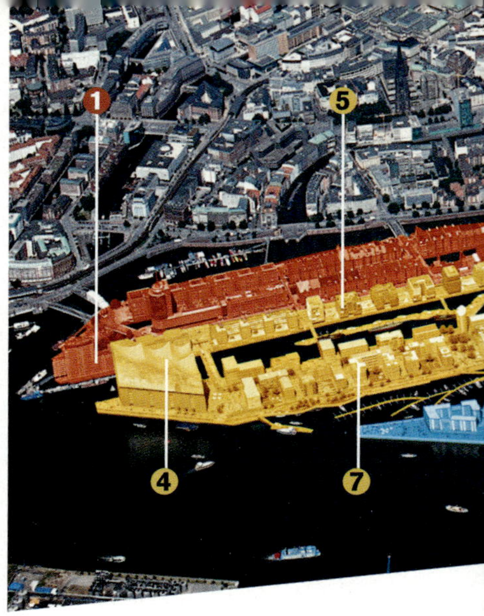

der nicht nur eine architektonische Hommage an den tropisch befeuerten Modernismus eines Oscar Niemeyer, sondern auch ein ökologisches Statement sein soll. Dass große Namen der Architekturszene nicht automatisch gute Gebäude garantieren, zeigt Richard Meiers sturzbanaler Entwurf für das hier geplante Hamburg-America-Center. Und die Planungen für die Unternehmenszentrale des Germanischen Lloyd am Brooktorkai sind auch nicht gerade das, was man eine architektonische Offenbarung nennt.

Bis Ende des Jahres 2011 soll das Überseequartier fertiggestellt werden, der Sandtorkai ist fertig, ein Großteil des Dalmannkais ist zu besichtigen – rund 630 Wohnungen entstehen hier, auch bezahlbare für weniger wohlhabende Schichten. Der Hamburger Architekt Jörg Friedrich hat im Auftrag der Baugenossenschaft Bergedorf-Bille hier einen klassisch-modernen Bau mit 42 Wohnungen errichtet. Auch eine Grundschule mit Ganztagesbetreuung ist entstanden. Bei den ersten Läden dominieren dann allerdings wieder Adressen für den gehobenen Hafen-Yuppie-Bedarf; sie heißen „Harbour-Tobacco" und „Feinkost Hafencity" und verkaufen das, was die Bewohner der von Philippe Starck designten Luxusapartments auf dem Dalmannkai am dringendsten benötigen, nämlich Zigarren, Champagner und „Rinderfilet an Sauce Bernaise mit getrüffeltem Püree". Das Essen wird auf Wunsch vom Mietkoch serviert. Auch das ist das neue Hamburg.

Wer in die Hafencity zieht, sollte jedenfalls aufpassen, dass er nicht aus

Mutiger Entwurf: Das Science Center von Rem Koolhaas gleicht einem riesigen Donut aus Containern, in die ein Aquarium, ein Wissenschaftstheater, Büros und Restaurants ziehen sollen

Die Hafencity gehört mit über 150 Hektar zu den größten Hafenrevitalisierungen Europas.

Ob es gelingen wird, dieses riesige Gebiet dem Masterplan gemäß bis 2025 fertigzustellen, ist noch nicht sicher. Dieser Plan sieht Folgendes vor: Die 1885 bis 1927 in vier Stufen errichtete Speicherstadt mit ❶ dem Hanseatic Trade Center, ❷ der Verbindung zum Jungfernstieg und ❸ dem Speicherstadtmuseum verzahnt die neue Hafencity mit der Innenstadt. Das Quartier um Sandtorkai, Kaiserkai/Dalmannkai mit ❹ der Elbphilharmonie, ❺ Sandtorkai, ❻ Magellan-Terrassen mit dem Traditionsschiffhafen, ❼ Kaiserkai/Dalmannkai und ❽ den Marco-Polo-Terrassen mit Yachthafen im Grasbrookhafen. Der Strandkai mit ❾ der Unilever-Zentrale plus Apartmentturm. Das Quartier Am Sandtorpark-Grasbrook und Cruise Center mit ❿ der Schule, ⓫ dem Grasbrookpark und ⓬ dem Cruise Center mit Hotel. Das Überseequartier mit ⓭ dem Alten Hafenamt, ⓮ dem Science Center und ⓯ dem Magdeburger Hafen. Das Quartier östlich des Magdeburger Hafens mit ⓰ Kaispeicher B, Internationalem Maritimen Museum, ⓱ der Hafencity Universität und ⓲ dem Lohsepark. Das Quartier am Brooktorkai mit ⓳ dem *Spiegel*-Neubau.

Foto: HafenCity Hamburg/Grafik-Bearbeitung: Agathon Design, Iffeldorf mit freundlicher Genehmigung aus: *Deutsche Bauzeitung*; Ausgabe [illegible]/2008, Schwerpunkt „Hamburg Hafencity“

---

seinem Fenster auf die „Magellan-Terrassen“ schauen muss. Sie sind das Hässlichste und Albernste, was seit langem als öffentlicher Platz verkauft wurde, eine wirre Ansammlung von sinnlosen Treppen und ambitioniertem Stadtmöbel-Designschrott – da kann die Hafencity-Werbung hundertmal behaupten, die wie besoffen herumtrudelnden Lichtskulpturen verbreiteten „spielerisch“ einen „mediterranen Charme“.

Dafür wird im Überseequartier ein Gebäude entstehen, das zeichenhafte Qualität hat: ein neues, 70 Meter hohes Tor zur Welt, ein Bau, der aussieht, als hätte ihn ein surrealistischer Hafenkran im Delirium aus Containern aufgestapelt. Rem Koolhaas, der niederländische Architekt, errichtet hier das gut 23 000 Quadratmeter große Science Center: Ein Aquarium, ein Wissenschaftstheater, Restaurants und Büros sollen da in zehn Container verpackt zu einem abstrakten Riesenrad getürmt werden. Auf den versetzten Dachterrassen wird das städtische Leben dorthin erweitert, wo bisher nur privater Raum war, in die Vertikale nämlich. Es wird öffentliche Plätze auch in 50 Meter Höhe geben – so etwas ist neu in der Geschichte der Stadt. Mit dem Science Center bekommt die Hafencity einen weiteren Symbolbau neben der Elbphilharmonie.

Die Situation ist beachtlich: Nachdem die Hamburger, an denen traditionell die meist unbegründete Angst nagt, langweilig zu sein, sich in den vergangenen Jahren immer wieder beschwert hatten, dass ihre neue Architektur vielleicht handwerklich solide, aber so gar nicht zeichenhaft sei, gibt es jetzt einen veritablen Wahrzeichenstau an der Elbe.

Denn auch die Hamburger Architekten Bothe, Richter, Teherani wollten ein weiteres – heiß diskutiertes – architektonisches Symbol für die Erweiterung des Hafens liefern: die „Living Bridge“. Während im Untergeschoss tempogedrosselter Verkehr über den Baakenhafen von einer Elbseite auf die andere rollen sollte, hätten in den Obergeschossen der nach Vorbild des Florentiner Ponte Vecchio konzipierten Brücke tausend bezahlbare Wohnungen mit Elbblick, ein Park und Läden Platz finden und der Stadt ein weiteres Wahrzeichen geben können.

Es droht Tristesse. Zu viel Luxus ist gefährlich

Die „Living Bridge“ wäre auch eine soziale Ansage gewesen – denn sie hätte die südlichen Problembezirke von Veddel und Wilhelmsburg an den Geldfluss und Glanz des reichen Zentrums anschließen können. Ob der 700 Meter lange Symbolbau trotz des verlangsamten Verkehrs tatsächlich bewohnbar sein würde, daran zweifeln die verantwortlichen Politiker. Vorläufig hat der Senat das Projekt gekippt.

Die Hauptsache ist erst einmal, dass Leben in die Hafencity kommt – und ob das gelingt, ist in erster Linie eine politische Entscheidung. Vor der Luxusverslumung, vor einem Schicksal als wassernahe Hochpreisvariante der üblichen Neubauvierteltristesse kann das Viertel auf Dauer nur massive Zuwanderung und soziale Mischung bewahren. Es ist das einfache, alte Rezept für gute Städte: Wo viele Menschen täglich leben, werden viele Brötchen gekauft, sprießen kleine Läden, Kindergärten, Cafés, Obstläden, und am Ende entsteht das gute Chaos aus Handel, Verkehr und unterschiedlichsten Bewohnern, das auch an dieser Stelle früher einmal das alte Hafenviertel prägte. An hygienischen Fragen sollte das Wohnen am Wasser diesmal jedenfalls nicht scheitern. □

MERIAN | Hochwasserschutz in der Hafencity

Weil der Stadt die Eindeichung der gesamten Hafencity zu teuer und langwierig ist, müssen alle Gebäude auf Warften (sturmflutsichere Sockel) errichtet werden. Dafür werden die ehemaligen Kaianlagen (mit einem Abstand bis zu 20 Metern von der Kaimauer) von 5,50 Meter auf über 7,50 Meter über Normalnull aufgeschüttet: Dies ist jene statistisch berechnete Höhe, bei der man sich auf der trockenen Seite wähnt. **Die Bauten selbst haben damit ein Erdgeschossniveau von acht Metern über Normalnull, sie docken quasi an die Straßen des neuen Stadtteils an.** Dabei gleichen die Tiefgaragen den Niveauunterschied zwischen der ursprünglichen Geländehöhe und den neu aufgeschütteten Straßen aus: Während Hochwasser die unteren Geschosse der alten Speicher überflutet, bleibt die neue Seite trocken. Hier wurden zusätzlich Flutschutztore und Schotten integriert. Wichtigsten Schutz aber bilden die neuen Brücken – sie sind die Rettungswege der Hafencity in die Innenstadt. Um schneller bauen zu können, werden die zukünftigen Straßenflächen bis zu zehn Meter hoch mit Sand überschüttet. Diese Sandmengen sollen die Verdichtung beschleunigen und die Tragfähigkeit erhöhen. Außerdem entzieht eine Art vertikale Drainage dem Boden die Feuchtigkeit.

Land unter: Alte Hafenflächen wie der Fischmarkt (4,38 Meter über NN) werden bei jeder großen Flut überschwemmt

Als Kind habe ich immer geträumt,
ich sei Winnetou auf dem Silbersee.
Heute bin ich es.

Parade in Blau: die „Astor“, „AIDAaura“ und „Deutschland“ (von links) beim Auslaufen vor den Landungsbrücken. Lichtkünstler Michael Batz hat Hafen und Köhlbrandbrücke anlässlich des „MERIAN Blue Port“ in blaues Licht getaucht

Eine Stadt macht

blau

MERIAN feierte seinen 60. Geburtstag mit dem „MERIAN Blue Port", und Zehntausende bewunderten die Lichtinstallationen des Künstlers Michael Batz

FOTOS: WALTER SCHMITZ, MARC-OLIVER SCHULZ

Wie aus einer anderen Zeit wirkt das russische Segelschulschiff „Sedov“ im Schein der „Blue Port“-Lichtshow

Der 21. Juni 1948 war mit 16 Grad Celsius ein relativ kühler Sommertag. Trotzdem erinnerten sich viele Hamburger noch jahrelang mit Wohlbehagen an diesen Tag. Denn an diesem Montag galt zum ersten Mal die neue Währung, die am Tag zuvor ausgegeben worden war, und über Nacht hatten sich die Auslagen der Geschäfte mit lange Entbehrtem oder nie Gekanntem gefüllt.

Zur zweiten Kategorie gehörte ein Druckwerk aus dem traditionsreichen Hamburger Verlag Hoffmann und Campe, das die Deutschen in dieser Form noch nie gesehen hatten: Es handelte sich um das Juli-Heft der Zeitschrift MERIAN. Schon diese Premieren-Ausgabe über Würzburg beinhaltete, was MERIAN in den kommenden 60 Jahren bis heute auszeichnete: gründlich recherchierte Texte, häufig mit Schriftstellern als Autoren, und hochwertige Illustrationen.

Natürlich nimmt heute in MERIAN die Fotografie einen breiteren Raum ein, Grafiken tragen veränderten Lesegewohnheiten Rechnung. Aber geblieben ist die Idee, den Lesern in jeder Ausgabe Monat für Monat eine andere Stadt, Region oder ein Land vorzustellen und deren Genius Loci begreiflich zu machen. So wurde MERIAN zum Vorbild einer

MERIAN und Hamburg – seit 60 Jahren verbunden

Schon das siebte MERIAN-Heft hatte die Hansestadt als Heftthema. Die aktuelle Ausgabe ist die neunte über die heimatlichen Gefilde der Redaktion – alle dokumentieren den Wandel der Stadt

1949

1961

1972

1981

1988

1994

1998

2002

LOGENPLATZ
Die künftige Deutschland-Zentrale von Unilever vor Augen, elbabwärts geschaut. Den besten Blick auf den MERIAN Blue Port hatten die Passagiere der Queen Mary 2

EIN HAFEN IN FARBE

Hamburger sind für ihr Engagement bekannt. Ganz besonders wenn es darum geht, ihre Stadt zu unterstützen. So wäre der MERIAN Blue Port, mit dem Lichtkünstler Michael Batz während der Hamburg Cruise Days ausgewählte Objekte am Hafen magisch blau in Szene setzte, ohne den vielfältigen Einsatz von Hamburger Bürgern und Unternehmen in dieser Form nicht denkbar gewesen.

Einen besonderen Akzent legte Michael Batz dabei auf Baukrane in der HafenCity, die für die rasante Entwicklung von Hamburgs neuem Stadtteil stehen. Denn schon bald werden sich an Stelle der Krane fertige Gebäude befinden – und den Menschen als Wohn- oder Arbeitsplatz und Kindern als Schule dienen.

HADAG-FÄHRE
Blau im Dienst. Seit 1888 fahren die Schiffe der „HADAG Seetouristik und Fährdienst AG" durch den Hamburger Hafen. Während der Hamburg Cruise Days erstrahlte nicht nur die HADAG-Zentrale am Fischmarkt, auch die HADAG-Fähren verrichteten ihre Arbeit in „Batz-Blau"

BLAUSCHIMMER
Die Sasol Wax GmbH stellt in Hamburg jährlich 350.000 Tonnen Paraffin und paraffinverwandte Produkte her, die sie in alle Welt verlädt. Zu den Hamburg Cruise Days boten die blau schimmernden Silos auf der südlichen Elbseite einen surrealen Anblick

SCHLUSSPUNKT
Auch das C. Steinweg-Terminal auf der Kamerunkaizunge im Hamburger Hafen wurde in die punktuelle Inszenierung von Michael Batz einbezogen. Es bildete das östliche Ende des MERIAN Blue Port, gegenüber dem Hamburg Cruise Center in der HafenCity

JUNG UND ALT
Zwei Krane, eine leuchtende Vision: die HafenCity, ein Stadtteil für alle Generationen. Am Kaiserkai realisiert PLUS BAU eine urbane Seniorenresidenz mit Betreuung nach Bedarf (oben). Nur wenige hundert Meter östlich davon baut die Otto Wulff Bauunternehmung die Grundschule am Sandtorpark mit Kita und Hort (unten)

Fotos: Martin Brinckmann (2), Romanus Fuhrmann (1), Fabian Bimmer (3)

Klärwerk als Hingucker: Selbst die eiförmigen Faultürme der Hamburger Stadtentwässerung unter der Köhlbrandbrücke wurden im Licht der „Blue Port"-Aktion zu Kunstobjekten

Reihe anderer Zeitschriften und zur Mutter einer ganzen Markenfamilie: Seit Jahren sorgen die preisgekrönten MERIAN-live-Bände für zuverlässige Reiseinformation, die MERIAN-Reiseführer bieten dazu viel Hintergrundwissen. Der MERIAN scout NAVIGATOR übersetzt als jüngstes Kind der Markenfamilie die MERIAN-Idee ins digitale Zeitalter: Dieser elektronische Reiseführer kennt nicht nur alle Sehenswürdigkeiten und die besten Möglichkeiten zum Einkehren und Ausruhen, er informiert in Bild und gesprochenem Text auch ausführlich über alles, was den Reisenden interessiert (und kann natürlich auch navigieren).

Das blau leuchtende Lichtband des auch als Designobjekt ausgezeichneten MERIAN scout NAVIGATORS war auch der entscheidende Link für eine großartige Veranstaltung am Abend des 30. Juli 2008: Der renommierte Hamburger Lichtkünstler Michael Batz eröffnete um 22 Uhr per Knopfdruck den „MERIAN Blue Port", und überall im Hafen gingen schlagartig Lampen an, die Docks, Kaianlagen, den Michel, die Köhlbrandbrücke, Lagerhäuser und vieles mehr in blaues Licht tauchten. Für Zehntausende Zuschauer war dies der faszinierende Höhepunkt der „Hamburg Cruise Days", zu denen acht große Kreuzfahrtschiffe in den Hafen gekommen waren. Für die Zeitschrift MERIAN war das blaue Lichterspektakel einfach nur die größte Geburtstagstorte der Welt. □

Gewachsen: die MERIAN-Familie

Hamburg im Buch- und Pocketformat: Allein über die Hansestadt sind derzeit ein Reiseführer und vier aktuelle MERIAN-live-Bände im Handel. www.merian.de

Die Zukunft des Reisens

Der MERIAN scout NAVIGATOR ist der weltweit erste intelligente Personal Travel Assistant: ein leistungsfähiges Navigationsgerät und touristischer Audioguide zugleich. www.merianscout.de

Wie kann man hier nur so gut durchatmen,
obwohl einem der Ausblick den Atem raubt.
Mein Schiff

Hoffen aufs

Speicherstadt und Chilehaus mit Kontorhausviertel

Die Speicherstadt ist der größte zusammenhängende Lagerhauskomplex der Welt. Ab 1885 als Quartier des Freihafens entstanden, wird sie bis heute zum großem Teil ihrer ursprünglichen Bestimmung gemäß genutzt und erfüllt damit ein wichtiges Kriterium der UNESCO. Zusammen mit dem Kontorhausviertel und dem Chilehaus ist sie der erste Kandidat der Stadt Hamburg für eine Aufnahme in die Welterbeliste. Bis 2011 soll das Ensemble durch ein Gutachten beschrieben werden, die Experten entscheiden dann im Sommer 2014 über die Auszeichnung.

Foto: Walter Schmitz

Erbe

Mit der Speicherstadt, dem jüdischen Friedhof in Altona und der Sternwarte in Bergedorf will Hamburg gleich drei Kandidaten für die UNESCO-Welterbeliste ins Rennen schicken. Kultursenatorin Prof. Dr. Karin von Welck sagt, welche Erwartungen die Stadt mit den Bewerbungen verbindet

Kultursenatorin Karin von Welck im Gespräch mit MERIAN-Chefredakteur Andreas Hallaschka

MERIAN: Frau Dr. von Welck, ein Hamburger nimmt traditionell keine Orden an, warum bemühen Sie sich um eine Auszeichnung für Gebäude?

VON WELCK: Wir stehen in einem Wettbewerb der Metropolen, und da sind Auszeichnungen und Publicity wichtig. In diesem Zusammenhang sehe ich unser Bemühen, das Label des UNESCO-Welterbes zu bekommen. Das ist doch eine großartige Sache: Menschen, die Hamburg besuchen, werden aufmerksam gemacht auf etwas Besonderes. Und das sind Speicherstadt, Chilehaus und Kontorhausviertel nun einmal. Deswegen unterstütze ich das auch wirklich nachhaltig.

Das Chilehaus steht aber doch schon seit vielen Jahren auf der Vorschlagsliste …

Nein, nicht länger als andere, und das gehört nun einmal zum Verfahren. Ich finde, dass allein unser Bemühen vielen Hamburgern die Augen geöffnet und ihnen gezeigt hat, was wir für erhaltenswerte historische Bauten in unserer Stadt haben. Aber es ist erstaunlich, dass die Bewerbung nicht schon viel früher vorangetrieben wurde. Anfang der 70er Jahre waren die Chancen für die Auszeichnung viel höher. Diese Liste ist nämlich sehr europalastig, und immer mehr Länder haben erkannt, wie wichtig ein anerkanntes Welterbe sein kann. Es gibt ja etliche internationale Reiseunternehmen, die sich auf den Besuch solcher Stätten spezialisiert haben.

Sie sagen, das Verfahren habe den Hamburgern die Augen geöffnet. So wusste wohl vor zehn Jahren eine Mehrheit der Hamburger überhaupt nicht, dass es hier eine Sternwarte gibt, sie war völlig in Vergessenheit geraten.

Da haben Sie recht. Und das trotz der hervorragenden Denkmalschutzarbeit, die in Hamburg geleistet wird. Vielleicht hat man da früher zu wenig

Welterbe: Hamburgs Anwärter und weitere potentielle Kandidaten

Jüdischer Friedhof Altona

Der Friedhof wurde 1611 angelegt, bis 1869 beerdigte man hier Mitglieder der jüdischen Gemeinden. Von den einst 8000 Grabsteinen sind mehr als 6000 erhalten. Eine Besonderheit ist, dass hier sephardische, also aus Portugal und Spanien stammende Juden gemeinsam mit Aschkenasim, Juden aus Deutschland und Osteuropa, beerdigt wurden. Altona will sich bei der UNESCO gemeinsam mit historischen jüdischen Friedhöfen bei Willemstad (Curaçao) und in Ouderkerk aan de Amstel (Niederlande) bewerben.

Sternwarte Bergedorf

2012 ist hundertjähriges Jubiläum für die Hamburger Sternwarte in Bergedorf, die meisten Gebäude stehen bereits seit 1909. Das älteste Instrument von 1867 stammt noch aus der Sternwarte am Millerntor, aber ansonsten war die Hightech-Ausstattung mit großem Refraktor und Meridiankreis weltweit richtungweisend für die Weltraumforschung. Heute sind die Teleskope von hohem wissenschaftshistorischen Wert. Für die Bewerbung zum Welterbe sucht Hamburg Observatorien in aller Welt als Partner.

MERIAN | UMFRAGE

Geht es nach den Hamburgern, hätten neben der Speicherstadt vor allem das Alte Land und der Leuchtturm Neuwerk das Prädikat Welterbe verdient

Was soll UNESCO-Welterbe in Hamburg werden?

Speicherstadt/Chilehaus/Kontorviertel	35%
Sternwarte Bergedorf	4%
Jüdischer Friedhof Altona	5%
Schumacherbauten	3%
Altes Land	28%
Leuchtturm Neuwerk	9%
nichts davon	16%

DAS MEINUNGSFORSCHUNGSINSTITUT GEWIS BEFRAGTE IM AUFTRAG VON MERIAN 1063 HAMBURGERINNEN UND HAMBURGER AB 18 JAHREN IM AUGUST 2008

Öffentlichkeitsarbeit geleistet. Aber durch die neue Aufmerksamkeit haben wir uns auf drei UNESCO-Kandidaten geeinigt: Speicherstadt mit Chilehaus und Kontorhausviertel, die Sternwarte und den jüdischen Friedhof an der Königstraße.

Die Welterbeliste wurde ja erfunden, um bedrohte Stätten zu schützen. Das gilt aber nicht so sehr für die Speicherstadt, sondern eher für die Sternwarte ...

Natürlich ist die Sternwarte auch sehr wichtig, und man muss besonders die Arbeit der tüchtigen Leute vom Förderverein würdigen. Aber das ist auch auf einem guten Wege. Ich bin sehr gespannt, wie es nach unserem Kongress weitergeht, bei dem die gemeinsame Bewerbung mit anderen Sternwarten, etwa in Nizza oder Algier, im Mittelpunkt stand.

Länderübergreifende Projekte hat es bisher gegeben, wenn ein Denkmal in verschiedenen Ländern lag, wie etwa der Muskauer Park in Deutschland und Polen.

Das ist auch unser Vorbild. Mit internationalen Projekten hat man bei der UNESCO große Chancen.

Das wäre in dieser Form – mehrere Stätten aus mehreren Ländern – aber etwas Neues für die UNESCO. Will Hamburg da Vorreiter sein?

Nein, das ist im Verlauf der Diskussion so entstanden. Die UNESCO selbst hat solche Anregungen gegeben. Sehen Sie: Viele Länder haben ihr Erbe noch nicht angemeldet, zum Teil deshalb, weil ihnen die Mittel fehlen. Die erhalten durch Kooperationen neue Chancen.

Und in Hamburg? Rechnen Sie denn da mit konkreten Verbesserungen für die Hansestadt?

Eher indirekt. Wir müssen uns schon darum bemühen, Hamburg und seine Attraktionen in der Welt bekannt zu machen. Wir stehen als Metropole ja nicht nur im Wettbewerb mit München und Stuttgart, sondern auch mit New York und Paris. Da hilft eine solche Auszeichnung natürlich, die Stadt noch attraktiver zu machen.

Die internationalen Projekte haben uns auch auf die Idee gebracht, die Hamburger nach dem Leuchtturm Neuwerk zu fragen, als Teil der europäischen Leuchttürme, die ein uraltes Kommunikationssystem repräsentieren. Haben Sie darüber schon nachgedacht?

Nein, ich muss auch sagen, dass die Speicherstadt für uns wichtiger ist. Sie ist eben nicht vergleichbar, ein derartiges Ensemble gibt es weltweit kein zweites Mal. Aber was die Leuchttürme angeht: Da gibt es bei der Akademie der Wissenschaften ein Forschungsprojekt. Vielleicht muss man mal mit denen reden.

So reiht sich allmählich eine Attraktion an die andere. Was würden Sie dem Hamburgbesucher empfehlen, was muss er unbedingt gesehen haben?

Natürlich die Hafencity. Ich komme sehr oft dahin, und jedesmal staune ich, mit welch rasanter Geschwindigkeit sie sich verändert. Und ganz persönlich: Ich wohne auf der Uhlenhorst und genieße jeden Tag die Fahrt entlang der wundervollen Alster. □

Schumacherbauten Dulsberg/Jarrestadt/Hamm/Veddel

Fritz Schumacher, Hamburgs Oberbaudirektor, war Anfang des 20. Jahrhunderts der erste Architekt, der Klinker und roten Backstein für Wohnbauten verwendete. Er prägte damit ganze Hamburger Stadtteile; die Quartiere zeichnen sich bis heute aus durch effektive Wohnraumausnutzung und ruhige Anlagen mit strukturierenden Laubengängen und schwungvollen Innenhöfen. Die Architektur der Bauten hat sich bis in die 60er Jahre prägend ausgewirkt.

Leuchtturm Neuwerk

Ein 2500 Jahre altes Navigationssystem verabschiedet sich im GPS-Zeitalter allmählich aus der Gegenwart. Aber noch immer stehen Leuchttürme aus ganz unterschiedlichen Zeiten an den Küsten der Welt, auch Hamburgs ältestes Gebäude, der Leucht- und Wehrturm auf der Elbinsel Neuwerk aus dem Jahr 1310, gehört dazu wie das im Hafen liegende Feuerschiff „Elbe 1“. In vielen Fällen bemühen sich Trägerorganisationen, nicht mehr benötigte Leuchtzeichen zu erhalten, so wird auch Neuwerk als Gastbetrieb genutzt.

Altes Land

Das Alte Land zwischen Stade und Hamburg ist Deutschlands größtes Obstbaugebiet. Seit August 2008 gibt es den „Verein für die Anerkennung des Alten Landes zum Welterbe der UNESCO“. Die Idee, das Alte Land, seine Obstbaukulturen, seine Bauernhäuser, Kirchen und Orgeln als Welterbe auszeichnen zu lassen, ist aber schon älter. Sie reiht sich ein in Bemühungen, die Elblandschaft von der Sächsischen Schweiz über Dresden, die Elbauen, Hamburgs Welterbekandidaten und die Wattenmeerlandschaften als eine zusammenhängende Kulturlandschaft zu würdigen.

Der Arbeitsplatz von Katrin Lünz ist der luftigste der Welt. Die Kranführerin im Waltershofer Hafen hat das gesamte Netz der westlichen Elbhafenbecken und Kais im Blick

163 000 Menschen verdienen ihr Geld direkt oder mittelbar durch die Hamburger Hafenwirtschaft. Sechs von ihnen haben wir begleitet. Sie erzählen von ihren Jobs, die ihnen viel abverlangen. Arbeiten wollen sie trotzdem nur hier

TEXT: MARC BIELEFELD, FOTOS: FRANK SIEMERS

Was wir an unserem **Hafen** so lieben

„Es gibt auf dem Kran **Momente**, da halte ich inne“

KATRIN LÜNZ, BRÜCKENFAHRERIN, dirigiert aus 50 Meter Höhe einen 1800-Tonnen-Kran. Der hievt im Minutentakt Container aus den Schiffen

„Selbst an guten Tagen ist **unter Wasser** nur ein Meter Sicht“

KAY KOCH, POLIZEITAUCHER, sucht nach Verbotenem. Dabei hangelt er sich manchmal unter Schiffsrümpfen entlang

„Nee, nee, das hat mit **Idylle** nichts mehr zu tun“

OLAF JENSEN, BERUFSFISCHER, lobt die gute Elbwasserqualität. 40 Kilometer tuckert er manchmal durch den Hafen, der „stressiger“ geworden ist

„Das schillernde Bild vom Hafen ist pure **Sehnsucht**“

WOLFGANG HÄBERLE, HAFENLOTSE, passt die dicksten Pötte in ihre Parkpositionen ein. Bei diesen Manövern ist die Fehlertoleranz äußerst begrenzt

Die dicksten **Pötte** des Planeten neben kleinen Schuten und Barkassen

Nieselregen zupft an der Elbe und verwandelt die Oberfläche in eine braune Gänsehaut. Gleichmütig strömt der Fluss dahin, saugt schmatzend an den Kaimauern. Ein grauer Schleier hängt über den Landungsbrücken, über dem Dreimaster „Rickmer Rickmers", dem Freihafen. Wasserluft. Suppe. Eine schöne Schmuddelstimmung, in die sich das Tor zur Welt an diesem Julitag hüllt.

Den Touristen macht das nichts aus. Sie stehen an den Buden, genießen die friedliche Tristesse. Seemöwen kreisen kreischend, Barkassen und Fähren legen an, legen ab, eine Schute rotzt eine Dieselwolke in die Luft, tuckert schaukelnd davon. Kurz vor dem Petroleumhafen schiebt sich ein Containerschiff gleich einer schwimmenden Satellitenstadt elbaufwärts. Unten an den Landungsbrücken lauschen die Besucher den Verkäufern der Hafenrundfahrten, die ihr breites, leicht nasales Hamburgisch in die Welt krakeelen. „Schietwedder givt dat hier nich", ruft einer einer jungen Dame zu. „Is doch nur Wasser von oben, min Deern!" Hanseatische Sprücheklopfer, die Leute lieben sie.

Das Flair des Hafens ist längst zum Klischee geworden, sorgt in den Köpfen für großes Kino. Fernweh, Sehnsucht, der Geruch von Seefahrt und Duft der weiten Welt. Ein kurioser Mix aus Aufbruchstimmung und Heimkehr. Frachter, Tanker laufen ein. Kräne drehen sich, abends gehen die Lichter an den Werften an, eine beruhigende Geschäftigkeit geht vom Hafen aus. Ohne ihn wäre Hamburg wie ein Fischbrötchen ohne Fisch. Und in diesem Hafen arbeiten Menschen, die man gern kennen lernt.

Es ist zwei Uhr nachmittags, als Wolfgang Häberle (51) sein Büro am Seemannshöft verlässt, er trägt eine blaue Jacke mit der Inschrift „Hamburg Pilot". Häberle ist einer von denen, die berufsmäßig den Blick auf den Hamburger Hafen haben.

Mit dem Lotsenboot fährt er elbabwärts, zehn Minuten. Klettert eine schmale Leiter an einer 30 Meter hohen Stahlwand empor. Marschiert durch einen langen, grauen Flur voller Leitungen, Rohre, Ventile. Betritt einen Maschinenraum, fährt mit einem schmalen Fahrstuhl acht Stockwerke nach oben, geht noch mal eine kleine Treppe hoch – und hat dann ein schier unglaubliches Bild aus luftiger Höhe vor sich: den Hafen als klitzekleine Spielzeugwelt.

Häberle gehört zu den 75 Hamburger Hafenlotsen und steht jetzt auf der Brücke des Containerfrachters „MSC Asya", einem der größten, die den Hafen anlaufen. Er kann mehr als 9000 Container laden, ist 337 Meter lang, 45 Meter breit – in diesem Moment zieht die Fläche von drei Fußballfeldern mit zehn Knoten an den schmucken Häusern Othmarschens vorbei.

Die Aufgabe Häberles und seiner Kollegen ist, ein Schiff fast zentimetergenau an die vorgesehene Parkposition zu bringen. Lotsen nennen das „Einpassen". Scherkräfte, Strömungen und Wind machen das Ganze zum hochkomplizierten Unterfangen. „Beim Manövrieren gibt es fast keine Fehlermarge", sagt Häberle. „Wenn man beim Eindrehen in die Hafenbecken einmal die Optimallinie verloren hat, kann das böse Konsequenzen haben."

Häberle hält ein Funkgerät in der Hand – die Verbindung zu den zwei Schleppern, die den Giganten stoppen und an den Kai bugsieren. Der Lotse ist konzentriert, vor ihm leuchten ein Radarschirm und die Angaben der nautischen Anzeigen.

Tiefe Wolken ziehen an diesem Tag über die Elbe, eben hat es noch in Konzertlautstärke geprasselt, doch plötzlich reißen die grauen Wasserberge auseinander, die Sonne bricht durch. Im Nu herrscht Postkartenstimmung. Wie ein Theaterscheinwerfer fällt das Licht auf den Michel, die Köhlbrandbrücke, die Schiffe und die gesamte Skyline Hamburgs. Ein phantastisches Bild. Romantik? Häberle lächelt. „Gitarre spielen und Rum trinken – diese Zeiten sind vorbei, und es hat sie wohl nie gegeben. Oder glauben Sie, es war reines Zuckerschlecken, als die Hafenarbeiter die Säcke schleppen mussten?" Das schillernde Bild vom Hafen sei pure Sehnsucht, behauptet Häberle.

Und was sieht der Lotse? Heute?

„Der Hafen hat sich stark gewandelt, mehr Schiffe denn je laufen ihn an. Jährlich führen wir 35 000 Lotsungen durch." Der Hafen sei vielseitiger geworden, alle Schiffsgrößen gebe es heute zu sehen. Schuten,

Hier wird gefilzt: Männer der „Schwarzen Gang", einer Spezialeinheit des Zolls, bei der Suche nach Schmuggelware, meistens Drogen

SPA-ROSA: EINES
DER EXKLUSIVSTEN
ERHOLUNGSGEBIETE
DER WELT.

Alles boomt und brodelt – trotzdem steht hier die **Zeit** manchmal still

Museales für Kreative: Der Gewerbepark „Sehhafen“ bietet Platz für moderne Robinsons

Bunkerboote, Schwimmkräne – direkt neben den dicksten Pötten des Planeten. „Schichtwechsel im Minutentakt, Trossen rein, Trossen raus, das unglaubliche Lichtermeer beim Einlaufen nachts, als schwebe man ein in eine andere Galaxie.“ Aus Häberles Sicht erlebt der Hamburger Hafen eine nie zuvor gekannte Dynamik, und so gesehen herrscht hier sogar mehr Leben als früher. „Genau das macht den Reiz aus.“

Es ist halb vier am Nachmittag, als Häberle neben Chinesen und Pakistani über den Laufsteg die „MSC Asya“ am Eurokai verlässt. Der Himmel ist blau, metallisches Dröhnen erfüllt die Luft. Tausende von Lkws scheinen hier zu fahren, Schiffsriesen kommen und ziehen zurück Richtung Nordsee, Menschen mit gelben und roten Helmen wuseln wie Ameisen umher. Wer einmal im Hafen gearbeitet hat, sagt man, will immer hier arbeiten. Zu mitreißend sei dieses amorphe Etwas, das sich zwischen Kitschpostkarten und Elbschiffermützen, zwischen Riesenfrachtern, adretten Villen und Elbe breit macht.

Olaf Jensen, 49, ist Berufsfischer. Seit 27 Jahren. Drei gibt es noch. Jensen ist Handarbeiter, ein schwimmender Einmannbetrieb mit Blaumann und Schiebermütze. Das Kleingebliebene im Großgewordenen.

Jensen steht in Finkenwerder vor seiner kleinen Räucherhütte, die Hände in zwei blauen Fässern. Dutzendweise holt er ausgenommene Aale heraus, „spittet“ die Fische sorgfältig auf lange Spieße und hängt die fettige Delikatesse in den Räucherofen. Unten am Steendiekkanal liegt sein Boot, eine winzige, offene Nussschale mit einem 25-PS-Außenbordmotor. Damit fährt er sechs Tage die Woche raus, meistens morgens um vier, je nach Tide, und dann tuckert das wohl kleinste Gefährt des gesamten Hafens zur Arbeit. Ein schaukelnder Punkt vor gewaltiger Kulisse.

Wo die besten Plätze für die Reusen sind, verrät der Fischer nicht. Nur: „Die Wasserqualität ist wieder sehr gut, die Fische schmecken vorzüglich.“ Aal, Butt, Zander, Stint und Barsch fängt er und in den letzten Jahren auch Wollhandkrabben. Den Großteil seines Fangs verkauft er in seinem Verschlag neben „Oestmanns Fischerhus“, den Rest sonntags auf dem Fischmarkt, die Wollhandkrabben an Chinesen in Hamburg.

Bis zu 40 Kilometer tuckert Jensen täglich durch den Hafen, von Blankenese bis in die verwinkelten Becken des Binnenhafens. Jensen schüttelt den Kopf. „Nee, nee, mit Idylle hat das nichts zu tun“, winkt der Fischer ab, „Zoll, Hafenpolizei, Großschiffe – was ich sehe, ist vor allem Stress.“ Der Hafen sei unruhiger geworden, schneller, überall werde gebaggert und gebaut.

Jensen wirft einen prüfenden Blick in seinen Ofen, kratzt sich am Hinterkopf: „Arbeiten im Hafen war schon immer hart, aber manchmal erleb ich schon noch romantische Momente.“ Wenn er durch die stillgelegten Ecken fährt, im Freihafen, in der Süderelbe, wenn das Leben innehält, das Licht stimmt, die Barkassenfahrer ihren vertrauten Gruß rüberwinken und plötzlich Greifvögel über den Fluss ziehen: „Das sind für mich die wirklich schönen Augenblicke.“ Jensen hält inne, starrt auf seine qualmenden Aale.

Das beste Licht herrsche im Winter bei Frost, direkt nach Sonnenaufgang. „Wenn leichter Dunst aus dem Wasser steigt, erlebst du 'ne magische Stimmung“, sagt Jensen, und seine Augen lächeln unter den buschigen Brauen. Die Speicherstadt, die Kirchtürme, die ganze Stadt: Vom Wasser aus gesehen ist alles geisterhaft eingehüllt. Sind es diese Gegensätze, die den Hafen ausmachen? Das schlichte Schöne, das inmitten der rauen Betriebsamkeit aufblitzt? Oder sind es die neuen gewaltigen Dimensionen?

„Wir sind eher die museale Abteilung“, sagt Jan Peters und blickt auf die spiegelglatte Wasserfläche im Spreehafen. Jan Peters und Christine Röthig, beide 49, betreiben den Gewerbepark „Sehhafen“ – eine Ansammlung alter „Hafenlieger“, der schwimmenden Kontore von einst. Bis zu 100 Jahre alt sind die mit viel Mühe restaurierten, flusstauglichen Büros. Ein Teil von Hamburgs Geschichte.

Initiative für wahre Schönheit | auf dove.com
„Die neue Dove Intensiv Lotion ist unsere beste Wahl bei sehr trockener Haut."
Das sagen 2 von 3 Frauen, die Dove Intensiv Lotion gegen ihre bisherige Lotion getestet haben.* Die einzigartige Kombination aus reichhaltiger Feuchtigkeitscreme und hautpflegendem Öl verwandelt sehr trockene Haut in sehr zarte, sehr glatte und sehr schöne Haut.
Dove
Intensiv Lotion
Dove
Intensiv Hand-Creme
NEU
Dove
Friederike, Lehrerin
*Dove Umfrage 2007, 250 Frauen
Dove Intensiv-Pflege für sehr trockene Haut

Knochenharte **Kerle** arbeiten hier immer noch. Aber auch kluge, hübsche Frauen

Was die Anmutung uriger Hausboote hat, bietet Architekten, Fotografen und Werbern Platz zum Arbeiten. Ein Ponton dient als (schwimmender) Garten, Sonnenstühle stehen herum, an einem alten Schlachttisch für Fische finden Konferenzen statt. Die Sonne sinkt, es ist warm, und das blumige Kleinidyll inmitten des Hafenlärms wirkt absurd irreal.

„Der Hafen ist das Herz Hamburgs, die verbliebenen beschaulichen Flecken hat er bitter nötig. Sie machen seinen Charme aus", sagt Peters. Es ist die Sicht des Nostalgikers. Aus wie vielen Stücken setzt sich ein großartiges Bild zusammen? Wie viele Pinselstriche sind nötig, um ihm die besondere Magie zu verleihen?

Kay Koch, 42, trägt einen schwarzen Overall und kurze Haare. Koch kommt dem Hafen näher als jeder andere, er taucht in ihn rein. Seit 1995 arbeitet er bei der Tauchergruppe der Landesbereitschaftspolizei, heute ist er Gruppenführer. Wohl 150-mal im Jahr legt er den Trockentauchanzug an, Vollgesichtsmaske, Handschuhe, Pressluftflaschen – und sinkt hinab ins Hafenbecken. Er taucht unter die Schiffe und sieht – null. „Selbst an guten Tagen haben wir höchstens einen Meter Sicht", sagt Koch.

Er hangelt sich unter den Schiffsrümpfen entlang, über sich riesige dunkle Flächen aus zusammengeschweißtem Stahl, an denen er sich vorwärts tastet. Bei 90 Prozent seiner Einsätze sucht er nach Verbotenem: metallenen Drogenboxen, die unten an den Schlingerleisten der Riesenkähne verschraubt sind. Vor einigen Jahren stolperte sein dicker Handschuh über eine Box mit 150 Kilo Kokain, vermutlich aus Südamerika. Marktwert: 35 Millionen Euro. Koch hat auch schon den Grund abgetaucht, über dem dann die „Queen Mary 2" festmachte. Damals suchte er USBV: Unkonventionelle Spreng- und Brandvorrichtungen, Terroristenzeugs. Koch fand nichts.

Kohlehafen, O'Swaldkai, Athabaskakai – auf seinen Einsätzen fährt Koch immer wieder kreuz und quer durch den Hafen. Er kennt ihn wie seine sorgfältig gepackte Tauchertasche. Was ist der Reiz daran? Koch muss nur kurz überlegen und sagt: „Der Trubel, dieser bunte, große Trubel ist es!" Nirgends sonst kämen sich Millionenstadt und ein großer Hafen so nah. Büros, Wohnhäuser, Geschäfte und Touristen – und das Hafengeschehen direkt vor der Nase. Ja, gar mittendrin! Das Maritime und das Urbane in einer seltenen Hochzeit: „Wo", fragt der Taucher Koch, „gibt es das noch auf der Welt?"

Von einem Charme der ganz anderen Art weiß Katrin Lünz, 28. Sie hat einen der derzeit begehrtesten Jobs im Hafen. Als Brückenfahrerin bei Eurogate sitzt sie auf nahezu 50 Meter Höhe in einem gläsernen Cockpit wie in einem „Star Wars"-Sternenjäger. Um sie herum: Joysticks, Instrumente, Knöpfe, Schaltpanele, Mikros. Von hier steuert Katrin Lünz ein gelbes, 1800 Tonnen schweres Stahlmonstrum – einen der Kräne, die das Hafenbild heute prägen und mit denen die Container im Minutentakt von den Schiffen gehievt werden.

Dass an den Kaianlagen jenseits der Touristenbuden und Musical-Zelte nur knochenharte Kerle arbeiten, stimmt auch nicht mehr: Lünz trägt einen Pferdeschwanz, in ihren blauen Augen strahlt ein großes helles Lächeln. Katrin Lünz' Arbeitsplatz ist ein Beispiel für die neue Sicht auf den Hafen: „Wir müssen uns bei der Arbeit sehr konzentrieren. Aber es gibt Momente, da halte ich oben auf dem Kran inne!"

Und dann findet sie die wohl beste Antwort für das Wesen des Hafens: „In bestimmten Momenten, wenn ich hinausschaue, realisiere ich erst, was alles passiert. Schiffe kommen rein, große, kleine, aus Fernost und USA, dazu die Möwen, die Geräusche, die Stadt im Hintergrund, der Wind, das immer wechselnde Wetter und die Tag und Nacht durch den Hafen treibenden Menschen – wenn das alles zu einem Bild verschmilzt, dann weißt du plötzlich, was du an diesem Hafen so liebst. Dann spürst du es auf einmal im Bauch." ☐

Frühmorgens am Anleger Teufelsbrück: Mitarbeiter des Airbus-Werks setzen von hier mit den Elbfähren nach Finkenwerder über

Marc Bielefeld *lebt in Hamburg und mag den Hafen am liebsten im Herbst bei Windstärke neun aus West. Dazu ein Fischbrötchen und ein kaltes Bier, und der Tag ist gerettet.*
Frank Siemers, *Hamburger Fotograf, hat durch die Arbeit an dieser Reportage den Hamburger Hafen von einer neuen Seite kennen gelernt.*

Von Kisten und Katzen
Der Hafen der Zukunft

Zugucken statt Anpacken: Der Leitstand des Containerterminals Altenwerder

In Containerterminals werden Schiffe wie von Geisterhand be- und entladen. Hamburg hat gleich zwei: einen modernen und einen hypermodernen TEXT: JULIA BRAUNE

Karsten Pohl sitzt vor dem Computer an seinem Schreibtisch und spielt Tetris. Sieht jedenfalls so aus: Er verschiebt in Windeseile bunte Kästchen auf dem Monitor, bis ein virtueller Raum gefüllt ist. Ist natürlich kein Computerspiel, sondern ernstes Business. Herr Pohl ist Stauplaner, und die bunten Kästchen sind Container, mit denen er gerade den Frachter „Colombo Express" pickepacke vollgeladen hat. Jede Containerfarbe steht für den jeweiligen Löschhafen, rot etwa für Xingang in China. In seinen Schiffsschablonen schiebt Pohl die Kisten so lange hin und her, bis die günstigste (weil schnellste) Variante zum Be- und Entladen erreicht ist. Dabei muss er berücksichtigen, ob sich Gefahrengut, Kühlcontainer oder Sperrgut in den Containern befinden. Und natürlich darf die Stabilität des Schiffes nicht gefährdet werden – vereinfacht gesagt: Schwere Ladung kommt nach unten, leichte nach oben.

Auf der „Colombo Express" sollen innerhalb von 40 Stunden 2400 von insgesamt 8700 Containern gelöscht und 2200 geladen werden. „Sobald das Schiff an der Kaimauer festgemacht hat, tickt die Uhr", sagt Pohl. Wenn der Stauplaner sich beim „Container-Tetris" vertut, wird's teuer: „Liegt das Schiff 24 Stunden länger im Hafen als geplant, kostet das die Reederei 200 bis 240 Millionen Euro." Da zählt jede Sekunde.

Während Stauplaner früher mit Zettel und Stift durch den dunklen Schiffsbauch stiegen, den Geruch von Kaffee, Gewürzen oder Tabak in der Nase, und Stoffballen oder Bananenstauden sortierten, erledigen sie heute ihren Job vom Büro aus.

Und um zu verstehen, wie der Hamburger Hafen funktioniert, steigt der interessierte Besucher auch nicht mehr in eine Barkasse, sondern in einen Bus. Drei Stunden dauert so eine Hafenrundfahrt an Land. Es geht vorbei an braunrostigen Gleisen des Hafenbahnhofs bis zur alles überragenden Köhlbrandbrücke. So weit das Auge reicht: Kräne, die wie Hochspannungsmasten in den Himmel ragen und unzählige bunte Container, wie Legosteine übereinander gestapelt. Der Standardcontainer ist 8 Fuß (2,40 m) breit, 8,6 Fuß (2,60 m) hoch und 20 Fuß (6 m) lang, genannt „Twenty Foot Equivalent Unit", kurz TEU – das Maß aller Dinge im Hafen. Zwischen ihnen schieben sich auf der Elbe stählerne Giganten vorbei, voll gefüllt mit den genormten Kisten, um sie an der Kaikante wieder auszuspucken.

Genau so ein Riese liegt auch an der Südseite des Containerterminals Burchardkai, dem ältesten und größten Terminal des Hamburger Hafens. Die „Chicago Express", über 336 Meter lang und über 42 Meter breit, fasst gut 8700 Container. Über ihr sind die Arme einer hochhausgroßen Containerbrücke heruntergeklappt – startklar für das Löschen und Beladen des Schiffs. „Mit ihren 61 Meter langen Auslegern können sie Schiffe bedienen, die bis zu 22 Container in einer Reihe stapeln", erklärt die Tourführe-

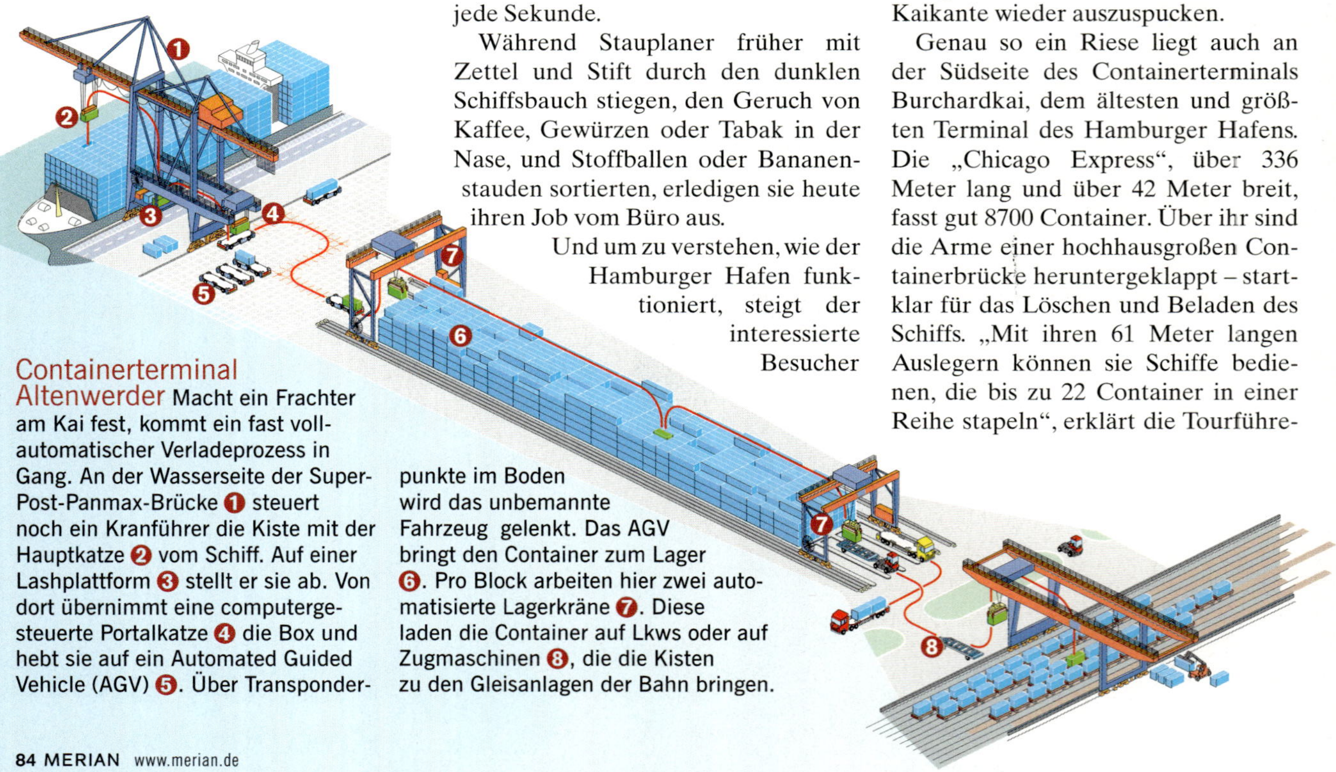

Containerterminal Altenwerder Macht ein Frachter am Kai fest, kommt ein fast vollautomatischer Verladeprozess in Gang. An der Wasserseite der Super-Post-Panmax-Brücke ❶ steuert noch ein Kranführer die Kiste mit der Hauptkatze ❷ vom Schiff. Auf einer Lashplattform ❸ stellt er sie ab. Von dort übernimmt eine computergesteuerte Portalkatze ❹ die Box und hebt sie auf ein Automated Guided Vehicle (AGV) ❺. Über Transponderpunkte im Boden wird das unbemannte Fahrzeug gelenkt. Das AGV bringt den Container zum Lager ❻. Pro Block arbeiten hier zwei automatisierte Lagerkräne ❼. Diese laden die Container auf Lkws oder auf Zugmaschinen ❽, die die Kisten zu den Gleisanlagen der Bahn bringen.

rin Bettina Schön ihren Businsassen, deren Gesichter staunend an den Fensterscheiben kleben. Wollen Lkws auf dem Burchardkai Container aufladen, wird zuvor eine individuelle Kennzahl in das Computersystem eingespeist und an den Fahrer eines Van-Carriers weitervermittelt. Wie überdimensional große Spinnen auf Rädern halten die Van-Carrier ihre Beute – den Container – zwischen den Beinen umklammert, Frau Schön nennt diese Dinger „imperiale Kampfläufer“. Insgesamt gibt es davon 120 Stück auf dem „Bu'Kai“. In zwölf Metern Höhe sitzen die Fahrer in ihren Kabinen, steuern die Van-Carrier durch die Straßen des riesigen Lagers und bringen die Container an den dafür vorgesehenen Platz. Vier Kisten können dort übereinander gestapelt werden, höchstens fünf Tage bleiben sie stehen.

Wer nun glaubt, dies sei hochautomatisiert und schon ungeheuer futuristisch, wird am Containerterminal Altenwerder eines Besseren belehrt. Dieser wurde 2002 eröffnet und gilt als das modernste Terminal der Welt. Im Vergleich mit Altenwerder wirkt der Burchardkai wie Hans Albers auf einer Technoparty.

15 Super-Post-Panmax-Brücken stehen an der Kaikante von Altenwerder bereit (s. Grafik). Sie verfügen über einen halbautomatischen „Zweikatzen-Betrieb“. Nur die Hauptkatze, ein Greifarm am Brückenausleger zur Wasserseite hin, wird noch von einem Kranfahrer bewegt. Mit Joystick und Fingerspitzengefühl zieht er die Container, die bis zu 30 Tonnen wiegen können, aus dem Frachter und muss dabei auf jede Bewegung des Schiffs achten. Auf der Lashplattform zwischen den Stahlmasten der Brücke lädt er seine Ladung ab.

Nun geht alles wie von Geisterhand, die Kiste hat den vollautomatischen Bereich des Terminals erreicht. Die computergesteuerte „Portalkatze“, stählern und brummig wie ein Vasall von Darth Vader, grabscht sich die Kiste und stellt sie punktgenau auf einen wartenden Transporter ab. Und auch dieses Gefährt bewegt sich ohne menschlichen Fahrer mit der Kiste auf dem Rücken zum Lager – „Automated Guided Vehicle“, kurz AGV, heißen diese unbemannten Fahrzeuge. Sie bewegen sich vorwärts oder wie Krebse rückwärts und seitwärts fort, ständig mit Daten und Aufträgen gefüttert.

Zeit ist Geld – im Vergleich zu herkömmlichen Containerterminals ist Altenwerder beim Be- und Entladen der Container schneller als alle anderen. Da geht es bei jedem TEU um Sekunden, die sich bei einem Containerumschlag von über drei Millionen TEU pro Jahr zu einem langen Zeitraum summieren. Mit Tempo, optimierten Wegen und einem hohen Automatisierungsgrad ist Altenwerder zum Vorreiter für modernste Containerterminals geworden – ein Beispiel auch für den Burchardkai.

Keine Frage: Die Computer, Katzen und Carrier sind die neuen Herrscher im Hafen – sie haben den Kampf um die Kisten gewonnen. □

Red Bull

COOL, TOLERANT UND GERN MAL AUFSÄSSIG

Widerstand ist chic: meine Schanze

WILLI WINKLER, Autor der „Süddeutschen Zeitung“, kommt aus dem ländlichen Bayern. Was nach 20 Jahren Hamburger Exil keiner mehr merkt: Den latenten Kampfgeist des Schanzenviertels hat er längst verinnerlicht

FOTOS: GERALD HÄNEL

Die Straße Schulterblatt ist die Amüsiermeile der Schanze. Gegenüber der Roten Flora, der Bastille der Anarchos, trifft man sich auf dem liebevoll „Piazza“ genannten Teilstück – etwa auf einen Kaffee „Galão“ im portugiesischen Café M.I.P. (rechts)

Quartalsweise marschiert die Bundeswehr in der Schanze ein, streng zivilistisch natürlich, denn die Rekruten feiern ihre Entlassung aus dem Wehrdienst, die Reihen noch immer dicht geschlossen und manches kämpferische Lied auf den Lippen. Wo schließlich ließe sich die nach neun harten Monaten endlich wieder erlangte Freiheit besser begehen als in der kernwaffenfreien Zone der Freien und Hansestadt, dem letzten verbliebenen Fleckchen Anarchie in Hamburg?

Die Hafenstraße, lange der Dorn im Auge der Stadt und Inbegriff urbaner Aufsässigkeit, hat sich längst dem eisernen Griff der Wohlstandssanierung ergeben. Doch das Schanzenviertel ist eine Insel des Widerstands geblieben. Dabei ist das winzige Quartier zwischen St. Pauli, Altona und Eimsbüttel denkbar unspektakulär. Statt Erotik-Shows mit mindestens fünfschrötigen Werbern vor der Tür oder Condomerien für Seeleute und andere abenteuerlustige Touristen gibt es auf dem Schulterblatt nur ein „Jesus Center" für gestrandete Eingeborene.

Die Schanze ist ein ethnischer Quirl, der einen einzigartigen Mix aus Kulturen, Sprachen und Typen schafft

Die Schanze ist multikultureller als es die Bundesrepublik sonst erträgt: Der portugiesische Kaffee konkurriert mit dem griechischen Bifteki. Die moderne Zeit, auch sie ist auf der Schanze eingezogen, verkündet in bestem Pidgin-Englisch „We have sale" und bietet angebliche Designer-Klamotten zu sagenhaft günstigen Preisen. Die Aufschriften neigen wie anderswo auch zum Wortspiel, aber nur hier gibt es die avancierte Zweisprachigkeit, die sich so ausdrückt: „lütt'n grill" und zum besseren Verständnis: „Imbiss delüx". Und nur hier trägt der Punk den Royal Stewart Tartan, als Sitzeinsatz auf dem durchgescheuerten Hintern zwar nur, aber immerhin traditionsbewusst.

Das Symbol für die kämpferische Tradition ist die Rote Flora in der Mitte des Schulterblatts, ein verfallenes gelbbraunes Monstrum, über und über bemalt mit Parolen, Grüßen, Beschwörungen und ein paar Zoten. Hier sollte einst ein Musical-Theater mit dem „Phantom der Oper" eröffnet werden, doch scheiterte das Unterfangen am Widerstand der Anwohner; die Musical-Industrie musste sich andere, weniger umkämpfte Standorte suchen.

Das ist jetzt 20 Jahre her, die Weltgeschichte hat sich um mindestens eine Generation weiterentwickelt, doch der Widerstandsgeist der Schanze ist ungebrochen. Oben am Dach der Flora hängt völlig unbehelligt eine Fahne „Wir grüßen das Kommando Ulrike Meinhof". *Sapienti sat*, wie der Schanzenviertler bestimmt nicht sagt, dafür aber genau weiß, dass damit die noch immer nicht namhaften RAF-Leute gemeint sind, die am Gründonnerstag 1977 in Karlsruhe den Generalbundesanwalt Siegfried Buback und seine zwei Begleiter ermordeten. Um nach drei Jahrzehnten endlich Auskunft über die Tatbeteiligung zu erlangen, hat die Bundesanwaltschaft ehemaligen RAF-Mitgliedern Beugehaft verordnet. In der Schanze heißt es deshalb trotzig: „Keine Beugehaft für Niemand". Zart besaitete Juristen könnten darin ein Vergehen nach § 129a StGB sehen (Unterstützung einer terroristischen Vereinigung), hier aber ist solcher Widerstand Teil der Schanzenfolklore geworden.

Die Touristen, die in der Sonne gegenüber der Roten Flora ihre Portion Pommes rotweiß aufspießen, merken nichts davon, die Bundeswehr-Absolventen erst recht nicht, und die Anwohner und Anarchos machen fröhlich weiter. Hin und wieder tut ihnen die Staatsgewalt den Gefallen und kommt in die Buchhandlung, weil dort handschriftlich für eine Busfahrt zum G-8-Gipfel geworben wird. Aber so kommt die Polizei auch mal zum Lesen.

Auf der so genannten Piazza am Schulterblatt, die ein dreiviertelitalienischer Corso ist, fahren die Mütter ihre Kinder spazieren, Punks führen ihre Hunde aus und stadtbekannte Säufer zeigen den fortschreitenden Verfall ihrer Leber. Die Gäste auf den langen Bänken der Lokale saugen dieses Lebensdurcheinander begeistert auf. Am Nachbartisch süffeln Schauspielstudenten ewig an einem Caffè Latte und überbieten sich in den Rollen, die sie einmal spielen werden. „Hamlet!" ruft einer. „Mutter Courage!" eine andere. „Franz Moor!" ein dritter, der ihn aber „anders, moderner, mehr von heute anlegen" möchte. Der junge Mann rudert in der Luft, und jetzt, jetzt hat er's: „Franz Moor als Andreas Baader!" Das muss der Lokalgeist sein.

Bei aller Liebe zum Viertel und allem leidenschaftlich vorgetragenen Abscheu für alles, was nicht Schanze ist, sind die Yuppies nicht ganz draußen zu halten. In der ehemaligen Pianoforte-Fabrik haben sich Werbe- und Filmfirmen eingenistet. An manchen Samstagen treten sich Zoobesucher und Trendscouts auf die Füße. Jeder will etwas erhaschen von dem ganz besonderen Parfum, dieser Mischung aus Widerstand, Laisser-faire und Sushi-Bar, durch die auffällig viele Camaros und Porsches rollen. Nirgendwo kommen neuer Reichtum und alte Anarchie so hautnah zusammen wie auf der Piazza – darum auch „Web-Strich" genannt. Die Flaneure von außerhalb trauen sich nicht, ihr Auto lange aus den Augen zu lassen, aus Angst, es könnte ihnen schnell angezündet werden, während sie noch genießerisch im Galão rühren.

Vorne an der Altonaer Straße hat sich ein „Central Park" breitgemacht und gibt sich redlich Mühe, den einst mit Schmieröl gefetteten Boden mittels Sandaufschüttung zum innerstädtischen Beach Club zu veredeln. Das rechte Strandgefühl will sich aber auch dann nicht einstellen, wenn einem eine überraschende Bö diesen kostbaren Sand in den Liegestuhl und gleich auch noch in den überbezahlten Cocktail schippt.

Dieses exotische Flair, ein orientalisierter Westen, eine westliche Levante zieht inzwischen nicht nur Punks, Musiker, attac-Aktivisten, Künstler jeder Spielart, sondern Touristen aus ganz Deutschland an. Von der verspiegel-

ten Höhe ihres vollklimatisierten Busses aus bestaunen sie die bemalten Mauern, vor denen sich diese seltsam unhamburgischen Hamburger herumtreiben. Frisch von zu Hause ausgezogene Söhne und Töchter führen hier ihre Eltern aus, damit es sie ein bisschen grusele vor diesem ethnischen Quirl, in dem ihr Kind untergemischt zu werden droht, und staunend sehen die schwäbischen, bayerischen oder auch bloß niedersächsischen Eltern die Punks vorbeiziehen, die Haare so stachlig gegelt wie nirgends mehr sonst, die Mädchen in sorgfältig zerrissenen Strumpfhosen, dann und wann auch ein hoffnungsloser Drogenfall, dem das allzu viele Holsten nur noch die Wahl lässt, in den Mülleimern nach Bierflaschen zu suchen, die im Supermarkt acht Cent die Flasche bringen. Dann hoffen die besorgten Eltern inständig, dass ihr Kind es beim übermäßigen Einsatz des Kajal-Stifts bewenden und sich nicht auch selbst am nächsten Montag von Piercings durchschießen lässt nach dem Vorbild dieser fremden Wesen, die hier heimisch sind.

Am Montag aber ist die Bundeswehr abgerückt, kein Bus zwängt sich mehr durch die Straßen, und das Töchterlein kauft gesundheitsbewusst bei „hin & veg“ und überlegt, ob es noch auf einen Latte beim Café Stenzel einkehren soll. Leben, denkt es, leben kann man doch nur hier. □

1 Luxushotel im Industriedenkmal: Die Kreuzgewölbe und hohen Pfeiler im 100 Jahre alten Wasserturm am Sternschanzenpark sind nahezu original erhalten
2 Star von morgen: Zum Leben auf der Straße gehören auch alternative Spielereien wie Graffitisprühen und Jonglieren
3 Sofalokal mit szeniger Fangemeinde: das Café Zoe II am Neuen Pferdemarkt

MERIAN | TIPP Schanzenviertel

❶ **Vienna** Fettstr. 2, Tel. 439 91 82 www.vienna-hamburg.de; gemütliches Wohnzimmer-Restaurant mit Stammpublikum aus Künstlern, Intellektuellen ❷ **Mövenpick-Hotel** im Wasserturm s. Seite 196 ❸ **lütt'n grill** Max-Brauer-Allee 277, Tel. 439 60 17; multikultureller „Imbiss delüx“ ❹ **Erikas Eck** Sternstraße 98, Tel. 43 35 45 www.erikas-eck.de; Stammkneipe für Taxifahrer, Schlachter und Promis, die gute und große Portionen lieben ❺ **Café unter den Linden** Juliusstr. 16 Tel. 43 81 40, www.cafe-unter-den-linden.de; beliebt und etabliert ❻ **Hanseplatte** Neuer Kamp 32 Tel. 28 57 01 93, www.hanseplatte.com; der Laden für Hamburger Künstler und Labels sowie Hamburgensien Das Programm reicht von Heidi Kabel bis Blumfeld ❼ **Rote Flora** Schulterblatt 71, Tel. 439 54 13, www.rote-flora.de; autonomes Zentrum

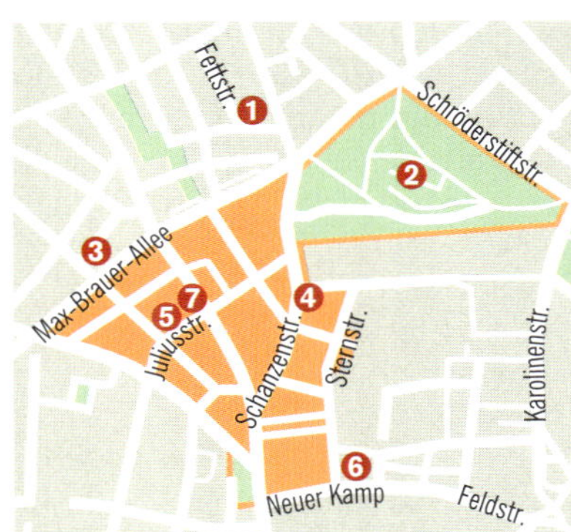

Charmant saniert: mein Winterhude

PETRA OELKER, bekannt durch ihre historischen Hamburg-Krimis, wohnt mit Begeisterung in Winterhude. Das Viertel lebt von seinen Brüchen: weiße Villen am Rondeel, roter Klinker in der Jarrestadt, und auf Hamburgs großer Wiese im Stadtpark trifft sich die Welt

1

Am Morgen, wenn noch milder Dunst über Alster und Kanälen liegt, ist es am schönsten. Enten und Schwäne gründeln zwischen den tief hängenden Zweigen der Trauerweiden, Jogger machen sich auf den Weg zum Stadtpark, die Marktleute bauen ihre Stände entlang dem von Gärten gesäumten Goldbekkanal auf, Schulkinder hüpfen zur Frühstunde über die noch ruhigen Straßen.

Oder doch am Abend? Wenn in der dunklen Jahreszeit die beleuchteten Fenster in den Gründerzeitfassaden den Straßen die Anmutung von Adventskalendern geben. Wenn im Sommer alle Stühle der Straßencafés besetzt sind und die untergehende Sonne hinter dem Backsteinturm des Planetariums Stadtparksee und Stadtparkwiese in rotgoldenes Licht taucht, das in dieses mystische grüne Leuchten übergeht und selbst das kühle Hanseatenherz berührt.

Zu viel Idylle in der Mitte der Millionenstadt? 18 Jahre ist es her, dass ich in diesen Stadtteil zog, damals lächelte man mitleidig. In Winterhude, vor etwa 150 Jahren vom kleinen Bauerndorf rasant zum Industrie- und Arbeiterviertel samt Kaffeegarten und Trabrennbahn mutiert, wohnte man damals nicht. Zwar gab es keine Fabriken mehr, doch jetzt war es kleinbürgerlich: Ein paar nette Kneipen und das Theaterzentrum Kampnagelfabrik, ein paar Künstler in den ehemaligen Fabriketagen – aber das Leben spielte anderswo.

Das hat sich geändert. Inzwischen ist Winterhude saniert und akzeptiert. Jetzt lebt hier am liebsten, wer um die 30 und solvent ist. Letzteres ist nötig – die Mieten steigen wie die Benzinpreise. Zugegeben: Seither gibt es hier auch verstopfte, gnadenlos zugeparkte Straßen und lärmende Nachtschwärmer. Trotzdem ist dieser Stadtteil zwischen Außenalster und Stadtpark einer der schönsten der Stadt.

Rund acht Kilometer als „regulierte Wasserwege" bezeichnete Kanäle begrenzen und fächern das Quartier, Brücken erlauben den weiten Blick über Wasser, Gärten, malerische Fassaden und in den Himmel. Das Gefühl der Enge, des Gefangenseins in einem städtischen Meer aus Steinen und Mauern stellt sich hier nie ein. Wo einst Lastkähne und Schuten ihre Fracht zu den Fabriken schipperten, tummeln sich heute Kanus, Ruder- und Tretboote. Von den letzten kleinen Werften am Goldbekkanal, von der Liebesinsel im Stadtparksee geht die Fahrt nicht gerade bis Sansibar, aber der Jungfernstieg oder die Alsterkanäle sind an einem sonnigen Tag auch lohnende Ziele.

Die Zeichnerin und Autorin Jutta Bauer paddelt manchmal mit dem Boot zur Arbeit – vom Anleger des „Bootsmann"-Biergartens im Stadtteilkulturzentrum Goldbek-Haus zu ihrem Atelier sind es nur ein paar Schritte. Jutta Bauer war eine der Ersten, die hier in der aufwändig sanierten ehemaligen Lysol-Fabrik seit den 1980er Jahren preiswerten Atelierraum fanden. Inzwischen arbeiten 18 Künstler – Maler, Trickfilmerin, Bildhauer, Restauratorin – in den denkmalgeschützten Gebäuden rund um den großen Fabrikhof.

Kanäle und Brücken, stille Plätze und Innenhöfe geben dem Viertel seine besondere Atmosphäre. Das Herz jedoch ist der Mühlenkamp, von Insi-

1 Losrennen: 14,4 Hektar groß ist die „Fest-Wiese" vorm Planetarium 2 Anlegen: Auf dem Mühlenkampkanal geht's im Boot zum Café 3 Kunst schaffen: In den Ateliers im Goldbek-Haus arbeiten etliche Künstler 4 Anprobieren: „Jamak" in der Gertigstraße hat Kleider für jeden Anlass 5 Aufsehen: Fassade in der Preystraße

DER TYPISCHE WINTERHUDER IST SOLVENT UND ETABLIERT

1 Arbeitsplatz Winterhude: Der Bau von „BRT Architekten“ am Poßmoorweg ist Sitz des Jahreszeiten Verlags. Hier hat auch die MERIAN-Redaktion ihre Büros **2** Wie im Urlaub: Das „Caffè 42“ am Mühlenkamp ist nur eins von vielen auf der „Fifth Avenue“ des Viertels

dern auch „Fifth Avenue von Winterhude“ genannt. Die Bürgersteige sind breit genug, trotz der vielen Kaffeehaustische flanierende Passanten und Mütter mit Kinderwagen aufzunehmen. Das hippe Winterhude ist auch noch erstaunlich kinderfreundlich. In den Läden und Boutiquen, Restaurants oder Bistros begegnet und mischt sich, was der lange Straßenzug zwischen Moorfuhrt- und Mühlenkampbrücke wie ein akkurat gezogener Scheitel trennt: das feine Winterhude mit seinen kleinen, großen und sehr großen Gründerzeitvillen an den stillen Straßen zur Alster hin und die in entgegengesetzter Richtung verlaufenden, immer schlichter werdenden Straßenzüge bis zur klinkerroten Jarrestadt hinter der Kampnagelfabrik. Die in den späten 1920er Jahren gebaute Wohnsiedlung für Arbeiterfamilien ist inzwischen wieder begehrtes Modell: In der „Jarre“ mit ihren weiten begrünten Innenhöfen wird umgebaut und saniert, auch um für junge Familien bezahlbaren Wohnraum zu schaffen.

Zurück zum Mühlenkamp und seinen Nebenstraßen. Hier wird nicht nur im Supermarkt eingekauft, es gibt jede Menge kleine, feine Läden: für Schreibwaren, Delikatessen, Bio-Brot oder Klamotten, für Wein, Geschmeide, Blumen, Schuhe oder Bücher. Spezialitäten natürlich auch: Die „Xocolaterie“ zum Beispiel hat ihre feste Fan-Gemeinde.

Es wäre unzureichend, den Mühlenkamp nur als Geschäftsstraße zu bezeichnen. Er kann einen sogar dazu verführen, sich wie im Urlaub zu fühlen – und das selbst im Winter, obwohl es sich dann nicht ganz so italienisch anfühlt wie sommers. Das verdankt die Meile ihren vielen Restaurants, Bistros und Cafés, den einladenden Außentreppen und den Bänken auf dem Goldbekplatz und dem Schinkelplatz, wo das Eis doppelt so lecker schmeckt. Wenn man einen Stuhl unter der Sonnenmarkise des „Caffè 42“ oder hinter den großen Scheiben des Bistro-Restaurants „3 Tageszeiten“ ergattert hat, könnte man gemütlich Zeitung lesen.

Viel schöner aber ist es, sich einfach entspannt zurückzulehnen und dem Leben auf der Straße zuzusehen. Wie im Urlaub eben. Nur dass hier – irgendwann – eine Freundin oder ein Bekannter vorbeikommt, mit Zeit für einen Kaffee oder ein bisschen Nachbarschaftstratsch. □

MERIAN | TIPP Winterhude

❶ Bobby Reich Fernsicht 2, Tel. 48 78 24, www.bobbyreich.de; Café-Restaurant am nördlichsten Punkt der Außenalster mit Anleger. Die Aussicht hat ihren Preis! Verleih von Segel-, Ruderbooten, Kanus **❷ 3 Tageszeiten** Mühlenkamp 29, Tel. 27 80 81 82; Edelbistro mit offener Küche in einem ehemaligen Postamt **❸ Kampnagel** Jarrestraße 20, Tel. 27 09 49 49, www.kampnagel.de; mehrere Bühnen: Hier spielt und tanzt die (freie) Avantgarde **❹ Niewöhner** Gertigstr. 14, Tel. 6 65 86 90, www.dasniewoehner.de; Restaurant und Kneipe, Klassiker im Viertel **❺ Stadtpark** Südring; rund 150 Hektar öffentliches Grün mit Freibad, Spiel- und Sportplätzen sowie Planetarium. Auf der Freilichtbühne (www.open-r.de) finden im Sommer Konzerte statt **❻ Sushi Yama** Poelchaukamp 20, Tel. 69 69 1747. Wo bestellt Hamburgs Top-Sushimeister Steffen Henssler privat seine Rollen? Hier!

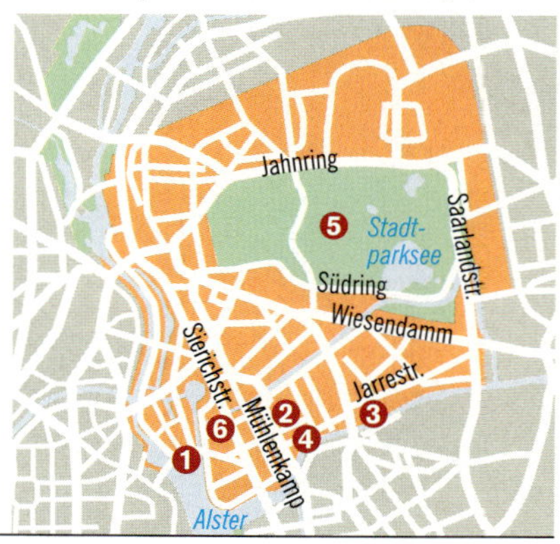

Karriere mit Folgen: mein Ottensen

ISABEL KREITZ, preisgekrönte Comiczeichnerin, lebt seit über zwanzig Jahren in Ottensen. Früher hat sie genossen, dass ihre Verwandten sich nur mit verriegelten Autotüren durch ihr Viertel wagten. Heute geht ihr hier manches gegen den Strich

DANN EIN PAAR "BEWEGTE" AUF DEM WEG ZUM "RAUCHFREI-BARFUSS-TANZEN".
DIE BLECH-LAWINEN, DIE HIER ALLES ZUPARKEN ...
DAS ÜBER-ANGEBOT VON "LATTE" UND "TOGO" ...
... KINDERSCHUHEN, GESCHENKARTIKELN, ERGO-THERAPIE-PRAXEN, PSYCHOLOGEN UND BIO-LÄDEN.
UND REST-ÖKOS, DIE SO GERN KAT-FREIE BENZIN SAUFENDE URALT-AUTOS FAHREN, AUCH GERNE DIE ZEHN METER ZUM DEMETER-LADEN!
NÄHGARN KRIEGT MAN HIER NIRGENDS MEHR ...
DAFÜR MUSS MAN SCHON IN DIE INNENSTADT REISEN ...
TONA
...ODER IM INTERNET UNTER "SCHNEIDEREIFACH-BEDARF" GOOGELN!

MERIAN | TIPP Ottensen

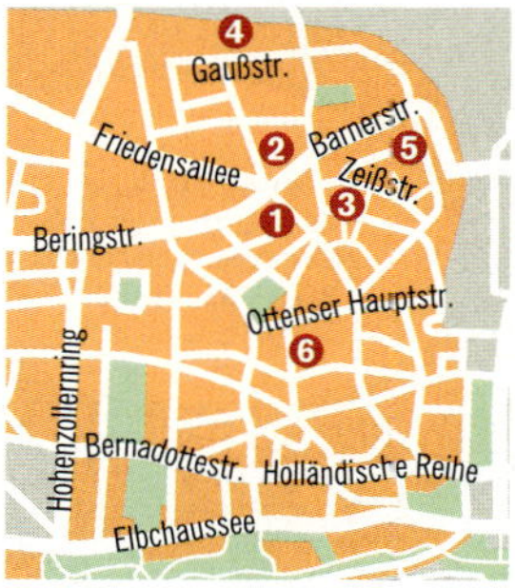

❶ **Zeise Kinos** Friedensallee 7-9, Tel. 390 87 70 www.zeise.de; Kino in alter Schiffsschraubenfabrik, Zugang zum **Eisenstein** Tel. 390 46 06, www.restaurant-eisenstein.de, Nobelpizzeria ❷ **Fabrik** Barnerstr. 36, Tel. 39 10 70, www.fabrik.de; Musik von Folk bis Punk ❸ **Stadtteilrundgänge** Zeißstraße 28, Tel. 390 36 66, www.stadtteilarchiv-ottensen.de ❹ **Thalia in der Gaußstraße** Gaußstr. 190, Tel. 32 81 44 44, www.thalia-theater.de; Avantgarde-Bühne ❺ **Werkstatt 3** Nernstweg 32-34, Tel. 39 80 53 60, www.werkstatt3.de; Kultur, Konzerte, Disco ❻ **Tide** Rothestr. 53, Tel. 41 11 14 99, www.tide.dk; Café mit Treibholzkunst

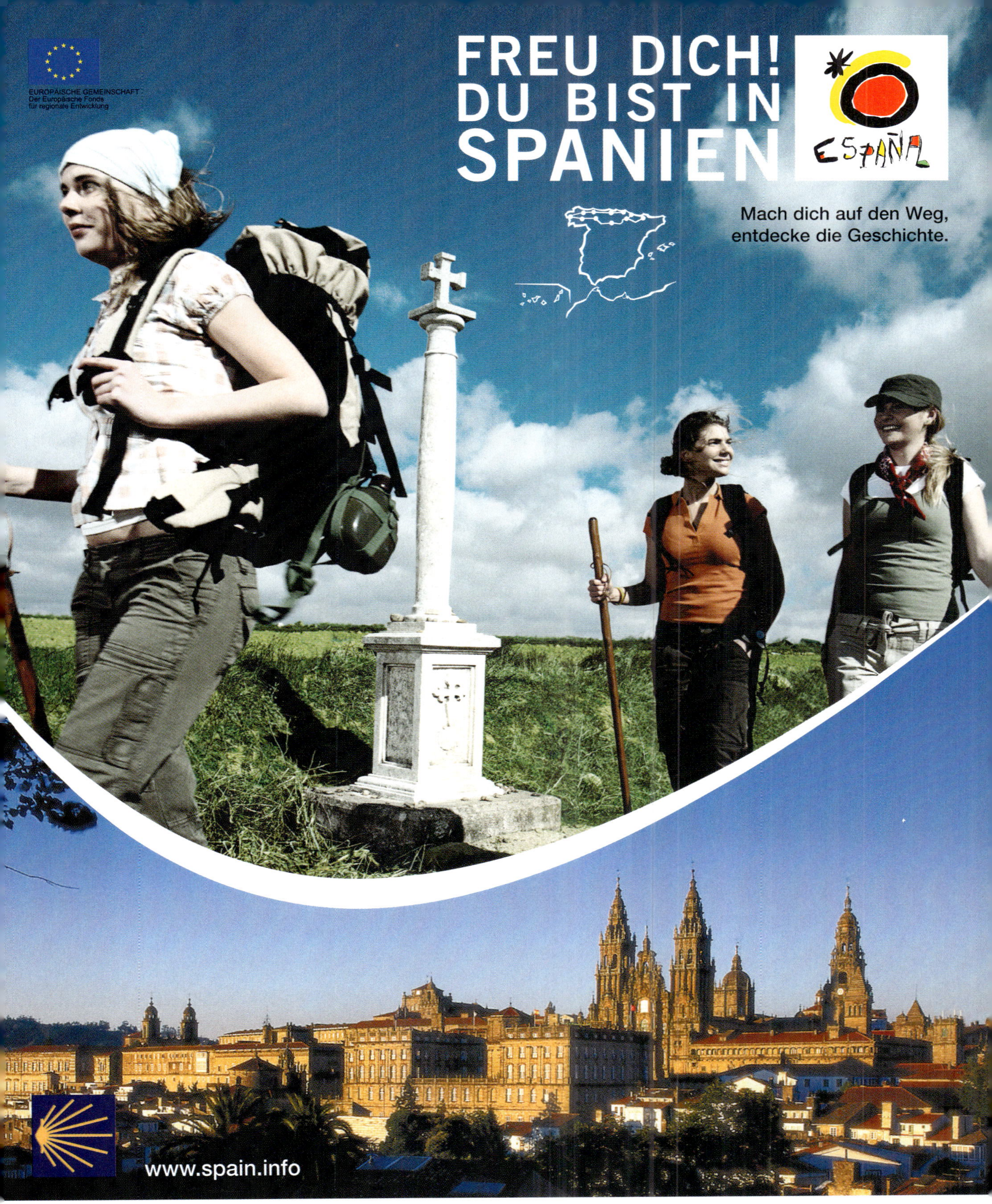
EUROPÄISCHE GEMEINSCHAFT
Der Europäische Fonds für regionale Entwicklung
FREU DICH!
DU BIST IN
SPANIEN
ESPAÑA
Mach dich auf den Weg,
entdecke die Geschichte.
www.spain.info

Hier zählt der Auftritt: mein Eppendorf

EVELYN HOLST, Journalistin und Buchautorin, schreibt gerne Zeitgeist-Kolumnen – weshalb Eppendorf das perfekte Quartier für sie ist. Das Spiel mit den Klischees vom Besserverdiener-Viertel und seinen Latte-Macchiato-Muttis bietet ihr nie ausgehenden Stoff

1

Es war keine Liebe auf den ersten Blick, als ich 1991 nach fünf Jahren New York an einem Julimorgen über die sonntägliche Eppendorfer Landstraße ging. Alle Geschäfte waren geschlossen, das Sonntagsbrötchen, wie es damals hieß, durfte noch nicht verkauft werden. Eppendorf, das Szeneviertel, da wo die Alster und das Flüsschen Tarpenbek zusammenstoßen, kam mir wie ein großer, grüner Friedhof vor. Dabei hatte sich mein neuer Stadtteil so viel Mühe gemacht – die weißen Jugendstilfassaden vom Jungfrauenthal bis zur Ludolfstraße glitzerten wie stolze Schneeköniginnen, die Alsterkanäle, betupft mit Paddel-, Ruder- und Tretbooten, schimmerten in der Sommersonne, und St. Johannis (1267 erstmals urkundlich erwähnt), eine der ältesten und schönsten Kirchen Hamburgs, spuckte gerade eine gut situierte Kirchengemeinde aus. Egal, nichts überzeugte, nichts reizte mich, ich hatte Heimweh nach New York. Sein Dauerlärm, seine tosende Energie, seine Menschenmassen hatten mich vorübergehend taub gemacht für die leiseren, gedämpfteren Lebenstöne. Die ich überhaupt nicht entspannend, sondern einfach nur anstrengend fand.

„Mein Gott, ist das nervig," dachte ich, wenn am Käsestand auf dem Isemarkt einer dieser grauhaarigen Gourmands mit zu viel Tagesfreizeit, vermutlich Lehrer im unverdienten Vorruhestand, 20 Käsesorten durchprobierte und mit dem Verkäufer über das Olivenöl plauderte, das er aus der Toskana mitgebracht hatte. Wenn eine dieser Eppendorfer Powergattinnen – Kennzeichen groß, schlank, blond, Gürtel mit Designerlogo – ihren martialischen Geländewagen vor Anita Hass im Halteverbot und mit Warnblinklicht parkte. Oder ihre jüngere Variante, die Eppendorfer Powermami, seelenruhig mit Doppelkinderkarre den Bürgersteig verstopfte. Nirgendwo, da gehe ich jede Wette ein, gibt es so viele blondschöpfige Zwillinge wie in Eppendorf. Wobei nur gemutmaßt werden kann – entweder ist der Eppendorfer Mann besonders fruchtbar, oder einer dieser auf Fertilitätsmedizin spezialisierten Gynäkologen verdient sich hier eine goldene Nase.

Eppendorf, nur 2,7 Quadratkilometer groß, knapp 23 000 Einwohner, war schon immer diese gelungene Mischung aus Boheme und Geld, aus Geist und Kommerz. Wobei sich die Mischungsverhältnisse drastisch geändert haben.

Noch vor 30 Jahren galt „eppenthorp", wie es bereits 1140 zum ersten Mal urkundlich erwähnt wurde, als ausgeflippte Studentenhochburg. Im „Onkel Pö" schwitzte sich Otto Waalkes, unser Klamaukrentner, durch: „I am the viper, I've come to wipe your windows," in Kneipen wie „Schramme", „Schröder", „Jablonsky" wurde nach Herzenslust und ohne Rücksicht auf Leberwerte gesoffen, gekifft und abgeschleppt. Und zwar direkt ins WG-Zimmer um die Ecke, denn da, wo jetzt finanzflüssige Kleinfamilien mit Aupairmädchen residieren, hauste damals ein bunt gewürfelter Haufen aus mal mehr mal weniger verkrachten Studenten, die nie das einzige Klo putzten, aber jede Menge verbotener Pflanzen züchteten. Gelegentlich erspäht man noch ein paar übrig gebliebene Exemplare jener wilden Jahre. Sie wirken ein wenig ver-

1 Das ideale Viertel für One-Woman-Shows: Moderatorin Beate Neun verkörpert Eppendorfer Chic 2 Stilvoll aus Altenteil: Das am Alsterkanal gelegene Damenstift Kloster St. Johannis ist auf Jahre ausgebucht 3 Stuck ist Pflicht, Hausmusik Kür: In fein sanierten Altbauten lässt es sich abgehoben leben 4 Kaffee und Kuchen bei Lindtner: Die Konditorei ist seit über 50 Jahren eine Institution im Viertel 5 Florale Trends auf dem Isemarkt: Mirja Francken kreiert die schönsten Sträuße

2

3

4

5

Großzügig großbürgerlich: In Gründerzeithäusern wie hier am Isebekkanal werden die Wohnungen gekauft statt gemietet

loren, ein wenig zu grau inmitten der schicken, jungen Erfolgsmenschen, die inzwischen von ihrem alten Stadtteil Besitz ergriffen haben. Man sieht sie auf ihren Balkons, wo sie sich beim ersten Sonnenstrahl mit einer *Frankfurter Rundschau* und einem Becher Yogitee verschanzen, oder in einer der wenigen Kneipen wie „Vümpf“ oder der „Glocke“, die den gesundheitsfanatischen Zeitgeist unbeschadet überstanden haben und sich seit dem Rauchverbot „Verein zur Pflege der Hamburgischen Wirtshauskultur e. V.“ nennen. Dort trifft sich der Eppendorfer Ureinwohner, für den Kampftrinken und Kettenrauchen gesellig und nicht gesundheitsschädlich ist.

Es macht Eppendorf, dieses urbane Kleinod nordwestlich der Außenalster, so liebens- und lebenswert, dass es zwar schickimicki, aber trotzdem gemütlich und fast dörflich ist. Dass die Innenstadt nur ein paar U-Bahnstationen entfernt liegt und man sich in der Alten Mühle beim Hayns Park trotzdem wie auf dem Land fühlt. Dass es neben feinen Gourmettempeln wie „Piment“ und „Poletto“ noch immer das „Klopstock“ und das „Café Lindtner“ gibt, in dem Kellner süchtig machende Torten und „draußen nur Kännchen“ servieren.

GEDIEGENE MISCHUNG AUS GELD UND BOHEME

Dass man zwar morgens nicht ungeschminkt das Haus verlassen sollte, weil man beim Bäcker am Eppendorfer Baum garantiert eine dieser bis in die Spitzen der perfekten French Nails durchgestylten Eppendorferinnen trifft, die einen mit diesem „Die müsste draußen bleiben“-Blick mustert, während sie von der Verkäuferin wissen will, wie viel Kalorien das glutenfreie Glyxbrötchen hat. Einen aber kurz darauf der Briefträger fragt, wann man denn endlich mit seinem neuen Roman fertig werde, „meine Frau liest nämlich leider sowas.“

Mag Harvestehude noch alsternäher und feiner sein, mag es in Winterhude witzigere Geschäfte und in Eimsbüttel oder Ottensen die schrägere Szene geben – wer einmal hier wohnt, zieht nie wieder weg. Schon weil er sich ohne Intarsienparkett, wilhelminischem Stuck und in einer Deckenhöhe unter drei Meter wie im Kartoffelkeller fühlen würde. Er bleibt, trotz der täglichen Verzweiflungsrunden, die man durch zugeparkte Straßen dreht, zur boshaften Freude der Radfahrer, die gern beobachten, wie beleidigte Fahrer vergeblich versuchen, ihre Nobelkarossen in viel zu kleine Lücken zu zwängen.

Aber wie kann man einen Stadtteil nicht lieben, in dem es kein einziges Einkaufszentrum gibt, dafür jede Menge kleiner Läden, wo man von Textilkurzwaren und Hanfschokolade bis zur psychologischen Behandlung von Hunden alles bekommt? In dem die Rhododendronbüsche groß wie Elefantenhintern sind? Wo man im warmen Wasser des hochherrschaftlichen Holthusenbades (Baujahr 1912-14) in die Abendsonne hineinschwimmen oder mit einem gemütlichen Paddelboot durch die Alsterkanäle cruisen kann, mit neidvollem Blick auf romantische kleine Teehäuser in idyllisch zugewucherten Gärten?

Der schönste von allen gehört zum Kloster St. Johannis in der Heilwigstraße, wo ein Gärtner dafür sorgt, dass der Rasen immer aussieht wie mit der Nagelschere gestutzt und sich kein Fremder auf den gepflegten Kieswegen zwischen den Gebäuden des Damenstiftes verirrt. Wer hier in Frieden und Schönheit in einer von insgesamt 50 bis zu 110 Quadratmeter großen, gepflegten Wohnungen sterben möchte, muss sich sehr rechtzeitig auf die Warteliste setzen lassen. Und natürlich eine Dame sein. Einmal Eppendorf, immer Eppendorf. □

MERIAN | TIPP Eppendorf

❶ **Bialy's** Hegestr. 11, Tel. 47 96 30; die schönsten Gürtel für den Großstadt-Cowboy, handgenäht und silbergeschmiedet. ❷ **Bootshaus Silwar** Eppendorfer Landstr. 148 b, Tel. 476207, www.bootshaus-silwar.com; Kanuverleih bei Hamburgs ältestem Bootshaus mitten im Hayns Park. Kanus mit Teppich, Rückenlehne und Kissen. ❸ **Café Borchers** Geschwister-Scholl-Str. 1-3, Tel. 46 26 77, www.borchers-hamburg.de; Institution seit 100 Jahren – der Gastroklassiker im Viertel. ❹ **Café Lindtner** Eppendorfer Landstr. 88, Tel. 480 60 00, www.konditorei-lindtner.de; Traditionshaus in dritter Generation mit umwerfendem Tortenbuffet – und hanseatisch kühlem Service. ❺ **Das Buch in Eppendorf** Eppendorfer Landstr. 56, Tel. 47 55 80; engagierte Buchhandlung, geführt von drei stadtbekannten Literaturgrazien. ❻ **D'Or** Eppendorfer Baum 6, Tel. 46 88 19 63; Secondhand-Boutique mit Topdesignerware ❼ **Holthusenbad** Goernestr. 21, Tel. 18 88 90; Wellenbad, Therme, Spa – der Außenpool mit Blick auf die vorbeirauschende U3 ist sensationell. ❽ **Isemarkt** Isestraße unter der Hochbahn zwischen den Stationen Hoheluftbrücke und Eppendorfer Baum, Di, Fr 8.30-14 Uhr; alles vom Schaffell bis zum Ohrring, eine der besten Fressmeilen Hamburgs ❾ **Violas'** Eppendorfer Baum 43, Tel. 46 07 26 76; Gewürze, Delikatessen, Pasta.

Alte Werte: Kaffeeröster Thimo Drews vor seinem Geschäft in der Speicherstadt, die seit über 100 Jahren Drehscheibe des Kaffeehandels ist. Der Mercedes-Oldtimer stammt ebenfalls aus einem Kaffeeland – Drews kaufte ihn bei einem Geschäftspartner in Kolumbien

Traum mit Milchschaum: Der Cappuccino aus dem Café „Elbgold" ist nur eine der vielen Varianten, die der Kaffee-Aficionado zu schätzen weiß

Klein, aber fein: Das Laden-Café „Carroux" röstet Qualitätsbohnen in kleinen Mengen. Stets frisch

Am Kaffeehandel verdient Hamburg seit über 200 Jahren. Magnaten wie Tchibo und Darboven haben hier ihren Sitz. Doch auch Kaffeeliebhaber profitieren – dank neuer Cafés und Röstereien, in denen die weltbesten Sorten zu haben sind

Business mit der Bohne

TEXT: GERALD DRISSNER, FOTOS: MARC-OLIVER SCHULZ

Das schöne Hamburg ist weit weg in Wilhelmsburg, Süderelbe, einer rauen Gegend. In einer unscheinbaren Seitenstraße steht eine Halle, in der es ein bisschen riecht wie auf dem Heuboden. Im Inneren lagert ein dunkler, duftender Schatz: Kaffeebohnen. Verpackt in 80000 Säcken aus Jute und Stramin, jeder einzelne 60 Kilogramm schwer, auf Paletten bis zur Decke gestapelt – das ist in etwa die Menge, die ausreichen würde, um ganz Deutschland drei bis vier Tage mit Kaffee zu versorgen.

Die Halle und das dazugehörige Silo sind die weltweit modernste Lagerstätte für Rohkaffee, erbaut 2008. Sie gehört zu NKG-Kala, einem Unternehmen der Neumann Kaffee Gruppe, die zu den größten Rohkaffee-Dienstleistern der Welt zählt. Die Bohnen werden hier gewaschen und geprüft, manchmal veredelt und zwischengelagert – so lange, bis der Käufer die Ware abholen lässt, um sie zu verkaufen oder zu rösten. Die Säcke in der Lagerhalle enthalten nur einen Bruchteil des Kaffees, der auf dem Werksgelände aufbewahrt wird: Insgesamt lagern hier 30000 Tonnen in Hunderten von Silozellen. Umgerechnet vier Millionen Säcke werden jährlich umgeschlagen – das würde reichen, um Deutschland ein halbes Jahr lang mit Kaffee zu versorgen.

Die Herzkammer des Hamburger Kaffeehandels liegt zehn Kilometer entfernt von Wilhelmsburg in der Speicherstadt, jenem 100-jährigen Lagerhauskomplex zwischen Baumwall und Deichtorhallen, der Hamburg reich machte. Ende des 19. Jahrhunderts lag an Sandtorkai und Pickhuben der größte Kaffeemarkt der Welt. 1887 wurde die Hamburger Kaffeebörse eröffnet, und der Geruch von frisch geröstetem Kaffee lag in der Luft. Hier wurden Tchibo und Darboven gegrün-

Ein dunkler, duftender Schatz

Richtiger Riecher: Enrico Volpe prüft das Aroma des Rohkaffees im Lager der Neumann Kaffee Gruppe und sucht nach Fremdmaterial wie Schalen

Profiwerkzeug: Während des Röstens werden mit dem Probenzieher zur Kontrolle Bohnen entnommen

Die weltweit modernste Lagerstätte für Rohkaffee: Bei NKG-Kala guckt Organisationsleiter David Southard hin und wieder in die Röhre. 30 000 Tonnen rauschen durch dieses Rohrsystem in ein riesiges Silo

„Es gibt nichts Schlimmeres als schlechten Kaffee". Tchibo-Chefeinkäufer Andreas Christmann (links) testet täglich an die 100 Sorten

Alles im Sack: Rund 80 000 Kaffeesäcke, jeder 60 Kilogramm schwer, lagern in der Wilhelmsburger Halle des Kaffee-Dienstleisters NKG-Kala

Das Reich der Kaffee-Könige

det, und noch heute ist die Hansestadt der weltgrößte Handelsplatz für Kaffee. „Drei von vier Tassen Kaffee, die in Deutschland getrunken werden, sind durch Hamburger Hände gegangen", sagt Holger Preibisch, Geschäftsführer des Deutschen Kaffeeverbands. Er hat sein Büro in Pickhuben 4, einem Haus aus dem 19. Jahrhundert. Im Konferenzsaal hängt ein Bild der Speicherstadt von damals. Es zeigt Schuten, kleine, flache Schiffe, auf die Arbeiter Kaffeesäcke schleppen. Verklärende Hafenromantik. Preibisch erzählt, dass 1677 das erste Kaffeehaus in Hamburg gegründet wurde. Dass es hier noch vor 40 Jahren mehr als 300 Kaffeehändler gab. Preibisch blickt aus dem Fenster und sagt: „Dort drüben im anderen Gebäude, da steht noch heute der Schreibtisch von Max Herz."

Herz, der Name sagt längst nicht jedem etwas, aber 99 Prozent der Deutschen kennen sein Unternehmen. „Tchibo" hat weltweit 12 500 Mitarbeiter und setzt jährlich 3,6 Milliarden Euro um. Die Firma ist der viertgrößte Röster der Welt und die stärkste Handelsmarke in Deutschland, noch vor Aldi und Ikea. 1949 kam den Kaufleuten Max Herz und Carl Tchilling-Hiryan die Idee, Röstkaffee per Post zu verschicken. Aus den ersten Silben des Namens Tchilling und des Wortes „Bohnen" schufen sie „Tchibo".

Aus dem kleinen Kaffeehändler in der Speicherstadt ist in den vergangenen Jahrzehnten ein Riesenkonzern geworden, der seine Entscheidungen im Büroviertel City-Nord fällt. Im fünften Stock eines schlichten Gebäudes arbeitet Andreas Christmann, 47, der Mann, der maßgeblich dafür verantwortlich ist, welcher Kaffee auf Deutschlands Frühstückstischen eingeschenkt wird.

Christmann ist Kaffee-Chefeinkäufer von Tchibo, drei Millionen Sack Rohkaffee kauft er jährlich. Wert: etwa 400 Millionen Euro. „Kaffee wird heute gehandelt wie Aktien an der Börse", erklärt Christmann. Arabica (die Sorte, die mehr Aroma hat) an der Waren- und Terminbörse in New York, Robusta (die kleinere Sorte mit mehr Säure) in London. „Kaffee zählt zu den volatilsten Waren der Welt", sagt Christmann. Volatil meint, dass der Preis instabil ist – beim Kaffee kann er sich stündlich um mehrere Prozentpunkte ändern. „Ein Unternehmen wie Volkswagen weiß, wie viele Autos es im nächsten Jahr produzieren wird. Niemand aber kann sagen, wie viele Tonnen Kaffee Vietnam nächstes Jahr ernten wird."

Täglich bekommt Christmann Proben zugeschickt, die er nach Größe, Farbe und Form untersucht. Vor allem aber testet er die „Tassenqualität" – wie schmeckt der Kaffee geröstet, gemahlen und aufgebrüht? Bis zu hundert Tassen verkosten Christmann und seine Mitarbeiter allmorgendlich. Ihr Urteil entscheidet darüber, ob die Ware verschifft wird. „Es gibt nichts Schlimmeres als schlechten Kaffee, der 8000 Kilometer über das Meer geht", sagt Christmann.

Nicht Wasser, nicht Bier, sondern Kaffee ist das Lieblingsgetränk der Deutschen: Durchschnittlich 146 Liter pro Jahr konsumiert jeder im Land, das entspricht in etwa einer gut gefüllten Badewanne. Deutschland ist nach Amerika und Brasilien der drittgrößte Kaffeemarkt der Welt. Ende der 1920er Jahre gab es noch gut 4 000 Röstereien in Deutschland. Dann kam Kaffee in die Supermärkte, verdrängten die Großröster die Kleinen. In Hamburg sind heute etwa 50 Unternehmen in der Kaffeewirtschaft tätig, ein Dutzend davon als Röster. Einer davon ist Thimo Drews.

Vor zehn Jahren saß er in einer Lagerhalle in der Speicherstadt. Die Halle war alt und unansehnlich, Drähte hingen aus den Wänden. In der Speicherstadt, damals als Freihafengebiet noch Zollausland, verkehrten nur Kaufleute und Zöllner. Doch dann kamen auf einmal Passanten vorbei und fragten ihn, was er denn da mache. „Am Anfang dachte ich mir nichts dabei, doch dann wurden es von Tag zu Tag mehr", sagt Drews. Es waren Besucher der Titanic-

Vater und Sohn beim morgendlichen Ritual: Arthur und Albert Darboven verkosten täglich um halb zehn die Produktion vom Vortag. Die Proben von 20 verschiedenen Kaffees werden dabei nicht geschluckt, sondern geschlürft und sofort ausgespuckt

Ausstellung, die in der Nähe stattfand. Von den mehr als eine Million Besuchern folgten einige dem Röstgeruch bis zu Drews Lagerhalle. „Wir Kaffeeleute waren uns gar nicht bewusst, dass das, was wir machen, auch andere Leute interessieren könnte."

Im Jahr 2003 wird die Zollgrenze über die Elbe gen Süden verschoben, und die Speicherstadt, eine bis dahin verschlossene, eingezäunten Welt, ist auf einmal Teil des neuen Stadtteils Hafencity. Drews und sein Kollege Andreas Wessel-Ellermann räumen ihre 250 Quadratmeter große Halle aus. Sie lassen Eichendielen verlegen, polieren ihre Röstmaschine, deponieren sie mitten im Raum und eröffnen ein Café. Hier kann der Gast beim Rösten zugucken und Sorten kaufen, die es im Lebensmittelgeschäft nicht gibt. „Kaffee hat bis zu 1000 Aromen und ist komplexer als Rotwein", sagt Drews. Mehr als 30 Sorten bieten die beiden Röster an, darunter Kopi-Luwak aus Indonesien, deren Kaffeekirschen vom Fleckenmusang, einer Schleichkatzenart, gefressen und deren Bohnen ausgeschieden werden. Kopi-Luwak entfaltet dadurch ein besonderes Aroma, das die Sorte zu einem der teuersten Kaffees macht.

So wie in der Speicherstadt gibt es auch anderswo in Hamburg immer mehr kleine Läden, die hochwertigen Kaffee als Marktnische für sich entdeckt haben. In einer ehemaligen Tischlerei in Ottensen wurde Ende der 1980er Jahre der Verein „El Rojito", „der kleine Rote", gegründet. Seine Mitglieder wollten die Bewohner Nicaraguas in ihrem Kampf um Freiheit und Rechte unterstützen. Mit den Jahren entwickelte sich daraus ein florierender Kaffeehandel mit Café in der Großen Brunnenstraße. „Unsere Bauern kriegen garantierte, faire Preise", sagt Magnus Kersting. Er war auch dabei, als der Stadtkaffee erfunden wurde, der „Hamburger Fairmaster", der bei Edeka, in Feinkostgeschäften und Dritte-Welt-Läden erhältlich ist.

Am Mühlenkamp im Stadtteil Winterhude, zwischen einer Currywurstbude und einem Inneneinrichter, versteckt sich das „Elbgold". Ein kleines Café, benannt nach der hauseigenen Sorte. Fachmagazine wie der „Feinschmecker" zählen es zu den besten Röstereien Hamburgs. Die Chefs sind Perfektionisten: Die Räume sind bis ins kleinste Detail geplant, Regale, Tische, Korbsessel ließen sie eigens anfertigen. Das Interieur ist so exklusiv wie das Sortiment an Kaffeebohnen, das von „Jamaica Blue Mountain", einer der besten Sorten der Welt, bis zur äthiopischen Spezialmischung reicht.

Die Kaffeestadt aber bietet noch ganz andere Superlative: Vor zehn Jahren ging die Hamburgerin Vanessa Kullmann, 36, nach New York, um in einer Agentur für Eventmarketing zu arbeiten. In den Pausen holte sie sich Kaffee, „to go", wie man das in Amerika macht, kaufte sich dazu Bagels und Muffins, besuchte später ein Seminar „How to open a coffee shop". Sie kehrte nach Hamburg zurück und eröffnete 1998 ihren ersten Coffee Shop unter dem Namen „Balzac" – der französische Schriftsteller war berüchtigt für seinen Kaffeekonsum. Vanessa Kullmann brachte „coffee to go" nach Hamburg. Heute betreibt sie in Norddeutschland 36 Balzac-Filialen. Spätestens seitdem ist aromatisierter Kaffee Teil des modernen Lebensstils und Vanessa Kullmann die deutsche Vorzeige-Selfmade-Millionärin.

Am Eppendorfer Weg gibt es ein Geschäft, das mit dem Trend zum schnellen Kaffee im Pappbecher so gar nichts zu tun hat. Hier stapeln sich Kaffeemühlen, Espressomaschinen, Dosen, Säcke, Werbeschilder, und mitten in dem Durcheinander steht Jens Burg, 65. Er übernahm 1960 das Geschäft von seinem Vater. Zufällig erfand er das Aromatisieren von Tee und Kaffee – zufällig, weil Burg Tee in Dosen füllte, in denen vorher Vanillestangen lagen. „Auf einmal wollten alle diesen Tee, der nach Vanille schmeckt", sagt er. Es war jene Zeit, als die Großröster mit ihren schnellen Maschinen auf den Markt drängten. Viele kleine Händler gaben auf, warfen ihr Ladeninventar auf die Straße – und Jens Burg sammelte es ein.

Heute macht er damit gutes Geld und verkauft die alten Maschinen als Dekoration an Cafés. Die meisten Sammelstücke aber stehen in Eppendorf in der Münsterstraße, in Burgs Kaffeemuseum. Der Rundgang durch die insgesamt 300 Quadratmeter großen, verwinkelten Räume ist ein Ausflug in längst vergangene Zeiten, als das Kaffeetrinken noch zelebriert wurde: Hier gibt's alte Blechschilder mit bunten Werbebotschaften, Blechdosen, Messingschalen, Kaffeekannen.

Doch was Hamburg zur wahren Kaffeemetropole macht, sind die Pioniere wie Darboven, die zu den ganz Großen des Geschäfts zählen. Deutschlands Kaffee-König Albert Darboven, 72, wurde in den 1980er Jahren bekannt durch seine Auftritte im Fernsehen, als er im Nadelstreifenanzug auf einem weißen Sessel für seinen magenfreundlichen Kaffee warb. Er führt das Unternehmen mit seinem Sohn Arthur Ernesto, der das Handwerk im Kaffeeanbauland El Salvador lernte. Heute ist Arthur Honorarkonsul von El Salvador – deshalb gibt es in der Darbovenschen Firmenzentrale im Stadtteil Hammerbrook auch einen Raum, der „Konsulat" genannt wird.

Maschinen und Computer beherrschen inzwischen das Kaffeegeschäft bei Darboven. Doch es gibt noch etwas, das von Hand erledigt wird wie vor 150 Jahren: Jeden Morgen um 9.30 Uhr betreten Albert Darboven und Sohn ein Zimmer, in dem 20 dampfende Kaffeetassen auf einem Tisch stehen. Es ist die Produktion vom Vortag. Beide nehmen einen Löffel in die Hand, tauchen ihn in die Tasse. Dann schlürfen sie den Kaffee gut hörbar mit viel Sauerstoff ein und spucken ihn in ein Becken. Eine Runde – insgesamt 20 Mal Schlürfen – dauert nicht mehr als eine halbe Minute. Danach entscheiden sie, ob der Kaffee ausgeliefert werden darf. Das Schlürfen sei tägliche Routine, erklärt Arthur Darboven. Ein Ritual, dermaßen verinnerlicht, dass es schon mal vorkomme, dass er in einem Restaurant irgendwo auf der Welt Kaffee bestelle und unbewusst das mache, was er morgens, halb zehn in Hamburg macht: mit sehr viel Sauerstoff sehr laut schlürfen. Auch wenn mancher Gast irritiert schaut – Königen war das Schlürfen schon immer gestattet. □

Gerald Drißner, *gebürtiger Österreicher, musste nach etlichen Kaffee-Tests zugeben, dass es den besten Kaffee in Hamburg gibt – und nicht etwa in Wien.* **Marc-Oliver Schulz** *hat beim Fotografieren endlich den Unterschied zwischen Latino und Cortado erschmeckt.*

MERIAN | TIPP Kaffeegenuss

(N 1) **Balzac Coffee Shop**
Große Theaterstr. 39, Tel. 80 81 83 00 (Zentrale), www.balzaccoffee.com
Mo-Fr 7-17.30, Sa 9.30-18.30 Uhr
Vielleicht die schönste der 36 Filialen in Norddeutschland

(a 2/3) **Carroux Caffee**
Elbchaussee 585 (Blankenese), Tel. 80 05 05 90, www.carroux.de
Mo-Fr 9-18.30, Sa -17, So 12-17 Uhr
Café mit Ladenrösterei

(J 2) **Elbgold Kaffeerösterei**
Mühlenkamp 6a, Tel. 27 88 22 23
www.elbgoldkaffee.de, Mo-Fr 8-20
Sa/So 10-19 Uhr Elegantes Laden-Café, sehr gut: Espresso Nobile

(b/c 2) **Kaffeerösterei Alsterdorf**
Alsterdorfer Str. 253, Tel. 51 56 93
Ladenrösterei mit reinsortigen Kaffees

(d 3) **Kaffeerösterei Timm**
Sachsentor 15 (Bergedorf)
Tel. 721 24 36, www.kaffee-timm.de
Mo-Mi 9-18, Do 9-19, Fr 8.30-18
Sa 9-16 Uhr Familienbetrieb mit 24, teils seltenen Sorten

(C 6) **Café El Rojito**
Große Brunnenstraße 68
Tel. 390 68 98, www.el-rojito.de
Mo-Fr 8-19, Sa 10-19, So 11-18 Uhr
Kleine Café-Bar mit fair gehandeltem lateinamerikanischem Kaffee

(M/N 3) **Speicherstadt Kaffeerösterei**
Kehrwieder 5, Tel. 37 51 86 83
www.speicherstadt-kaffee.de
tgl. 10-19 Uhr Café mit Rösterei, besonders gut: Espresso forte

Genießen mit Muße statt Coffee to go: Thomas Kliefoth röstet selbst. Alles im „Elbgold" ist von ihm entworfen – von der Röstmaschine bis zum Gestühl

Hamburgs meistgekauftes Souvenir.
Nirgendwo kommen mehr Kaffeebohnen aus aller Welt an als im Hafen der deutschen Kaffee-Hauptstadt Hamburg. Und die besten davon gehen als Tchibo Kaffee wieder in die Welt.
Tchibo

Die Welt als Grill und Vorstellung

Mit dem Bademantelphilosophen Dittsche schuf Olli Dittrich eine kauzige Kunstfigur, die längst ein – ma' sagn – Hamburger Original ist

TEXT: FRANK SCHULZ

Stammgast: Dittsche

Ein bummelndes Pärchen. Sie, offenbar ortsfremd, zur anderen Straßenseite deutend: „Was ist da denn los?" Steht ein Rauchergrüppchen doch gewöhnlich rücklings zur Fassade – jenes wendet sich derselben aber zu. Er, in einem Hamburgisch, so breit wie der Eppendorfer Weg: „Däs' 'ne gänz normorle Verpäääärlung, is' däs!" Erklärt dann aber auf Hochdeutsch: „Verperlung" sei die Wortschöpfung eines fiktiven Imbissphilosophen namens Dittsche, dessen samstagabendliche Soap aus jenem Imbiss dort drüben live übertragen werde. – Und bedeute? – Na ja, eben zum Beispiel so was.

Das schummrige Licht der Straßenlaternen mit Chlorophyll einzufärben fällt dem Lindenlaub schon ganz leicht, ansonsten wirkt es noch ein bißchen petersilienhaft. Lauschig ist dieser Abend Ende April in unserem hübschen, ruhigen Quartier, das auch demografisch grünt – seiner martialischen Bezeichnung „Generalsviertel" zum Trotz. Ja, unsere Straßen heißen nach preußischen Kommissköppen wie Kottwitz, Wrangel, Moltke, doch in jenen mehrstöckigen Historismus- und Jugendstilbauten wohnen heutzutage wir Medienfritzen und Lehrerinnen und so.

In der Wolle gefärbte Plebejer vom Schlage jener Dittsche-Figur gibt es hier zwar auch, sind aber in der Minderheit. Deren Diaspora-Charakter symbolisiert die „Eppendorfer Grill-Station" durch die Nachbarschaft zu „Coffeeteria", „Vegetaria" und Eiscafé „Tiziano". Hier ging sein furioser TV-Antiheld erstmals am 29. Februar 2004 in Serie. Laut Dittsche-Erfinder, -Darsteller und -Regisseur Olli Dittrich verdankte sich die Wahl des Schauplatzes dem Zufall. Dittrich ist ein Anhänger des Jahrhundertkünstlers Heino Jaeger und mit seinem Improvisationsgenie dessen legitimer Nachfahr in der Meisterschaft der intuitiven Nachahmung von typologischen Sozialcharakteren. Mit Dittsche löste er unversehens eines jener Kulturphänomene aus, die gern als „kultig" akzentuiert werden.

Dabei ist er zwei Jahre lang mit dem Projekt hausieren gegangen – obwohl durch „RTL Samstag Nacht" und die „Blind Dates" mit Anke Engelke beileibe kein Unbekannter. Peinlicherweise griff der WDR zu. Peinlich, wohlgemerkt, für den NDR! Damit der eine Identifikationsfigur mit Logo-Appeal zu erkennen fähig ist, muss sie anscheinend so plump wie ein Walross sein.

Dittsche aber ist nicht plump. Ein Spinner, Schwätzer und Schwachstromsoziopath – ja. Aber komplex in Szene gesetzt. Seine Komik ist burlesk, doch mit doppeltem, sprich tragischem Boden, denn Dittsches verquere Verschwörungstheorien und groteske Welterklärungsversuche entspringen den medial vergifteten Quellen seiner randexistenziellen Mentalität.

Vor fast dreißig Jahren war es, als Olli Dittrich Dittsches Vorbild in der Realität entdeckte: „Ich stand am Eiswagen, und der Kunde vor mir, der ‚Wanille und Schtraziella' bestellte, trug über seinen Klamotten 'nen Bademantel." Dittsches Urbademantel.

Bei dessen Wirkungsstätte es sich zufällig um meinen Stammimbiss seit zwanzig Jahren handelt. Normalerweise macht er gegen 21 Uhr Feierabend, doch inzwischen ist es kurz vor halb elf, und bis in die Winkel ausgeleuchtet sind die Schaufenster. Deutlich erkennbar sind Aufschriften

Imbisswirt: Ingo

Stummer Gast: Schildkröte

wie „1/2 Grillhähnchen 2,80“ und „Ab sofort auch Party-Service“.

Apropos: Es herrscht eine gewisse Stehpartylässigkeit unter uns rund fünf Dutzend Zaungästen. Die meisten sind übrigens Twentysomethings vom Typus derer, denen man alltags im Imbiss begegnet, wo sie nach Autogrammen oder „Ich war hier!“-Karten oder leeren Flaschen mit „Dittschberger“-Etikett fragen – jetzt und hier trinken sie mitgebrachtes Bier und zitieren bisweilen Dittsches geflügeltes Wort nach dem ersten Schluck: „Das pääärlt ja heude wiedä, dö!“ Aber auch Nachbarin Yasmin ist ein bisschen zum Kiebitzen hier, desgleichen Anna von den „Athena-Stuben“ gegenüber – Dittsches Asyl für die elfte Folge der siebten Staffel wegen kurzzeitigen Imbiss-Lokalverbots. Bastian aus Bramfeld wiederum pilgert recht regelmäßig her, man weiß ja nie, wann mal wieder ein illustrer Gaststar winkt – wie etwa Harald Schmidt oder Kalle Schwensen, Uwe Seeler oder Wladimir Klitschko.

Und Bastian ist es auch, der als Erster von uns in den Modus gespannter Erwartungsfreude wechselt, denn der Aufnahmeleiter ruft in den Ü-Wagen: „Noch eine Minute!“ Und an die Adresse der Digital- und Handykamera- Leute: „Ab jetzt bitte nur noch ohne Blitz!“ Eine untersetzte Kettenraucherin beginnt stumm, aber in beredter Körpersprache um jeden Dezimeter Raum zu feilschen, den ein Security-Mann ihr mit jovialer Scheuchgebärde abknöpft. Dann steigt Dittsche aus dem Wagen, in längsgestreiftem Bademantel, roter Jogginghose und „Schumiletten“ und, wiewohl noch im Off, bereits mit halber Kraft auf Hamburgisch vor sich (und uns) hinrhabarbernd. Man bahnt ihm seinen Weg, und kurz bevor das Startkommando kommt, kalauert er noch: „Und das alles mit'n Schalker im Nacken!“

Denn der HSV hat sein Heimspiel gegen die Gelsenkirchener am Nachmittag mit 0:1 verperlt, und nun steht im Publikum ein Kerl mit Schalke-Schal. Weil offensichtlich Dittsche-Fan, wird er vom Stehnachbarn umstandslos adoptiert. Welcher wiederum, mit seinen nicht nur vor Begeisterung glänzenden Augen ganz offenbar ein Bruder im Hopfengeiste Dittsches, den Touristen sogleich auf Kennerschaft prüft: „Has' die Silvesterfolge gesehn? Mit den ‚Öko-Böllern'?“

Der verglaste Imbiss, nun ist er quasi 3-D-Fernseher im Bildformat 1:1. Nur gedämpft dringen Dittsches Ramentern und Gegreine heraus, doch seine Gesten und Faxen rufen diesseits liebevolles Amüsement hervor.

Punkt 23 Uhr setzt jenseits der Klarscheibe Händegeschüttel ein – das Zeichen für einige von uns, das bisher abgesperrte Areal zu stürmen und mit erhobenen Kameras und Handys Fotos zu schießen. Zugang wird nicht gewährt, doch nach etwa zehn Minuten mischt sich der Kult-Schamane wie üblich unters Volk, gibt selbstverständlich auch dem Schalker ein Autogramm und reiht sich so als dritte in den Bund der traditionellen Hamburgensien ein: Hummel Hummel und Zitronenjette. Nun also auch Dittsche. □

Frank Schulz *ist Romanautor („Hagener Trilogie“) und Fan von Olli Dittrich. Dittsches Stammimbiss ist auch Schulzens, er wohnt gleich nebenan.*

MERIAN | TIPP Bier bis 9

(F 2/3) **Eppendorfer Grill-Station**
Eppendorfer Weg 172
Tel. 42 32 68 09
www.eppendorfer-grillstation.de
Mo-Fr 11-21, So 14-21 Uhr

Umschwärmter Proll: Dittrich (oder Dittsche?) mit Fans nach dem Dreh

STRASSE DER UNBEGRENZTEN EINKAUFSMÖGLICHKEITEN

NEUER
WALL
HAMBURG

Das Ambiente ist außergewöhnlich, nur wenige Straßen in den führenden Metropolen bieten so viele traditionsreiche Fachgeschäfte und Flagshipstores internationaler Designer dicht an dicht. Porsche Design, das Schuhhaus Görtz, OMEGA oder Juwelier Sönnichsen, van Laack, belle vue! Avantgarde Optic, Niessing und Jil Sander, Frey Wille, Longchamp, Montblanc oder Wempe, Gucci, Cartier, Hermès und Bvlgari – der Neue Wall ist Hamburgs Meile für die exklusiven Einkäufe. Bei Kurzurlaubern, Geschäftsreisenden, Kreuzfahrern und Hamburg-Begeisterten aus der ganzen Welt ist der elegante Boulevard zwischen Jungfernstieg und Stadthausbrücke überaus beliebt. Auf dieser und den folgenden Seiten lesen Sie mehr über einige der besten Adressen, wenn Sie sich etwas ganz Besonderes gönnen möchten.

Platin und Brillanten – Werte, die zusammengehören

JUWELIER SÖNNICHSEN

steht für exzellente Schmuckkultur – seit 85 Jahren

Schmuck ist ein starkes Ausdrucksmittel unserer Persönlichkeit und Kultur. Sönnichsen-Kreationen werden dem gerecht mit ihrem eigenen, unverwechselbaren Stil. Klassische Klarheit, innovative Formensprache, reduziert-edler Umgang mit wertvollen und außergewöhnlichen Materialien – und dabei immer typisch Sönnichsen.

Platin-Farbstein-Collier – individuell zu kombinieren

Der unkonventionelle Umgang mit Edelmetallen hat das Unternehmen berühmt gemacht. Zu Beginn der Achtzigerjahre hat sich Juwelier Sönnichsen auf Platin spezialisiert. „Es ist das reinste Metall, kühl und stark, selten und von Natur aus weiß“, so Tina Benecke. Sie ist seit Juli 2007 Mitinhaberin und leitet die Geschicke des Traditionshauses bereits in der dritten Generation.

„Platinschmuck birgt stets das Geheimnis seiner wahren Identität – Understatement eben.“ Die traditionelle Platin-Kompetenz wird ergänzt durch den prunkvollen Einsatz edler Diamanten und Farbsteine, kostbarer Perlen und warmen Goldes. Das Sönnichsen-Team ist für seine anspruchsvolle, internationale Kundschaft stets auf der Suche nach zeitgemäßem Design, und das nicht nur für die Damenwelt!

Sönnichsen ist ein Markenzeichen. Und weit mehr als eine hervorragende Adresse für Platin. Ein Name, der höchste ästhetische Ansprüche und den Wunsch nach Individualität und Exklusivität erfüllt. Edel, nicht protzig. Schön, aber dezent. Schmuck aus Leidenschaft, und das bereits seit 85 Jahren!

JUWELIER SÖNNICHSEN / Neuer Wall 44 / 20354 Hamburg / Tel. 040 – 36 76 19 / Mo – Fr 10 bis 19 Uhr / Sa 10 bis 18 Uhr / www.soennichsen.de

KLASSIKER DER MODERNE IN ZEITLOSEM DESIGN

Meisterleistung: der Porsche Design Worldtimer P´6750

Porsche Design steht für Herren-Accessoires wie Uhren, Sonnenbrillen, Schreibgeräte und Reisegepäck, eine Sport- und Modekollektion und elektronische Produkte, die technisch inspiriert sind und durch puristisches Design überzeugen. Ob in eigenen Stores, Shop-in Shops oder im exklusiven Fachhandel – weltweit löst Porsche Design Begehrlichkeiten und Wünsche aus. Wie auch in Hamburg im Porsche Design-Store am Neuen Wall.

Seit der Firmengründung im Jahre 1972 glänzt Porsche Design in jeder Saison mit klassisch-funktionalen Spitzenprodukten von außergewöhnlicher Eleganz, die bei international renommierten Wettbewerben immer wieder für ihre herausragende Designqualität ausgezeichnet werden. Alle Produkte der Marke werden im eigenen Designstudio in Zell am See (Österreich) gestaltet.

Ein aktuelles Highlight ist der Worldtimer P'6750 von Porsche Design, der in Kooperation mit dem Uhrenhersteller Eterna entwickelt wurde. Das Design dieser technischen und ästhetischen Meisterleistung, die zwei Zeitzonen zugleich anzeigt, ist gewohnt puristisch: Einfache zylindrische Linien prägen die Form des Gehäuses, das aus dem für Porsche Design typischen Material Titan besteht. Gleiches gilt für die Schreibgeräte der Marke, eine Kollektion von exklusiven Füllfederhaltern, Tintenrollern, Kugelschreibern und Druckbleistiften. Gefertigt aus hochwertigen Materialien wie Aluminium, fein gedrechselten und polierten Edelstahlstäben oder dem aus dem Rennsport entlehnten Material TecFlex, einem Edelstahlgeflecht, bietet diese Linie perfekten Schreibkomfort in zeitloser Eleganz.

Klassisch und modern zugleich ist auch die Reisegepäck-Serie ‚Roadster' aus feinstem Leder oder teflonbeschichtetem Combat-Nylon. Das Programm reicht von klassischen Aktentaschen über luxuriöse Laptop-Taschen bis hin zum RoadsterBag, einer genialen Mischung aus Reisetasche und Trolley. Damit geht man immer perfekt auf Reisen. Auch auf einen Städtetrip nach Hamburg. **PORSCHE DESIGN STORE / Neuer Wall 3 / 20354 Hamburg / Tel. 040 – 33 44 19 41 / Mo – Fr 10 bis 19 Uhr / Sa 10 bis 18 Uhr / www.porsche-design.com**

Klassisch-modern: BriefBag aus der Roadster-Serie

Allround-Talent: funktionelles Briefcase M

Perfekter Schreibkomfort: TecFlex Kugelschreiber mit passender Hülle

Großzügig, hell und einladend: der van Laack Store im Neuen Wall

van Laack

LIEBLINGSSTÜCKE FÜR JEDE GELEGENHEIT

Deutschland verfügt über viele Traditionsunternehmen – eines der bekanntesten ist die Mönchengladbacher Hemden- und Blusenmanufaktur van Laack. Seit mittlerweile 127 Jahren liefert van Laack modische Lieblingsstücke für jede Gelegenheit, die höchsten Ansprüchen genügen.

Zielsetzung des Unternehmens ist seit der Firmengründung im Jahre 1881, Modetrends mit den höchsten Qualitätsanforderungen zu verbinden. So werden Outfits kreiert, die wandelbar und trotzdem außergewöhnlich bequem sind. Modische Entwicklungen und zeitgemäße Neuerungen werden immer wieder behutsam, aber konsequent in frischen Modelinien umgesetzt. Dementsprechend haben sich Inhalt und Aussage der Produkte von van Laack von rein klassischen Businesshemden und -blusen bis hin zu freizeittauglichen Lifestyle-Kollektionen entwickelt.

Dabei wurden Qualitätsansprüche und Kompetenz in der Verarbeitung, die nur in den eigenen van Laack-Betrieben gewährleistet werden können, niemals aus den Augen verloren. Erst nach 80 Arbeitsgängen wird aus einem Stück Stoff ein Bekleidungsstück, das den Standards von van Laack gerecht wird.

Alle Hemden und Blusen von van Laack tragen dabei das gleiche Markenzeichen: die Dreilochknöpfe aus Perlmutt, die bereits im Detail die besonders luxuriöse Qualität der Stoffe und ihrer Verarbeitung unterstreichen. Hierbei werden immer wieder neue, ausgesuchte Stoffdesigns entwickelt, die van Laack zu einem zeitlosen Trendsetter im Bereich der Oberbekleidung gemacht haben. In Hamburg kann man sich davon ganz besonders im modern-klassischen Ambiente des van Laack Stores im Neuen Wall überzeugen – eine Vielzahl an Farben, Mustern und Schnitten lässt jeden das Passende finden. Denn van Laack setzt sein gesamtes Know-how dazu ein, mit Hemden und Blusen die idealen Begleiter für jede Lebenslage zu kreieren.

van Laack Store / Neuer Wall 43 / 20354 Hamburg / Tel. 040 – 36 09 99 60/ Mo – Fr 10 bis 19 Uhr / Sa 10 bis 18 Uhr / www.vanlaack.de

Hemden und Blusen von van Laack, höchste Qualität seit 127 Jahren

Ulla Maass, Inhaberin der first floor Hair Company und Mitglied im TIGI Creative Team Germany

HAUPT-SACHE HAAR

Das first floor-Team bietet ein Beauty-Erlebnis der Extraklasse

Nicht nur in London, New York oder Los Angeles werden Trends gemacht. Seit sieben Jahren lassen sich stilbewusste Großstädter die neuesten Hairstyles vom Team um Geschäftsführerin Ulla Maass typgerecht auf den Kopf schneiden. Die first floor Hair Company im Neuen Wall 57 gehört in Sachen Schnitt-Techniken und Styling-Innovationen zu den ersten Adressen Hamburgs. Der Besuch des 260 Quadratmeter großen, in hellen und freundlichen Farben gehaltenen Salons garantiert ein ganzheitliches Beauty-Erlebnis. Bei einer herrlichen Kopfmassage und einem erfrischenden Getränk in entspannter Wohlfühlatmosphäre ist die Hektik des Alltags schnell vergessen.

Im first floor wird nach den Kreationen von TIGI Art Director Anthony Mascolo gearbeitet. Mascolo, dreimal zu Englands Hairdresser of the Year gekürt, bringt jedes Jahr zwei Kollektionen heraus. Mehrmals im Jahr wird dann aus den Räumlichkeiten des first floor die renommierte TIGI Academy. Friseure aus ganz Deutschland reisen an, um an den regelmäßig stattfindenden Seminaren teilzunehmen. Hier können sie die innovativen Schnitt-Techniken – zum Beispiel den Basis-Look „Urban Classics" oder die trendigen „How to get the look"-Kreationen – von Anthony Mascolo erlernen, der schon für die Pret-á-porter-Schauen von Vivienne Westwood verantwortlich zeichnete.

Neben Typ- und Stilberatung legen die Stylisten der first floor Hair Company viel Wert auf individuelle Haarpflege und entsprechend hochwertige Produkte. Nach den erfolgreichen TIGI-Serien Catwalk, BED HEAD und S-factor gibt es mit „BforMen" nun auch eine Herrenserie, die erfrischend nach Minze duftet. Zudem kann man ab sofort sein Styling im first floor mit den neuen Colorationen von TIGI abrunden lassen. **first floor Hair Company / Ulla Maass und Team / Neuer Wall 57 / 20354 Hamburg / Tel. 040 – 300 69 70 / Di – Fr 10 bis 19 Uhr / Sa 10 bis 16 Uhr / www.firstfloor-hamburg.de**

DIE BESONDERE BRILLE

Bei belle vue! Avantgarde Optic setzt man auf hochwertige Kollektionen individueller Designer

Herzlichkeit und Freude an der Beratung: Karin Stehr (r.) und ihr sympathisches Team

Authentisch. Stilvoll. Eigenständig. Wer sich bei der Auswahl seiner Kleidung und Accessoires von diesen Attributen leiten lässt, hat früher oder später auch Lust auf ganz besondere Brillen. Die sind jedoch nur schwer zu finden, denn es gibt ganz wenige Optiker, die sich auf die Kollektionen individueller Brillendesigner konzentrieren.

belle vue! Avantgarde Optic an der Bleichenbrücke 1–7 ist so ein besonderes Geschäft, in dem sich Menschen, die generell eher Klasse als Masse schätzen, sofort wohl fühlen. Unabhängig davon, ob der persönliche Stil klassisch, sportlich, modisch oder auch extravagant ist, hier finden Sie Brillen, die mit Leidenschaft und viel Liebe zum Detail gestaltet werden und ihre ganz eigene Handschrift haben. Das Wissen um die Historie und die vielen kleinen Details der Kollektionen, zum Beispiel von Oliver Peoples, ic! berlin, Götti, Lindberg und Face à Face, sorgt zusammen mit der individuellen Beratung des belle vue!-Teams dafür, dass vielen Kunden ihre neue Brille wirklich ans Herz wächst.

Die persönliche Leidenschaft für unkonventionelle Wege und Dinge ist die Grundlage des außergewöhnlichen Konzepts von Inhaberin Karin Stehr. Wer diese Lebenseinstellung sympathisch findet, fühlt sich sofort verstanden. Vielleicht zum ersten Mal in einem Optikgeschäft! **belle vue! Avantgarde Optic / Bleichenbrücke 1–7 / 20354 Hamburg / Tel. 040 – 97 07 19 87 / Mo – Fr 10 bis 19 Uhr / Sa 10 bis 18 Uhr / www.belle-vue-optic.de**

KAMAELEON by Bellinger: die Brille mit den Wechselbügeln

Fliegende Riesen

In Finkenwerder werden die größten und modernsten Passagierflugzeuge der Welt gebaut. Das jüngste Prestigeprojekt ist der A380: ein Traumschiff der Lüfte

TEXT: GERALD DRISSNER, FOTOS: MICHAEL LANGE

Think Big: Das größte Passagierflugzeug der Welt, der A380, in der größten Lackierhalle der Welt – und das alles im kleinen Finkenwerder

Ein Kraftakt für Mensch und Maschine

Turbinen so groß wie der Rumpf eines Mittelstreckenflugzeugs: Für den Weitertransport großer Airbus-Teile musste in China eigens ein Schiff gebaut werden

In der Halle für die Hauptkomponenten-Fertigung des A380 nieten Mitarbeiter die Spanten des Megajets. Bis zu 853 Personen finden später im Flugzeug Platz

Finkenwerder ist ein Stadtteil Hamburgs, eine Halbinsel am anderen Elbufer, von der man sagt, dass sie die schönste Aussicht auf die Stadt bietet. Rund 12 000 Menschen leben hier, Pendler und einige wenige übrig gebliebene Fischer und Obstbauern. Eine ländliche Gegend, in der man noch Plattdeutsch versteht und Sing- und Tanzgruppen wie die „Finkwarder Speeldeel" das kulturelle Erbe pflegen.

Und dann gibt es noch das andere Finkenwerder. 12 000 Arbeitsplätze, ein Areal so groß wie 455 Fußballplätze – die Welt des Flugzeugherstellers Airbus. Vor ein paar Jahren war ein großer Teil des Firmengeländes noch ein riesiges Süßwasserwatt, das so genannte Mühlenberger Loch. Nun stehen hier graue Hallen, die so hoch sind wie mehrstöckige Häuser, in denen Menschen arbeiten, die weiße Anzüge und weiße Schuhüberzüge tragen und von oben aussehen wie Playmobil-Männchen: In Hamburgs ehemaligem Fischerdorf wird das Innere des größten Passagierflugzeuges der Welt, des Airbus A380, ausgestattet.

Dieter Stein sagt, mit diesem Flugzeug werde ein neues Zeitalter beginnen. Er leitet die „Kabinenausstattungsmontage" des A 380 und hat die Aufsicht über die Hallen 241 bis 246. Der A380, so Stein, solle das Kreuzfahrtschiff der Lüfte werden. Größer und leiser und vor allem schöner, edler, komfortabler als alle anderen Flieger. Die Fluglinien möchten etwas Einzigartiges haben und lassen sich die Ausstattung zweistellige Millionenbeträge kosten. Was beim A380 zählt, sind die inneren Werte: Das technische Meisterwerk bietet die meisten Sitzplätze, verbraucht weniger Kerosin, und auch der Lärm bei Start und Landung ist geringer als üblich.

Man könnte vereinfacht sagen, Dieter Stein ist ein Raumausstatter, denn seine rund 390 Mitarbeiter bauen Toiletten ein, verlegen Kabel und Teppiche, installieren Küchen, Bars, klimatisierte Schlafräume und Hunderte von Bildschirmen in das riesengroße Flugzeug. Er lässt sämtliche Sonderwünsche der Fluggesellschaften wahr werden. „Bis auf einen Kachelofen können wir alles einbauen", sagt Stein, „im Grunde alles, was nicht brennt." Theoretisch auch einen Whirlpool – allerdings würde das Wasser überschwappen, falls die Maschine durch eine Turbulenz flöge.

Zwei Hydraulikmaschinen stemmen den leeren, 250 Tonnen schweren Airbus in der Halle 241 in die Höhe. Dann fahren die Arbeitsbühnen an das Flugzeug heran, drei Stockwerke hoch, und umfassen es wie eine Zahnspange einen Zahn. Ein Airbus A380 ist 73 Meter lang und hat Flügel mit einer Spannweite von 79,8 Metern. Vom Boden bis zum höchsten Punkt, hinten am Leitwerk, sind es genau 24,1 Meter. Ein ganzes Dorf könnte mit diesem Flugzeug in den Urlaub fliegen – je nach Ausstattung und Größe der teuren „First Class" und „Business Class" hat ein A380 bis zu 853 Sitze. Der Tank fasst 310000 Liter Kerosin, genügend Treibstoff, um bis zu 15200 Kilometer weit zu fliegen. Listenpreis Juli 2008: 327,4 Millionen US-Dollar.

Bis es so weit ist, dass ein Flugzeug in der Halle von Dieter Stein parkt, haben dessen Einzelteile schon mehrere Tausend Kilometer hinter sich. Airbus produziert in Europa und China und hat Tochtergesellschaften in den USA, Asien und dem Nahen Osten. So kommen die Flügel des A380 aus Broughton in England, das Cockpit und die mittlere Rumpfsektion aus St. Nazaire und Méaulte in Frankreich, die vorderen und hinteren Rumpfteile aus Hamburg. Flugzeugbauen ist im Grunde wie Puzzeln: Man steckt Einzelteile zu einem Ganzen zusammen. Beim A380 sind es rund vier Millionen Teile.

Ein Gigant aus vier Millionen Einzelteilen

In Hamburg, einem von insgesamt sieben Airbus-Werken in Deutschland, die wiederum mit mehreren Hundert Zulieferfirmen arbeiten, wird ein Teil dieses Riesenpuzzles zusammengesetzt. Hier werden Teile des Rumpfes des A380 hergestellt, und später erhält das hohle Flugzeug vom Teppich bis zur Küche alles, was der Auftraggeber an Ausstattung wünscht. In Finkenwerder findet auch der letzte Akt statt, die Übergabe des Flugzeugs an den Kunden – vorausgesetzt, die Fluggesellschaft hat ihren Sitz in Europa oder im Nahen Osten.

Produziert wird also da, wo schon seit Jahrzehnten produziert wird, und nicht etwa, wo es am billigsten wäre. Das ist eigentlich gegen alle Regeln der Betriebswirtschaftslehre. Die langjährige Erfahrung der Mitarbeiter mache die Mehrkosten wett, sagen die Leute von Airbus-Deutschland. Ihre französischen Kollegen sagen das auch. Die Manager betonen gern, dass Airbus ein europäisches Unternehmen sei. Vielleicht funktioniert es deshalb auch ein bisschen wie die EU: Die Zuständigkeiten sind unglaublich kompliziert, Politiker mischen sich ständig ein, und Airbus-Deutschland wie Airbus-Frankreich mögen sich gegenseitig nicht sonderlich gern.

Der erste A380 wurde im Oktober 2007 an Singapore Airlines geliefert. Mit mehr als einem Jahr Verspätung, es gab Probleme mit Software und Kabeln. Dazu kamen interne Streitereien, Fluggesellschaften drohten, ihre Aufträge zu stornieren. Die Streitereien sind noch immer nicht geschlichtet, die Produktion aber ist angelaufen und beginnt allmählich, Routine zu werden. Die Auftragsliste ist lang: Bis zum Sommer 2008 hatten 17 Fluggesellschaften insgesamt 202 Flugzeuge bestellt. Lufthansa soll 2009 an der Reihe sein, für die deutsche Fluggesellschaft wird es der erste A380 von insgesamt 15 bestellten Maschinen. Läuft alles nach Plan, sollen künftig vier Megajets pro Monat hergestellt werden. Einer Studie zufolge werden in den nächsten 20 Jahren weltweit mehr als 24000 neue Passagier- und Frachtflugzeuge benötigt. Davon möchte sich Airbus natürlich möglichst viele Aufträge sichern. Der große Konkurrent heißt Boeing. Beide liefern sich ein Kopf-an-Kopf-Rennen.

Wer verstehen möchte, wie Airbus funktioniert, muss den Begriff „takten" kennen. So nennen es die Mitarbeiter, wenn ein Baustein von Halle zu Halle, von Land zu Land bewegt wird. Bei Airbus wird ständig etwas getaktet. Meist in der Luft, denn auf der Straße braucht es zu viel Zeit. Deshalb haben die Konstrukteure „Beluga" entwickelt, ein Transportflugzeug, das aussieht wie ein Wal. Als Beluga gebaut wurde, dachte allerdings niemand an ein Flugzeug, dessen Turbinen allein schon so groß sind wie der Rumpf eines Mittelstreckenflugzeugs. Doch dann kam der A380. Also ließ man in China eigens ein 154 Meter langes Schiff bauen, mit dem nun die großen und schweren Teile für den A380 transportiert werden.

Eine ausgefeilte Logistik braucht es, bis der A380 in Dieter Steins Halle in Finkenwerder steht. Dort bleibt er 40 Arbeitstage. So lange braucht Steins Team für die Innenausstattung. Später sollen 20 Tage reichen, das hat der Computer errechnet. Denn Zeit ist Geld, und Airbus will jeden Hammerschlag optimieren, um beides zu sparen.

Der Flugzeugbau hat in Hamburg eine lange Geschichte. Anfang der 1930er Jahre begann die Schiffswerft Blohm + Voss, Flugzeuge zu bauen. Dann kam der Krieg, und erst 1956 war es in Deutschland wieder erlaubt, Flugzeuge zu konstruieren. Eine visionäre Idee, politische Rückendeckung und die Arbeit von etlichen kleinen Unternehmen, machten es möglich, dass 1972 der A300 entstand, das erste zweistrahlige Großraumflugzeug der Welt für Kurz- und Mittelstrecken. Nach und nach wuchs Airbus zum Großunternehmen heran und machte

Kleine Verwandte: Neben dem Rekordflieger A380 verlassen jeden Monat 16 Flugzeuge der A320-Familie die Werkshallen

Ein Riese setzt zur Landung an: Wenn der A380 im Sinkflug auf Finkenwerder ist, geraten selbst die großen Containerschiffe auf der Elbe zur Staffage

Hamburg zu einem der größten Luftfahrtzentrum der Welt.

Das Werk im kleinen Finkenwerder ist mittlerweile ins Gigantische gewachsen. Auf dem 300 Hektar großen Firmengelände verkehren allein vier Buslinien. Zum Werk kommen die meisten Mitarbeiter per Schiff und Bus, die im Vier-Minuten-Takt fahren – 2001 pendelten sie noch alle dreißig

Am Computer geplant, von Hand lackiert

Minuten, damals arbeiteten hier achttausend Menschen. Heute ist Airbus der zweitgrößte Arbeitgeber Hamburgs, nur der Hafen beschäftigt mehr Menschen. Die Stadt Hamburg hat daran ihren Anteil. Sie subventionierte 2001 mit rund 700 Millionen Euro die Trockenlegung eines großen Teils des Mühlenberger Lochs und verabschiedete ein Gesetz, mit dessen Hilfe Obstbauern enteignet wurden, um das Werksgelände zu vergrößern und die Start- und Landebahn des Airbus in Finkenwerder auf insgesamt 3273 Meter zu verlängern.

Der A380 ist nicht nur das größte und modernste Passagierflugzeug der Welt. Es ist auch das erste, das komplett am Computer konstruiert wurde. Das, was Dieter Stein mit seinen Mitarbeitern in Halle 241 einbaut, wurde zuvor von Michael Lau am Bildschirm geplant. Er arbeitet im Cabin-Engineering, gibt den Bauteilen die passende Form. Mit derselben Software konstruiert die Automobilbranche neue Wagen. „Das Prinzip ist gleich. Nur haben wir mehr Daten", sagt Lau. Vieles, was am Computer entsteht, wird vorher getestet. Die breite Treppe zum Beispiel, die in die obere Etage führt: Junge, Alte, Frauen mit Baby, Blinde ließ man auf Attrappen rauf- und runtergehen, bis die optimale Form gefunden war.

Und noch bevor das erste Teil des A380 produziert wird, sitzt der Kunde im Flugzeug: in einem digitalen Raum, der Decke, Fußboden und Wände simuliert. Dabei trägt er eine Datenbrille und bewegt sich virtuell durch die Kabine. Mit Hilfe von Datenhandschuhen kann er Türen öffnen. „Denn", so Lau, „ein einzelner roter Sitz kann schön sein, aber viele rote Sitze nebeneinander vielleicht nicht." Es gibt aber auch Dinge, die bei Airbus noch von Hand erledigt werden. Malen zum Beispiel. In der größten Lackierhalle der Welt riecht es nach: frischer Luft. Maschinen, so genannte Werfer, saugen die Luft von draußen ein, reinigen, erwärmen und befeuchten sie, bis es in der Halle angenehme 20 Grad warm ist und die Luftfeuchtigkeit bei 50 Prozent liegt. Am Boden wird die Luft dann abgesaugt und gewaschen. 18-mal pro Stunde werden so 695 000 Kubikmeter Luft ausgetauscht.

7000 Neonröhren sorgen hier für Licht. Ihr Licht spiegelt sich am Metall, eine gute Hilfe für die mehr als zwei Dutzend Lackierer, die an einem Flugzeug arbeiten. Eine Lackschicht ist dünner als ein Haar. Bis zu sechs Schichten sind notwendig, insgesamt 1200 Liter Farbe, die mit Farbpistolen auf die mehr als 3500 Quadratmeter große Außenhaut gesprüht werden. Der Lack muss Geschwindigkeiten bis zu 900 km/h, UV-Strahlen und Temperaturen zwischen 50 Grad minus und 80 Grad plus standhalten.

Am Himmel über Hamburg sieht man die Jets nahe der firmeneigenen Landebahn steigen oder sinken. Gerd Rogge steht dann oft mit einer Gruppe Besucher hinterm Sicherheitszaun. Er kam 1958 nach Hamburg und begann eine Lehre zum Metall-Flugzeugbauer und blieb 50 Jahre im Job, bis zu seiner Rente. Heute führt er gelegentlich Gäste durchs Werk.

Die menschliche Wahrnehmung verschiebt sich manchmal, ein Tempo von 300 Stundenkilometern kann je nach Perspektive wie Zeitlupe wirken. Wenn so ein Gigant der Lüfte in Hamburg-Finkenwerder abhebt, haben Rogges Gäste oft das Gefühl, das kann nicht gut gehen, er ist zu groß, zu schwer, der fällt runter. Doch Gerd Rogge kann sie dann beruhigen: „Die Physik funktioniert, egal wie groß das Ding ist." Und dann sieht er dem Flugzeug nach, bis es am Himmel verschwunden ist. □

MERIAN | TIPP Airbus

Globetrotter Tours bietet auf dem Airbus-Werksgelände Führungen an
Mo-Fr zwischen 9.30 und 16.30 Uhr, Reservierung erforderlich
www.airbus-werksfuehrung.de
Teilnahme ab 14 Jahren möglich
Preise: Erwachsene 13 €
Schüler/Studenten/Rentner 10 €

Woodstock

Musik, Matsch und moderne Kunst – einmal im Jahr verwandelt sich die Elbinsel in ein Kap der guten Laune. Drei Tage dauert Hamburgs aufregendstes Festival: Dockville

TEXT: ALAIN BIEBER, FOTOS: SABINE OTTO

Der Bass wummert durch die Büsche. Brombeersträucher nicken im Takt. „Folge mir nach Papaya! Coconut Banana!“, hört man Elektro-Schlagersänger Alexander Marcus aus der Ferne trällern. Florian Tampe und Christiane Schuller interessiert das nicht – sie reißen sich gerade ihre Kleider vom Leib. Schnell sind sie völlig nackt, schnappen sich ein Handtuch und verschwinden in ihrer selbst gezimmerten Holzhütte – der Sauna des Hamburger Musik- und Kunstfestivals Dockville.

Zum zweiten Mal findet das Spektakel auf der Elbinsel Wilhelmsburg statt. Normalerweise gibt es hier nur: Vogelzwitschern und Autobahnrauschen, Brachflächen, vertrocknete Wiesen und meterhohe Kiesberge, Lagerhallen voller Europaletten, verlassene Industrieanlagen und alte Getreidespeicher. Am Reiherstieg-Hauptdeich stapeln sich bunte Schiffscontainer wie Legotürme, Angler blicken stoisch aufs Wasser, und Lkw-Fahrer dösen in ihren Trucks. Eine Gegend wie geschaffen, um Leichen zu beseitigen.

Wilhelmsburg ist der flächenmäßig größte Stadtteil Hamburgs und gehört zu den ärmsten. Jeder achte Einwohner ist hier arbeitslos. Deshalb ist die Elbinsel zum Schauplatz der Internationalen Bauausstellung (IBA) geworden: Aus dem Problem- soll ein Szeneviertel werden. Und Kunst und Kultur sollen dabei helfen. Aus diesem Grund zählt die IBA auch zu den Hauptsponsoren des Dockville-Festivals. Und es funktioniert. Rund 10 000 Besucher kommen zum Feiern – darunter auch viele, die den Hamburger Süden zum ersten Mal besuchen.

Die Jugendlichen, die hierher strömen, sehen aus wie Klone aus dem Musikfernsehen: zerlöcherte Netzstrümpfe unter dem Minirock, grelle Tops und Shirts mit Statements wie „Make some Noise“ oder „Yippie, Yippie, Yeah“, enge Jeans und immer wieder schwarze Plastiksonnenbrillen mit bunten Bügeln und Cocker-Spaniel-Frisuren. In Einkaufs-, Boller- und Handwagen ziehen sie ihr Survival-Equipment gen Campingplatz: Schlafsäcke, Zelte, Bierpaletten, Wasserkanister. „Benehmt euch! Und pinkelt nicht in das Gelände“, ruft eine Aufsicht den einfallenden Horden zu. Innerhalb kürzester Zeit entsteht eine Zeltstadt direkt neben dem Festivalgrund: Ghettoblaster dröhnen, Dosenbiere zischen, Würstchen brutzeln auf Mini-Grills. Ein pubertäres Mädchentrio stolpert über die Wiese und brüllt in ein Megafon: „Wir suchen kleine Penisse! Habt ihr welche ge-

Publikumsliebling „Fettes Brot“: Für die drei nordischen Spaß-Rapper ist der Auftritt bei Dockville ein echtes Heimspiel

in Wilhelmsburg

sehen?“ Alkohol macht eben albern. Alles ist wie im Landschulheim, nur besser, weil ohne Lehrer und mit Musik. Auf der Hauptbühne singt schon Bernd Begemann seine wunderbar kauzig-komischen Deutschpop-Songs und ruft in die Menge, die sich vor der Bühne versammelt hat: „Die jungen Leute gehen auf ein Festival, um Gratisdrogen zu bekommen. Und dann kosten die mehr als zu Hause. Und dann sind sie verwirrt.“

Enno Arndt, der Dockville-Initiator schlurft stets mit einem CB-Funkgerät in der einen und einer Kippe in der

1 Partyhengst: ein Ross auf Rollen als Ruheliege
2 Drinks und Blumenketten: Raba und Aline jobben am Getränkestand **3** Bunte Nacht: die erleuchtete Fassade des „Westerndorfes“ während der Party „Indie-Floor“

1

2

3

Beats und Bier, Kunst und Schrott

anderen Hand über das Gelände. Mit seinem dünnen, blonden Haar, dem Rundrücken und seinem Schlabbershirt sieht er älter aus als 36. Vor allem erweckt er nicht den Eindruck, als könnte er eine solch riesige, rund eine halbe Million Euro teure Veranstaltung allein auf die Beine stellen. Was er aber getan hat. „Ich wollte schon immer ein Festival machen", erzählt er. „Ich habe mit kleinen Konzerten angefangen. Und dann hatte ich Lust auf immer größere Konzerte und immer größere Räume. Und ich wollte einen neuen Ansatz versuchen – Musik mit Kunst verbinden."

Sein Team ist jung. Dorothee Halbrock und Laura Raber, beide 23 und Studentinnen der Kulturwissenschaften in Lüneburg, sind die offiziellen „Kunstbeauftragten" des Festivals. Und die hatten in diesem Jahr eine ganz besondere Idee: Da es auf dem Gelände keine Innenräume für Kunst gab, sollten diese gebaut werden. Und so konzipierte Jakobus Siebels, 39, Künstler und Musiker der Hamburger Band „JaKönigJa", ein Hüttendorf, angelegt irgendwo „zwischen ostfriesischen Fischerdörfern und Wildwest-Ästhetik". Zusammen mit sieben Gesellen auf der Walz baute der Hamburger Architekturstudent Jonathan Gröne, 26, dann das Dockville-Dorf. Das Gesamtkunstwerk aus Brettern und Balken, 26 Meter lang und acht Meter hoch, bietet nun Platz für einen Kunst-Saloon, eine Siebdruckwerkstatt, einen Comic-Laden und die Galerie „Art Store St. Pauli". „Unser Festival ist der Sprung in ein Viertel, das über Jahrzehnte einen schlechten Ruf hatte", sagt Enno Arndt. „Jetzt wollen wir hier auf Dauer etwas aufbauen. Unser Ziel ist ein öffentlicher Park." Die Idee: Das Dorf sollen Wilhelmsburger Künstler nach dem Festival als Atelier nutzen.

Genau diese charmanten Projekte machen Dockville zu etwas Besonderem. Denn sonst ist hier alles so wie bei anderen Festivals auch: Matsch en masse, Bands am Fließband, fast 70 Musiker, Bands und DJs in drei Tagen, Gedränge vor den Dixi-Klos, ein überteuertes Gastrodorf, Promotion-Terror und Camping-Chaos. Aber wer will, kann auf dem über drei Hektar großen Festivalgelände noch viel mehr entdecken – Kunst eben. Etwa die Schrott- und Abfallinstallation des Hamburger Kunststudenten Max Frisinger, die er zusammen mit Wilhelmsburger Kindern realisiert hat. Ein Sammelsurium aus gelben Plastikrohren, Hula-Hoop-Reifen, Schaufensterpuppen, Styropor und bayerischen Fahnen – das bereits nach dem ersten Tag sehr mitgenommen aussieht. Was daran liegt, dass Betrunkene aus dem eigenwilligen Ensemble ein Schlachtfeld gemacht und diverse Teile einfach verschleppt haben. Jetzt sitzt hier eine sichtlich genervte Aufsicht, ruft im Fünf-Minuten-Takt „Bitte nicht anfassen" und möchte zu dem Werk nichts sagen, außer: „Ich pass' hier nur auf den Haufen Müll auf!"

Ein Trampelpfad führt zu einer Sound-Installation. Glucksende Geräusche dringen aus dem Dickicht und obskure Infotafeln klären über angebliche Tiere wie den „Eitelscheitler" oder „Schnapswurm" auf. Dann steht der Besucher plötzlich vor einer etwa acht Quadratmeter großen Holzhütte, die zwei Künstler um einen Baum herum gebaut haben. Zur Eröffnung spielt darin eine fünfköpfige Polka-Band – und fast 50 weitere Menschen haben sich hineingequetscht und versuchen verzweifelt, die Bar zu erreichen. Gleich dahinter führt ein Holzsteg zu einem künstlerischen Höhepunkt des Festivals: der Sauna-Installation „Detox I". Der Künstler Florian Tampe, 33, und die Schauspielerin und Gärtnerin Christiane Schuller, 31,

1 Das Gelände zwischen Wiesen und Industriegebiet ist Partyzone für rund 10 000 Fans 2 Kiez trifft Wilhelmsburg: Karl Hilse alias Karlo Kanibalo in der Dockville-Filiale seines „Art Store St. Pauli" 3 Kunststück Kneipe: Im „Pickled Hering" gibt's Bier

Sauna und Saloon im Niemandsland

haben gemeinsam mit zahlreichen Helfern eine Sauna gebaut. Aus Spanplatten und Restholz liebevoll zusammengezimmert, bietet sie bequem Platz für acht Personen. Auf einem Holzstand liegen Handtücher, Mineralwasser und Traubenzucker, gleich daneben steht eine alte Badewanne mit kaltem Wasser zum Abkühlen bereit, eine Gießkanne an einem Stab dient als Dusche. Und sogar an Birkenreisig, mit dem man sich den Rücken peitschen kann, haben die Macher gedacht. Die Installation bricht mit allen Festivalklischees, irritiert und überrascht. Auf dem Holzsteg prallt der Rocker im Leder-Outfit mit dem nackten Saunierer im Handtuch zusammen. „Nacktheit an ungewöhnlichen Orten ist wahnsinnig spannend", sagt Schuller, und Tampe ergänzt: „Das Projekt enstand aus einer Leidenschaft für das Saunieren und aus einer Abneigung gegen Festivals, bei denen man sich anschreien muss, nicht mehr zueinander findet, bei denen die Menschen nur rumposen und gar nicht wissen, was sie eigentlich tun sollen – und sich dann eben volllaufen lassen."

An drei Tagen spielen beim Dockville-Festival die drei wohl größten Hamburger Bands: Es gibt Pathos-Pop von „Tomte", Spaß-Rap von „Fettes Brot" und Gaga-Elektro von „Deichkind". Deren Band-DJ, Phono, sieht mit seiner schwarzen Anzughose, dem weißen Hemd und der braven Kurzhaarfrisur wie ein Anlageberater der Sparkasse aus. Und er redet über Deutschlands wohl verrückteste Bühnenshow so, als würde er einen Bausparvertrag anpreisen. „Unser Ansatz ist ein sehr künstlerischer: Heute werden wir zum zweiten Mal in unserer Bandgeschichte die Bierdusche vorführen." Eine Stunde später hüpfen er und die anderen Deichkinder, in schwarze Müllsäcke gekleidet, wild auf der Bühne herum, auf den Rücken der Musiker kleben die neonfarbenen Buchstaben „Y", „E", „A", „H", als Kopfbedeckung tragen sie Pyramiden-Masken und eine Perücke aus Magnetbändern. Sie springen zu schrägen, fast dadaistischen Texten („Alle Vögel fliegen hoch", „Du dicker, dicker Wau-Wau") und pumpenden Elektro-Beats auf Trampolinen herum und werfen säckeweise Federn ins Publikum. „Yippie Yippie Yeah Yippie Yeah, Krawall und Remmi Demmi", lautet der Refrain ihres größten Hits – und genau das zelebrieren die Deichkinder. Höhepunkt der Show ist die angekündigte Bierdusche: „Das sind die drei Regeln der Bierdusche", ruft DJ Phono in die Menge, „Niemand wirft eine Bierdose! Jeder nimmt nur eine Bierdose! Und keiner öffnet die Bierdose vor unserem Zeichen!" 1000 Bierdosen werden im Publikum verteilt, Hände grabschen nach Paletten, schütteln wild die Dosen – dann setzt der Beat ein, die Dosen knallen und 1000 kleine Bierfontänen sprudeln in die Luft. Fünf Minuten später ist alles vorbei, übrig bleibt ein Schlachtfeld aus verklebten Federn, zerdrückten Dosen – und ein stechender Geruch von Bier und Schweiß.

Am nächsten Tag beginnt wieder alles von vorn. Die Festival-Zombies erwachen zum Leben. Verkaterte Kids kriechen aus ihren Zelten, putzen sich am Straßengraben mit einem Rest Dosenbier die Zähne, und erste Expeditionstrupps erkunden den nächstgelegenen Supermarkt. Der Bass wummert wieder durch die Büsche. Und Brombeersträucher nicken im Takt. □

Alain Bieber, *Redakteur bei* Art, *hat Camping, Konzerte und Bierduschenparty als Kontrastprogramm zur etablierten Kunstszene sehr genossen.*

1

2

3

1 Logenplatz auf dem Sandberg: Der Aufstieg ist verboten, der Blick mit Fernglas auf die Bühne grandios **2** Wilder Westen im armen Süden: Saloon und Shops wurden eigens für Dockville gezimmert **3** Eisig schön: nach der Sauna in die kalte Wanne

Potemkinsche Stadt

Hamburgs großer Binnensee als Orientierungsmarke für britische Bomberpiloten? – Das sollte im Kriegsjahr 1942 unbedingt verhindert werden. Also tarnten die Hamburger ihre Alster und täuschten eine andere Innenstadttopographie vor. Geholfen hat es nicht

Der Hafen konnte in künstlichem Nebel verschwinden, Raffinerien wurden unterm Tarnnetz versteckt – und die Alster wurde einfach zugenagelt. Denn, so dachten sich die Verteidiger der Heimatfront, vor allem Hamburgs wunderbarer Mühlenteich aus dem 13. Jahrhundert mache den Bomberpiloten der Alliierten die Orientierung über der Großstadt leicht. Selbst in mondfinsterer Nacht glänzt das breit aufgestaute Wasser in den Himmel.

So sollte das Gewässer teilweise aus den Augen des Feindes verschwinden – so etwa nach Art kleiner Kinder, die sich die Hand vors Gesicht halten und glauben, dass man sie dann nicht sieht. Die Alster wurde so zum Schein verkürzt, die Binnenalster mit einem großen Stück Stadt überdeckt, mit Straßen und Häusern, Kanälen und Brücken. Das Blendwerk aus Holz, Draht, Tuch, Schilfmatten und anderem kriegswirtschaftlich weniger bedeutsamen Material haben dann auch noch Anstreicher mit Pinsel und Quast traktiert.

Auf dem Turm des nahen Rathauses ist, möglicherweise als Dokument für die listige Verschleierungstechnik, das Foto aus dem Jahr 1942 entstanden. Fotograf und Auftraggeber sind unbekannt. Die heutige Ansicht hat MERIAN-Fotograf Marc-Oliver Schulz aus identischer Perspektive, vom Kupferbalkon des Rathausturms aus 85 Meter Höhe, festgehalten. Das alte Bild zeigt, dass die potemkinschen Buden auf der Alster zwischen Neuem Jungfernstieg und

1942 | Die 18 Hektar Wasserfläche der Binnenalster sind unter flachen Baukonstruktionen versteckt. Durch die Außenalster verläuft ein ebenfalls irritierender neuer Damm

Ballindamm wohl kaum Stehhöhe haben. Sie sehen eher aus wie Folienkulturen. Wer die Anlage zusammengezimmert hat, weiß man nicht. Mit ein paar kräftigen Händen war das allerdings nicht zu schaffen. Mitten hindurch, von drei auffallend uniformen Kulissenbrücken gequert, zieht sich ein Hauptkanal, der keiner ist. Die Lombardsbrücke gibt es gleich zweimal: mit Bäumen bestanden die echte alte Brücke und als primitiven Abklatsch direkt auf der Wasseroberfläche weiter im Norden.

Die Alster war den Alliierten allerdings egal, sie orientierten sich beim Anflug an der Elbe. Als sie ihre Vernichtungsaktion „Gomorrha" starteten und allein in der Nacht vom 24. zum 25. Juli 1943 weit über 700 Bomber ihre tödliche Fracht über Hamburg abluden, war ihnen die überbaute Binnenalster keinen Treffer wert. Die „Alsterstadt" vergammelte von allein. Noch im Winter 1945 schwammen Reste der Attrappen im Wasser. Frierende Menschen zogen sie sich als Brennmaterial an Land. *Peter Mayer*

Auf der zugefrorenen Außenalster wird eine Brückenattrappe gebaut

2008 Die heutige Randbebauung der Alster unterscheidet sich nur wenig von der auf dem linken Foto. Kriegsbeschädigte Bauten wie die Alsterarkaden (vorn, links) wurden beim Wiederaufbau moderat verändert

Geliebte Freiheit

Mit unzähligen Bildern hat der Fotograf GÜNTER ZINT dem Kiez seine Reverenz erwiesen. Als Hausfotograf des legendären „Star-Clubs“ war er zugleich auch Freund vieler Stars. Bis heute ist das Rotlichtmilieu Günter Zints zweite Heimat: ein Portfolio seiner legendären Fotos aus den wilden 60er Jahren

Kiezleben mit Komik: Spagat einer Stripperin auf der Großen Freiheit

Die Prostituierte Marianne arbeitete in Dieters Puff in der Erichstraße.
Es war die Zeit, als der Kiezkunde in der Regel ein Kleinbürger und über 40 Jahre alt war

Anfang der 60er Jahre begann das Geschäft auf dem Kiez wieder zu florieren: Konfrontation zwischen Kirch- und Kneipengängern am Himmelfahrts- wie Vatertag

Ein Viertel voll spießiger Idylle und höchst sentimental

Die Vorzeigehure der Nation: Domenica in ihrem privaten Schlafzimmer in der Herbertstraße. In späteren Jahren wurde sie Streetworkerin und setzte sich für die Legalisierung der Prostitution ein

Schnelle Autos, schöne Frauen – die Männerträume sind heute immer noch die gleichen wie in den frühen Siebzigern: Ein Autohändler aus Bielefeld lässt die Puppe(n) auf seinem Mercedes tanzen

Stadtteil der Gewerbetreibenden: „Little Karstadt" wanderte jahrelang mit seinem Bauchladen durch die Straßen

Lustarbeit mit Todesfolge: Ein Freier ist beim Geschlechtsakt gestorben. Man trägt seinen Sarg aus der Herbertstraße

Viele Pop-Karrieren begannen damals auf dem Kiez: Dort spielten die Beatles 1960, 1961 und 1962. 1966 kommen sie noch einmal für zwei Konzerte nach Hamburg und besuchen heimlich den „Star-Club“

Der Kiez als Hotspot der Gegenkultur

Gegenkultur mitten im Milieu: Im „Star-Club“ in der Großen Freiheit 39 wurde der Sound einer kleinen, radikalen Minderheit gespielt. Er und der „Kaiserkeller“ waren Hamburgs erste Rock-'n'-Roll-Clubs

Vergnügen der Superlative: die Golden Girls, eine Showbiz-Gruppe, 1967 auf dem „Dom“, dem Hamburger Jahrmarkt

Die nackte Wahrheit

Sie waren fest entschlossen, die Welt zu verändern. Theoretisch. Sex verstanden sie als Politik. Und schrieben für die St. Pauli Nachrichten, das 68er Kultblatt für Schmuddelkinder: Stefan Aust, Horst Tomayer, Henryk M. Broder. Günter Zint fotografierte. Henryk M. Broder erinnert sich an die anarchisch-amüsante Redaktionszeit

Vierzig Jahre sind eine lange Zeit. Deswegen gehen in zentralen Fragen der neuen deutschen Geschichte die Meinungen weit auseinander: Wie ist die APO entstanden? Waren die 68er in Wahrheit Deutschnationale, die auf links machten? Und wer hat tatsächlich die *St. Pauli Nachrichten* erfunden?

Wenn mich meine Erinnerung nicht täuscht, war es ein Mann namens Helmut Rosenberg (siehe MERIAN-Kasten S. 138). Er war gelernter Autoschlosser, verhinderter Seemann, zeitweiliger Gebraucht-Groschenroman-Höker sowie Besitzer eines Ramschwarenladens am Hans-Albers-Platz, in dem es alles zu kaufen gab, was Matrosen versetzen und verkaufen mussten, um auf St. Pauli ein paar Runden drehen zu können. 1968 hatte Rosenberg die Idee, eine Juxzeitung zu drucken, die er *St. Pauli Nachrichten (SPN)* nannte. Die bestand aus einer Seite, etwas größer als DIN A3. Der Witz an der Sache war, dass sich jeder seine eigene Schlagzeile eindrucken lassen konnte, um daheim in Castrop-Rauxel, Plettenberg und Sindelfingen damit anzugeben: „Fritz Krause im Puff erwischt!" oder „Petra geht auf den Strich!"

Rosenberg – Verleger, Chefredakteur und Vertriebsleiter in einem – druckte auch Kontaktanzeigen von einsamen Herzen, die sich nach Zweisamkeit sehnten. Anfangs, als Köder, selbst erfundene Anzeigen, dann authentische. Mit den *SPN* ging es bergauf und das in einem Tempo, von dem Rosenberg völlig überfordert war.

Weil der Platz knapp war und der Preis der Anzeigen von deren Länge abhing, kürzten die Leute ab. „Ju Ma vita su Mu u To" bedeutete im Klartext: „Junger Mann, vital, sucht Mutter und Tochter". Wofür er sie suchte, musste nicht erklärt werden. Das Anzeigengeschäft schlug dermaßen ein, dass Rosenberg den Umfang der *SPN* kontinuierlich erweitern musste, bis aus dem kostenlos verteilten Blättchen eine reguläre Wochenzeitung wurde, zuerst mit acht, dann mit 16 und schließlich mit 24 Seiten Umfang.

Auf den ersten Seiten standen Lokalnachrichten, den Rest füllten Kontaktanzeigen, aufgelockert durch Pin-ups. Es waren prüde Zeiten. Einerseits hatte die „sexuelle Revolution" schon begonnen, andererseits machten Sittenhüter Jagd auf alles, das nackt war oder lüstern aussah. Und so dauerte es nicht lange, bis auch die Bonner Bundesprüfstelle für jugendgefährdende Schriften auf die *SPN* aufmerksam wurde. Dem Blatt drohte eine Indizierung: Verkauf nur unter der Ladentheke und nur an Erwachsene, die es ausdrücklich haben wollten. Es wäre das frühe Ende der *SPN* gewesen.

Die Hamburger Rechtsanwältin Gisela Wild hatte in dieser Situation die rettende Idee: Tageszeitungen können nicht indiziert werden. Also beschloss Rosenberg, um eine Indizierung zu vermeiden, die *SPN* täglich herauszugeben. Montags bis donnerstags in einer kleinen Auflage, die nur im Kiez vertrieben wurde, am Freitag als das Lustblatt für die ganze Republik. Die Freitagausgabe war der Dukatenesel, aus deren Erlösen die Tageszeitung als juristisches Alibi finanziert wurde.

Ich kam erst spät zu den *SPN*, irgendwann im Sommer 1970. Eigentlich wollte ich nur für den WDR eine Reportage über die Verrückten von St. Pauli schreiben, trieb mich in der Redaktion, die inzwischen unter der Führung von Stefan Aust auf ein halbes Dutzend Leute angewachsen war, herum, bis mich Rosenberg fragte, ob ich nicht dableiben und mitarbeiten wollte. Es war ein Angebot, das ein 23 Jahre alter Jungjournalist, der im Schatten der Kölner Domtürme aufgewachsen war und schon für die *Frankfurter Rundschau* und die *Welt der Arbeit* geschrieben hatte, nicht ablehnen konnte – zumal Rosenberg gut zahlte.

Also nahm ich das Angebot an und habe es nie bereut. Es war die unterhaltsamste und lehrreichste Periode meines Lebens, auch wenn sie nur wenige Wochen dauerte. Die *SPN* waren der Vorläufer der *tageszeitung*, freilich so anarchisch und durchgeknallt, wie es die *taz* nie war und nie sein wird. Rosenberg war zwar der Chef im Haus, kümmerte sich aber nicht um die Redaktion.

Also machten wir, was wir wollten. Die Arbeit bestand zum wesentlichen Teil daraus, sensationelle Meldungen aus anderen Zeitungen zu übernehmen und so umzuschreiben, dass sie noch sensationeller wurden. Eine unserer Quellen war das Schweizer Boulevardblatt *Blick*, das kaum jemand in Deutschland las. Und wir waren sehr stolz, als wir eines Tages in *Blick* eine Geschichte aus den *SPN* entdeckten, die wir aus *Blick* abgekupfert hatten. Das war extrem kreativ. Daneben hatte jeder seine eigene Agenda. Stefan Aust und Horst Tomayer schrieben als „Hein und Fietje" eine Kolumne, ich berichtete vorzugsweise aus meinem eigenen Leben. Zum Beispiel, wie sich der halbe WDR vor Entrüstung nicht einkriegen konnte, nachdem ein Text von mir über den Sender gegangen war, in dem auch der Reim „Komm mit meinem Pimmel in den siebten Himmel" vorkam. Dabei war es nicht einmal ein Satz von mir, ich hatte ihn nur aus einer Untergrund-Zeitung zitiert.

Eine der tragenden Säulen der *SPN* war der Fotograf Günter Zint, der von Anfang an dabei war. Zint kannte nicht nur jeden und jede auf St. Pauli, er war das mobile Gedächtnis des Viertels und hielt alles mit seinen Kameras fest. Außerdem war er für eine Fotostrecke in den *SPN* zuständig, die „Muschi der Woche" oder „Liebling des Monats" oder so ähnlich hieß. Jedenfalls war sie bei den Lesern sehr beliebt. Da kamen Männer mit ihren Frauen in die Redaktion, die unter ihrem Pelz oder Trenchcoat nichts anhatten. Die Herren wollten ihre Herzdamen unbedingt fotografieren lassen, und es sollten keine Porträtaufnahmen gemacht werden. Auch das war ein Beitrag zur sexuellen Revolution.

Wir waren fest entschlossen, die Welt zu verändern. Wir dachten, wenn wir nur oft genug das Wort „ficken" in unsere Artikel einbauten, würde die Gesellschaft implodieren oder explodieren. Und wir würden dann aus den Ruinen eine neue, gerechte und vor allem: repressionsfreie Welt errichten. Wir kamen alle aus bürgerlichen und kleinbürgerlichen Verhältnissen, für uns war St. Pauli so etwas wie der Kreml für die Kommunisten in den 30er Jahren, das Paradies der Theorien. Nur ans Anfassen und Anpacken hat dabei keiner gedacht – uns genügte die Nähe zu der Sünde, sie wirkte euphorisierend. Die Nutten, damals ein ehrbarer Berufsstand, wunderten sich wahrscheinlich darüber, dass da ein paar langhaarige Spinner herumliefen, die keinen Sex mit ihnen haben, sondern nur darüber schreiben wollten, wie andere Sex mit ihnen hatten.

Vor kurzem habe ich eine Lesung mit Charlotte Roche besucht. Als ich bei den *SPN* gastierte, da war sie noch nicht geboren. Auch das Wort „Feuchtgebiete" hatte vor 40 Jahren noch keinen erotischen Unterton. Wir haben die Welt nicht verändert, allenfalls haben wir ein paar Türen und Fenster aufgemacht, durch die heute ein anderer Wind weht. Aber im Grunde hat sich wenig geändert. Sex macht immer noch Spaß. Und über Sex zu reden beziehungsweise anderen beim Reden über Sex zuzuhören – das ist Safer Sex in höchster Vollendung. □

Henryk M. Broder, *Publizist, beschäftigt sich heute bevorzugt mit Israel und Themen aus der Politik.*

MERIAN | INFO St. Pauli Nachrichten

Redaktionssitzung der *St. Pauli Nachrichten* 1970 unter anderem mit Helmut Rosenberg, Horst Tomayer, Stefan Aust (vorn, von rechts). Günter Zint ist, weil Fotograf, nicht zu sehen. Henryk M. Broder kam erst später dazu

Die einst frechste Zeitung der Bundesrepublik erreichte in ihren besten Zeiten eine Auflage von bis zu 1,2 Millionen Exemplaren und war für alle Beteiligten ein journalistisches Abenteuer.

Wer hatte die Idee zu ihrer Gründung? Jeder der Beteiligten erinnert sich anders, obwohl gerade mal 40 Jahre vergangen sind. Andere schweigen lieber. **Günter Zint** sagt, er habe die Idee für die *St. Pauli Nachrichten* aus London mitgebracht und gemeinsam mit Helmut Rosenberg verwirklicht. **Henryk M. Broder** erwidert, er wisse, dass Zint diesen Claim für sich erhebt: „Einer von uns beiden irrt sich".

Und ewig ist Party: die leuchtenden Koloss-Bühnen auf dem Spielbudenplatz

Erotisch. Cool. Kultig

Jedes Wochenende treiben Zehntausende im Neonlicht die Reeperbahn runter. Verteilen sich in Kneipen, Clubs, Bars, Spielhöllen – Jung und Alt, Arm und Reich. St. Pauli ist Leben nonstop. MERIAN zeigt die neuen Orte im alten Lustzentrum

TEXTE: OKKA ROHD, ILLUSTRATION: JULIA PFALLER, FOTOS: WALTER SCHMITZ

Peking

Von außen sieht das älteste Chinarestaurant Hamburgs aus wie eine Trinkerkneipe, von innen wie ein Wirtshaus, in dem die dunkelbraune Sitzgarnitur vergessen hat, sich fürs neue Jahrtausend aufzurüschen. 2008 hat das vor 40 Jahren eröffnete Restaurant einen neuen Anstrich bekommen – am kauzigen Ambiente hat das zum Glück nichts geändert. Die weißen Tischdecken sind genauso geblieben wie die roten Rosen in den Vasen. Im Schein der Neon-Astra-Leuchtreklame hilft Kiez-Kult-Kellner Dirck Goldberg bei der Entscheidung zwischen 138 Gerichten. Falsch wählen kann man hier kaum: Fans lieben die Peking-Ente, die man drei Tage vorbestellen muss, zarte Dim-Sums oder in Shao Xing-Wein gesottenes Hähnchen. Der „Kiez-Chinese" ist so berühmt, dass dort neben Stammgästen und Zuhältern auch Promis sitzen.
8 Lincolnstr. 10, Tel. 31 08 33, Mo, Mi, Do 17-23, Fr-Sa 17-1, So 12-23 Uhr

Imbiss Lucullus

„Es ist die Soße," sagt Carolin Schultze, Inhaberin des Imbiss Lucullus, „das Geheimnis einer perfekten Currywurst ist eindeutig die Soße." Und so hat sich, seit 1994 der Imbiss auf der Reeperbahn eröffnete, am ursprünglichen Geheimrezept rein gar nichts verändert. Man könnte schwören, nie eine bessere Currywurst gegessen zu haben – knackig, reichlich, genau richtig in der Schärfe. Dem Zauber sicher nicht abträglich ist der Umstand, dass der Kiez morgens um drei nirgendwo schöner leuchtet als im Licht der gläsernen Würstchenbude, wenn die Polizisten der Davidwache neben Taxifahrern und hübsch angeschwipsten Kiez-Gängern bei Lieblingsmitarbeiter Habib bestellen, was zu einer Nacht auf dem Kiez gehört wie das Millerntor zu St. Pauli: Eine Riesencurry für 2,90 Euro. Mit ganz viel Soße. Wer Glück hat, steht in der Schlange neben Udo Lindenberg oder Jan Fedder.
1 Reeperbahn/Ecke Davidstr.; So-Fr 11-6, Sa 11-7 Uhr

Der Kiez ist glatter

3-Zimmer-Wohnung

Die Geschichte begann mit einem Gartenzwerg. Irgendwann, es ist Jahre her, verließ Zwerg Gatzenberg seine Kleingartenkolonie, um erst in die Welt zu reisen und dann in der Talstraße eine Bar zu eröffnen. Und weil er seine Herkunft nicht ganz leugnen kann, erinnert diese Bar an eine gemütliche WG aus den Siebzigern: In zwei Wohnzimmern stehen alte Sofas und Sessel, im Schlafzimmer kann man auf dem Bett lümmeln, Playstation und Backgammon spielen. Da die Besitzer Mitleid mit dem Singledasein ihres Zwerg-Maskottchens bekamen, kann man dienstags Barbie-Puppen gegen Getränke tauschen. Donnerstags gibt es Freidrinks für alte Lampen. (Die Duschlampe im zweiten Wohnzimmer brachte ihrem Besitzer fünf Cocktails!) Mo, Mi und Fr wird im Keller gekickert. Vorsicht mit großen Ankündigungen und Wetten: Hier sind Profis am Werk. **2 Talstr. 22, www.3-zimmer-wohnung.com, Tel. 01 60/90 36 15 19; tgl. ab 20 Uhr**

Boutique Bizarre

Heute bildet man sich ein, wirklich alles über Sex zu wissen. Bis man die Boutique Bizarre betritt und erfährt, wie viel mehr Menschen aus Lust miteinander anstellen können als alle Magazine sich träumen lassen. Das Stöbern wird leicht gemacht: kein speckiger Vorhang, der erst zur Seite geschoben werden muss, keine schmuddeligen Heftchen, bei denen man lieber nicht wissen will, wer sie vorher angefasst hat. Hinter der weiß erleuchteten Fassade gibt es auf 1 400 Quadratmetern ein sagenhaftes Angebot: erotische Bücher, Vibratoren, eine riesige DVD-Abteilung, Schnürmieder, Nylons wie vom Nachkriegs-Schwarzmarkt, Lackschuhe bis Größe 47 und tatsächlich eine „Fuckmachine". Auf Fleischerhaken wird Leder, Lack und Latex präsentiert. Fortbildungswillige lernen im Seminarraum Bondage oder „die Kunst seinen Partner fachgerecht hinzuhängen". 3 **Reeperbahn 35, Tel. 31 76 96 93, www.boutique-bizarre.de; tgl. 10-2 Uhr**

Bar 20up

Nirgendwo lassen sich die Schiffe auf der Elbe besser bestaunen als von der Bar des 2007 eröffneten „Empire Riverside Hotel". Das „20up" in der 20. Etage ist ein minimalistischer Glaskasten: Nichts behindert die Aussicht auf die kleinen Barkassen und riesigen Schlepper, die da unten vorüberziehen. Der Blick aus 90 Metern Höhe ist so spektakulär, dass man sich nicht entscheiden kann, ob man seiner Sehnsucht nachgeben und eine Schiffspassage buchen – oder lieber noch einen Drink ordern soll. Auch die sind hier perfekt, Martinis so trocken wie in New York, Malt Whiskys so torfig wie die schottischen Highlands. Wer frisch verliebt ist oder eine alte Liebe auffrischen will, findet im „20up" einen Ort, an dem es keine großen Worte braucht: Der Sonnenuntergang überm Hafen sorgt verlässlich für Romantik – besser als man es selbst zuwege brächte. 6 **Bernhard-Nocht-Str. 97, Tel. 31 11 97 04 70, www.empire-riverside.de; tgl. 18-2 Uhr**

geworden. Und mancherorts absolut trashy

Älteste Tätowierstube

Seit 1946 wird auf dem Hamburger Berg jeder tätowiert – außer Betrunkene und Jugendliche. Die Auswahl an Motiven, die an den Wänden bis unter die goldverzierte Stuckdecke präsentiert werden, ist beeindruckend – Herzen, Adlerköpfe und Skorpione, Vereinslogos und Panter. Doch Besitzer Ernst Günter Götz und seine beiden Mitarbeiter Sebastian und Andreas stechen am liebsten Unikate: Eine gute Tätowierung muss ihrem Besitzer passen wie ein Maßanzug, den Körper formen und gut aussehen lassen. Obwohl Matrosen kaum noch in der „Ältesten Tätowierstube" einlaufen, sind Anker und Möwen noch immer gefragt. Manch trauernder Kunde hat sich hier schon den Namen des verstorbenen Hundes auf den Arm stechen lassen. Zu Günter kann aber auch kommen, wer die verflossene Liebe hinter einem Indianerkopf verschwinden lassen will. 4 **Hamburger Berg 8, Tel. 31 30 33, www.die-aelteste.de; Mo-Sa 12-19 Uhr**

Alter Mythos und neuer Tabledance: Die Große Freiheit ist immer noch Rotlicht

Harry's Hafenbasar
Afrikanische Masken, ausgestopfte Raubtiere, oder ist es Kunst? Exotische Souvenirs stapeln sich bis unter die Decke. **Erichstraße 56 Tel. 31 24 82, www.hafenbasar.de** Di-So 12-18, 2,50 €

St.-Pauli Museum
Große Kiez-Geschichte: Die Fotos des St.-Pauli-Fotografen Günter Zint und Bilder von Erwin „Rubens von der Reeperbahn" Ross lohnen allein schon den Besuch. **Hein-Hoyer-Str. 56 Tel. 439 20 80, www.st-pauli-museum.com** Mo-Fr 10-16 Uhr

Herzblut St. Pauli
Bekannt für opulente Burger und Cocktails. Im Sommer sitzt man draußen und guckt über den Kiez, abends wird drinnen gefeiert. **Reeperbahn 50 Tel. 33 39 69 33, www.herzblut-st-pauli.de** Mo-Do 17-2, Fr 17-4 Sa 13-4, So 11-2, Küche bis 24 Uhr

Schmidt Theater / Schmidts Tivoli
Deutsche Musicals, nostalgische Revues, Kabarett – vorher zum Essen ins hauseigene Restaurant „Schatto Pauli", hinterher auf ein paar Absacker in „Angie's Nightclub". **Spielbudenplatz 24-28, Kartenhotline Tel. 31 77 88 99, www.schmidts.de**

Thai Oase
In der Karaoke-Bar ist es herzlich egal, ob man singen kann – Teenies, Manager und Transvestiten grölen aus vollem Hals. **Große Freiheit 38-40 Tel. 31 79 20 95** tgl. ab 20 Uhr

Zur Ritze
Die gespreizten Frauenbeine an der Kneipentür sind so berühmt wie der Boxring im Keller: Hier haben schon Weltmeister trainiert. **Reeperbahn 142 Tel. 319 39 46** tgl. ab 14 Uhr

Esso Station
An der „Tanke" bekommt man zwar auch Benzin – Kiezgänger interessieren sich aber mehr für das riesige Bier-Angebot oder ein sehr frühes Frühstück. **Spielbudenplatz 5-13 Tel. 31 46 89** tgl. 24 Stunden

Uebel & Gefährlich
Hinter den Mauern des Bunkers ist das Feier-Angebot so bunt wie das Publikum: Neben Konzerten und Partys gibt es Lesungen und Theater. **Feldstr. 66 www.uebelundgefaehrlich.com** wechselnde Öffnungszeiten

Nachtmarkt
Wenn die Geschäfte in der City schließen, wird der Spielbudenplatz wach: Bis Mitternacht verkaufen Jungdesigner, Trödelhändler und Künstler ihr Sortiment. **Spielbudenplatz Tel. 270 27 66, www.spielbudenplatz.eu** April-Okt. (fast jeden) Sa 17.30-24 Uhr

Kurverwaltung St. Pauli
Die Touren heißen „Matrosenmütze und Netzstrumpf" (Di) oder „Das Herz von St. Pauli" (Do): Eingefleischte Paulianer führen Hamburger und Touristen an Orte, die man allein nie finden würde. **Hamburger Berg 12, Tel. 31 79 07 47, www.kurverwaltungstpauli.de** Treff 20 Uhr U-Bhf. St. Pauli, 10 €, Anmeldung nicht erforderlich

Moondoo
Club im Design der Sechziger. Fr feiert man im Keller in der „Bar Morphine", Sa tanzen Gays bei „136 Grad" zu House und Elektro. **Reeperbahn 136 Tel. 31 97 55 30, www.moondoo.de** Fr, Sa ab 23 Uhr

Café Keese
Thomas Hermanns und sein „Quatsch Comedy Club" kalauern Do-Sa, Tango wird Di u. Mi getanzt. **Reeperbahn 19-21, Tickethotline: 018 05 25 55 65, Quatsch Comedy Club:** Do-Sa 20 Uhr, **www.quatsch-comedyclub.de;** Tango-Stunden: Di/Mi, **www.karinygustavo.de**

Rosi's Bar
In Rosis Retro-Kneipe spielen DJs Musik aus den 20ern, 50ern und 60ern, es ist gerappelt voll, unglaublich laut und alle, alle tanzen. **Hamburger Berg 7** tgl. ab 20 Uhr

St. Pauli-Theater
Das älteste Privattheater Hamburgs: neben Comedy und Revues auch anspruchsvolleres Theater. **Spielbudenplatz 29-30, Tickethotline: Tel. 47 11 06 66, www.st-pauli-theater.de**

Golden Pudel Club
Immer noch Lieblings-Hangout der Szene: Drinnen legen Underground-Größen auf, draußen sucht man sich eine freie Treppenstufe, schnackt, trinkt ein Bier und guckt der Elbe hinterher. **Fischmarkt 27 www.pudel.com** wechselnde Öffnungszeiten

H. Heinemann

Ein kleiner Plastikhund begrüßt die Kunden von Heinemann und bellt, sobald sich die Tür öffnet. Er bewacht den Eingang zu einer zauberhaft anderen Welt: Seit über 50 Jahren kleiden sich Alleinunterhalter und Kapellen, Zauberer und Zirkusleute bei Heinemann ein. Werner Böhm hat mit der schwarz-weiß-karierten Jacke vor vielen Jahren hier sein Markenzeichen gefunden. Der goldene Anzug von Michael Jackson im „Panoptikum" stammt genauso von Heinemann wie die schicken Portiersjacken im „Schmidts Tivoli". Und so sieht es im Laden auch aus: Neben einem Tigersakko hängt ein Zebrafrack, zwischen goldenen Hemden glitzern rote Pailletten-Jacken. Nichts aber funkelt so schön wie die Geschichten, die Geschäftsführerin Susanne Heinemann in über dreieinhalb Jahrzehnten gesammelt hat. **7 Kastanienallee 31, Tel. 319 31 91, www.heinemann-hamburg.de; Mo-Fr 10-13, 14-18, Sa 10-12 Uhr und nach Vereinbarung**

Kunstverein St. Pauli

Reeperbahn 83 zwischen einem Getränkemarkt und einer Döner-Bude. Ein unscheinbares Klingelschild weist darauf hin, dass hier der „Kunstverein St. Pauli" residiert. In ihrer WG im dritten Stock eines Bürogebäudes veranstalten sieben Freunde Ausstellungen und Partys. Dann wird die Küche zur Bar, das Wohnzimmer zur Tanzfläche – und der zweite Stock der Wohnung zum Ausstellungsraum. Zehn Mal im Jahr vergibt der Kunstverein Stipendien an Künstler, die für ein bis zwei Wochen ein Bett mit Kaffeemaschine gestellt bekommen. Der Unterschied zu anderen Projekten: Die Kunst entsteht im Zusammenleben – der Künstler erhält kein neutrales Atelier, sondern wohnt in einer WG – und verschwindet wieder, wenn der nächste Stipendiat einzieht. Zur Eröffnung jeder Ausstellung gibt es eine Party mit DJs oder Live-Musik – für jeden, der eine der Postkarten mit Türcode ergattern konnte. **5 Reeperbahn 83, Tel. 31 79 37 66, www.ferein.net**

15 % GESPART!

MERIAN Einkaufskorb
Ein zusammenklappbarer Begleiter, der aus Ihrem Alltag schon bald nicht mehr wegzudenken ist. Extraleicht und strapazierfähig, komfortabler Tragegriff mit gepolstertem Moosgummi. Hochwertiger, stabiler Aluminium-Rahmen mit robustem, abwaschbarem Polyesterbezug und fünf Standfüßen. Schnell und einfach zusammenfaltbar. Volumen ca. 25 l. Belastbar bis maximal 25 kg. Maße: ca. 49 x 28 x 22 cm.

MERIAN
Die Lust am Reisen

Ich abonniere MERIAN. Ab der nächsten Ausgabe erhalte ich zwölfmal pro Jahr MERIAN zum Preis von 81,50 Euro inklusive Porto*. Das Geschenk und das MERIAN-Abonnement senden Sie bitte an die unten stehende Adresse.
Ich wähle folgende Prämie (bitte ankreuzen):

* Nur innerhalb Deutschlands – Auslandspreise auf Anfrage

☐ Geschenk Nr. 1 27004

☐ Geschenk Nr. 2 27005

☐ Geschenk Nr. 3 27006

☐ Geschenk Nr. 4 27007

Name / Vorname

Straße / Haus-Nr. PLZ / Ort

Tel.-Nr. E-Mail

Datum / Unterschrift

Ich möchte den MERIAN-Sammelschuber gleich mitbestellen (bitte ankreuzen).
☐ „Lederoptik" 24,90 Euro ☐ „Acryl" 19,90 Euro ☐ „Leinen" 12,90 Euro

Gewünschte Zahlungsweise bitte ankreuzen:

☐ Gegen Rechnung. Rechnung abwarten, keine Vorauszahlung leisten.

☐ Bequem und bargeldlos durch Bankeinzug

Bankleitzahl Kontonummer

Geldinstitut

☐ Den Rechnungsbetrag bezahle ich per Kreditkarte:

☐ ☐ VISA ☐ MasterCard

Kreditkarten-Nummer

gültig bis Bitte genau angeben und ankreuzen.

Vertrauensgarantie: Die Bestellung wird erst wirksam, wenn sie nicht binnen 14 Tagen schriftlich beim **Leserservice MERIAN, Postfach 60 12 20, 22212 Hamburg,** widerrufen wird. Zur Wahrung der Frist genügt die rechtzeitige Absendung des Widerrufs. Dieses Angebot gilt nur in der Bundesrepublik Deutschland und solange der Vorrat reicht. Das Wunschgeschenk darf ich auch bei Widerruf behalten.

Bitte freimachen falls Marke zur Hand.

ANTWORT

MERIAN
Leserservice
Postfach 60 12 20
22212 Hamburg

Ihre garantierten Vorteile:

- Wunschgeschenk für Sie
- für Abonnenten ein Jahr MERIAN 15 % günstiger
- Lieferung frei Haus – keine Ausgabe verpassen
- exklusiver Zugang zum Premium-Bereich von **merian.de**

ABO SERVICE 040/87973540

Vertrauensgarantie: Die Bestellung wird erst wirksam, wenn sie nicht binnen 14 Tagen schriftlich beim **Leserservice MERIAN, Postfach 60 12 20, 22212 Hamburg,** widerrufen wird. Zur Wahrung der Frist genügt die rechtzeitige Absendung des Widerrufs.

Blick über Bröers Treppe hinab auf die Elbe und das Alte Land: eine der vielen schmalen Gassen, die ihren Namen den Hausbesitzern verdanken, zu denen sie führten. Und da Blankeneser ihre Häuser meist weitervererben, stimmen viele Namen noch immer mit den jeweiligen Anwohnern überein

Am Hang ist, wo man nicht parken kann. Eine eng gekuschelte Nachbarschaft ohne Distanz mit allen Nach- und Vorteilen: Zu Fuß kommt auch der Postbote

Heile Welt in teurer Lage

Mehr als ein Blankeneser kann ein Hamburger nicht werden, heißt es. Aber wer ist schon echter Blankeneser? Ein Bericht aus dem Treppenviertel. Von einem, der es wissen muss

TEXT: EMANUEL ECKARDT, FOTOS: HEIKE OLLERTZ

Ein bisschen Fernweh bleibt bei aller Bodenständigkeit

Seit alters her reichen die Hausgärten am Strandweg bis an die Elbe, auch wenn sie heute von einer Straße durchschnitten werden. Das so genannte Vorland nutzen die Eigentümer meist als Parkplatz oder Restaurantfläche

Fred. Olsen Cruise Lines
BRAEMAR

Blankenese, das Dorf am Strom – steile Treppen, schmale Gänge, dänisches Positano mit Kleingartencharakter und schmucken Häusern in teuerster Lage, gekrönt vom Süllberg mit Burganlage, einem Gourmetlokal plus Biergarten. Blankenese – Touristenattraktion, weiß leuchtendes Niedlichkeitsgebirge mit eigensinnigen, stolzen Ureinwohnern. Einer davon bin ich.

Seinen Namen verdankt das ehemalige Fischerdorf, das 1301 zum ersten Mal urkundlich erwähnt wurde, seiner „blanken Neeße“, einer glänzenden Landzunge, die wie eine Nase in die Elbe ragte, bevor eine Sturmflut sie mit sich riss. Auch politisch wurde Blankenese hin- und hergerissen. Mehr als zwei Jahrhunderte gehörte es zu Dänemark, dann zwei Jahre zu Österreich, ehe Preußen die Österreicher vertrieb und das Dorf zum Teil von Schleswig-Holstein machte. 1919 wurde das Nachbardorf Dockenhuden eingemeindet, das größer gewordene Blankenese fiel acht Jahre später unter Protest an Altona und wurde 1937 Stadtteil von Hamburg. Aber Hamburg ist weit.

In seiner großen Zeit, am Anfang des 18. Jahrhunderts, besaß Blankenese eine der mächtigsten Fischfangflotten Dänemarks, und seine Fischer lebten in reetgedeckten Fachwerkhäusern. Eines lässt sich heute noch besichtigen, ein „Dreehus“ für drei Familien mit zwei „Lüttwohnungen“, Elbterrasse 6, heute eine Seniorentagesstätte mit Museumsräumen, mit Döns, Kök und Stuv mit Alkoven, der kurz gehaltenen Schlafstatt im Schrank. „Man schlief im Sitzen, weil man meinte, es sei wichtig, auch nachts einen kühlen Kopf zu behalten“, sagt der Heimatkundler Ronald Holst. Vor 40 Jahren zog der Werbekaufmann aus Flottbek hierher, Blankeneser ist er damit aber noch lange nicht. Aber weil er und seine Frau in liebevoller Hingabe die Geschichte des Stadtteils aufarbeiten, gelten sie als Ehren-Blankeneser.

Echte Blankeneser leben hier nämlich seit Generationen. Leute wie Klaus Schade, wohnhaft Op'n Kamp, der 26 Jahre als Lotse auf der Elbe

Täglich auf und ab: 58 Treppen mit insgesamt 4 864 Stufen verbinden die Gassen am Blankeneser Elbhang

Spitzenlage: Seit 1887 thront eine Gastwirtsburg oben auf dem Süllberg. Mit einer Höhe von gerade mal 75 Metern ist er die bekannteste Erhebung am Geestrücken der Unterelbe

fuhr wie seine vier Brüder, sein Vater und sein Großvater.

Wer in der Blankeneser Geschichte forscht, stößt immer auf die gleichen Namen – Schade, von Appen, Stehr, Schuldt, Behrmann und vor allem Breckwoldt. „Vor 200 Jahren war jeder zweite Blankeneser ein Breckwoldt", sagt Holst. 2007 kamen sie aus vielen Ländern zum „weltgrößten Breckwoldt-Treffen" nach Blankenese.

Die Blankeneser sind ein stolzer Menschenschlag, sparsam, wetterfest und bodenständig wie Seepocken. Man lässt sich nicht umpusten, bleibt gern unter sich. Man stemmt sich gegen alles Fremde, gegen Veränderungen, die das vertraute Bild stören könnten. Bin ich Blankeneser? Nicht wirklich. Ich bin in Blankenese geboren und aufgewachsen, lebe dort – mit einer Unterbrechung – seit August 1942. Aber mein Vater kam aus Altona, meine Mutter aus Kiel. Auch dass sie aus einer alten Hamburger Familie stammt, zählt nicht. Wurzelechter Blankeneser ist nur der, dessen Großeltern aus Blankenese stammen.

Uns Kindern war das egal. Wir trafen uns am Fluss. Eisgang auf der Elbe! Staksten auf schwankenden Eisschollen, die wir mit Bootshaken verholten, Kinderkapitäne in Gummistiefeln auf großer Fahrt. Wir trafen uns zum Rodeln auf der großen Wiese in Schinkels Park, zur Schussfahrt mit dem Schlitten auf eisglatter Piste. Pass bloß auf, dass du keine Kreek hinter dir hast, die fährt dir ins Kreuz! Kreeks, die echten Blankeneser Schlitten, sind schwer, flach und rasend schnell. Ursprünglich waren sie als Lastenschlitten gebaut worden, glücklich, wer eine hatte. Die kleine flache Kiste mit Kufen aus Massivholz vom Bootsbauer oder Tischler, die mit Steuerlatte unter dem Arm auf Kurs gehalten wird. Und weil die Stange unglaublich lang und schwer ist, eher ein Mast oder schlanker Baum, donnern die Kreeks mit einem Affenzahn über das Eis hinab ins Falkental. In der Kurve, die sich gefährlich nach außen neigt, verhüten Strohballen das Schlimmste. Dahinter stand zeitweise sogar ein Krankenwagen parat – als Ambulanz für die Bruchpiloten.

Nicht jeder, der hier wohnt, gehört zum Treppenadel

Seefahrt tut not: Ältere Seebären wie Jochim Westphalen (2. von links), Kapitän im Ruhestand, amüsieren sich mit ihren Tuckerbooten auf der Elbe

Sommerfrische am Strom: Die Kellner im über 100 Jahre alten „Strandhotel" servieren auch auf der Terrasse, wo der Gast den Schiffen hinterhersehen kann

Die einfachen Fischerhäuser sind heute noble Immobilien

Zur Blankeneser Kindheit gehört die Bettelpoesie auf Platt. Ein Gedicht kannten wir alle: „Rummel, Rummel, Rusch, Prost Niejohr sitt in'n Busch." Wie man eine Schweinsblase über einen Topf zieht, den Rummelpott, wussten wir nicht mehr, aber das Rummelpottlaufen am Silvesterabend ließen wir uns nicht nehmen.

Geisterhaft verkleidet und maskiert zogen wir von Haus zu Haus und sagten unser Verslein auf: „Giv mi'n Appelkooken oder 'ne lütte Wust..." Apfelkuchen und kleine Würste kriegten wir nicht, aber Mandarinen, Nüsse, Kringel oder Kleingeld. Und wer nichts spendete, dem warfen die bösen Geister schon mal Piepmanscher (kleine Kracher) oder Knallfrösche in den Briefkasten.

Streetgangs hatten wir auch. Zwischen Weihnachten und Ostern gab es Krieg, den Bürgerkrieg der Kinder. Von einem Tag auf den anderen teilte sich unser friedliches Nest in feindliche Gebiete; die Front verlief zwischen den Osterfeuern „Viereck", „Knüll", „Osten", „Mühlenberg", sie ging durch das Treppenviertel und durch die Schulklassen. Wir kämpften um abgetakelte Weihnachtsbäume, versuchten herauszufinden, wo sie versteckt waren, wie man sie klauen konnte. Ich gehörte als kleiner Buttje zu „Osten" – ein starkes Feuer, weil auch die Jungs vom Blankeneser Segel-Club dazugehörten. Wir verfolgten die Schleifspuren über die Treppen, rannten davon, wenn uns die Wachtposten entdeckten. Wehe, sie erwischten einen von uns.

Die Mädchen waren auch nicht ohne. Das tollste Stück leistete sich Anneliese Teetz, die als Junge verkleidet auf Fischdampfern zur See fuhr, ihr Steuermannspatent machte und Deutschlands erste Kapitänin wurde. Mangels Schiff hat sie uns in der Schule am Kahlkamp Erdkunde unterrichtet und mir das Schwimmen beigebracht. Aber der Schuldienst lastete sie nicht aus. Einmal spannte sie mit einigen Jungs eine Stahltrosse quer über die Straße, um den Lastwagen von Taucher Harmstorf anzuhalten. Der unterhielt, ganz im Westen, ein eigenes, privates Osterfeuer, das absolut konkurrenzfähig war, denn Harmstorf sicherte sich jedes Jahr die abgeschmückten Christbäume vom Alsterhaus. Der Laster war hoch beladen, sprengte aber die Sperre. Augenzeugen berichten von einer wilden Prügelei, die Teetz schlug sich wie ein echter Kerl, die Brille von Taucher Harmstorf ging kaputt, und am Ende flog die Kapitänin in den Bach. 1991 starb sie den Seemannstod, als sie bei steifer Brise im Kajak die Elbe überquerte – sie war 81 Jahre alt.

Bei Sonnenschein italienische Verhältnisse: Den schönsten Garten hat Buchhändler Sautter am Strandweg. Wenn das Hochwasser kommt, werden seine Beete schon mal überschwemmt

Taucher Harmstorf – auch so eine Blankeneser Dynastie. Mehr unter als über Wasser. Mit Friedrich Matthias Harmstorf fing es an, der seine Söhne nach den Wracks benannte, die er geborgen hatte. Seine Frau Elisabeth fühlte sich mit 17 Kindern nicht ausgelastet und liebte Gäste, 6000 an einem Sonntag waren keine Seltenheit. Seit 1882 betrieb die Familie das „Hotel zum Taucher", später „Hotel zum Falkenthal", zugleich eines der beliebtesten Ausflugslokale an der Küste mit eigenem Anleger, Brillantfeuerwerk und Freilichtkino. Die Luftakrobatin Elvira von der Peute tanzte auf einem Drahtseil, Taucher Harmstorf trank unter Wasser eine Flasche Bier, und sein Sohn malte im mit Wasser gefüllten Glasbassin – eine Vorführung, die sogar Kaiser Wilhelm II. begeisterte.

Harmstorfs Enkel räumten nach 1945 die Wracks aus dem Hamburger Hafen und dem Mühlenberger Loch, aber als die Seeschifffahrt immer sicherer wurde, hatte das Bergungsunternehmen kaum noch zu tun. 1999 machte es dicht. Geblieben ist nur der traurige Rest des Elbschiffes „Uwe", dessen Achtersteven bei Ebbe am Falkensteiner Ufer aus dem Wasser ragt.

Die Osterfeuer brennen weiter. Es gibt keinen Krieg mehr um Tannenbäume, heute kämpfen die Jungs gegen Behörden. Kurz vor Ostersonnabend lädt das Bezirksamt zum runden Tisch, Polizei und Feuerwehr diskutieren das Krisenmanagement und prüfen die Höhe der Haufen. Sind Bahnschwellen dabei oder ein Dachbalken, der irgendwann mal mit Xylamon behandelt wurde, kommen sie mit dem Bulldozer und reißen den Haufen auseinander.

Das passierte im vergangenen Jahr. „Osten" ohne Osterfeuer, ein Trauerspiel, Stimmungstief beim Blankeneser Segel-Club. Mit über 800 Mitgliedern ist er tonangebender Dachverband der Dorfgemeinschaft – mit Kinderkursen, Kutterjugend und seetüchtigem Vereinsleben für eine honorige Besatzung. Er hat auch manchen Vorstand der Hamburger Wirtschaft und segelnde Spitzensportler in seiner Mitte.

Augenfälliges Merkmal des Clublebens sind aber nicht schnittige Yachten, sondern die liebevoll restaurierten Tuckerboote an ihrem Liegeplatz unterhalb von Baurs Park. Plötzlich kamen sie auf, Anfang der siebziger Jahre. Der Erste, der sich beim BSC so ein kleines Schmuckstück zulegte, war Bauunternehmer Volkert Sörensen. Das Boot machte tuk-tuk-tuk, deshalb rief ich aus: „Das ist ja ein richtiges Tuckerboot!" So kam der Begriff in Umlauf.

Volkert Sörensen, Sörensenweg, Bauunternehmer in der dritten Generation und 1937 in Blankenese geboren, muss sich hänseln lassen, kein echter Blankeneser zu sein, denn sein Großvater kam aus Faaborg auf Fünen, ein dänischer Maurergeselle, ein Zugereister also. 1893 gründete er das Bauunternehmen, das sein Enkel fast vier Jahrzehnte lang auf Kurs hielt. Sein Tuckerboot nannte er „Faaborg".

Bald sind es über 30 beim BSC: ausgediente und liebevoll restaurierte Rettungsboote, Festmacherboote, Beiboote oder Boote von Lüttfischern, die ihren Beruf aufgegeben haben. Die Prachtstücke aus Holz glänzen in der Sonne. „Ich nenne sie die Stradivaris zur See", sagt Sörensen stolz. Es war irgendwie ansteckend. Tuk-tuk-tuk, schnell auf ein Bierchen in die Este, zum Baden auf Meiers Sand oder auf eine Spritztour in die Speicherstadt. Bei festlichen Anlässen versammeln sich die Kapitäne schon mal zum Tuckerboot-Ballett, mit Blazer und weißer Mütze, zum Walzerklang.

Brahms hat leider nichts geschrieben, was sich vertuckern ließe. Dabei war er direkt vor Ort. Im Sommer 1861 verbrachte er einen Tag gemeinsam mit Clara Schumann im Hanggebiet, Blankenese *con spirito*. Im nächsten Jahr kam er wieder, blieb drei Monate im selben Haus, Brandts Weg Nr. 3. Der Sommergast wohnte vorn, im Wohnhaus, die Eigentümer waren ins Waschhaus gezogen. So machte man das hier. Merkwürdigerweise kam er nie wieder, sondern ging nach Wien.

Dafür lebte Felicitas Kukuck am Hang, komponierte und sang. Die Schülerin von Paul Hindemith schrieb Kirchenmusik und sang im Kirchenchor. Ich habe sie dort erlebt, sie sang im Alt, war schon in den Achtzigern, aber keine Stimme strahlte so hell und voller Gottvertrauen.

Künstler gab es hier viele. Kein Stadtteil ist so malerisch wie Hamburgs stiller Winkel mit seinen generösen Elbpanoramen und den romantischen Schleichwegen aus Kopfsteinpflaster, die „Steiler Weg", „Rutsch" und „Krumdal" heißen. Meine Großmutter, die Malerin Dora Wenneker-Iven, zog mit ihrer Staffelei in die Treppen, zeichnete die Weiden am Strandweg oder die Schlepper mit ihren schwarzen Rauchfahnen von Bord der „Ole Hoop", die Alex Breckwoldt segelte.

Aber nicht alle Künstler waren willkommen. Die Maler jüdischer Herkunft wurden aus Blankenese vertrieben und sind fast vergessen: Harry Reuss-Löwenstein und Lore Feldberg-Eber, Clara Blumenfeld und Alma del Banco. Der Maler Eduard Bargheer, genannt Eduardo (1901-1979) durfte bleiben, in seinem Seemannshaus am Rutsch 2. Er malte auch gern auf Ischia. In Blankenese lebten die Kunstprofessoren Willem Grimm und Alfred Mahlau, der Horst Janssen und Vicco von Bülow das Zeichnen beibrachte. Auch Horst Janssen zog nach Blankenese, und der wunderbare Wilhelm M. Busch, bei dem ich Zeichnen und Illustration studierte.

Dichter lebten hier natürlich auch. Richard Dehmel darf in dieser Polonaise nicht fehlen, nicht seine große Liebe Ida, die im Dehmelhaus ihren intellektuellen Salon pflegte. Sie war Gründerin der Künstlerinnen-Organisation GEDOK, aus der sie 1933 wegen ihrer jüdischen Abstammung ausgeschlossen wurde. 1942 nahm sie sich das Leben.

Bleibt noch Hans Leip, Süllbergsterrasse 37, Sohn eines Hafenarbeiters, Lehrer für Sport und Religion, Grafiker, Maler, Zeichner, Autor von Kurzgeschichten, Romanen, Gedichten und Erfinder von „Lili Marleen". Er machte sich über das „hansische Schwarzbrotbehagen" lustig, und über Blankenese schrieb er wunderschöne Verse, „ein Kleingebirg aus bunten Muscheln, darüber dick die Wolken kuscheln", schildert „Winkelgänge, Schlafpuppengärten, Netzgehänge". Eine Liebeserklärung. „Es brist herauf so meergeschwellt, tief unten blitzt die weite Welt."

Blankenese, auf ewig Postkartenschönheit. Wenn ein Ort erst zum Künstlerviertel erklärt wird, sind die Künstler meist verzogen. Dafür steigen die Bodenpreise. Im Treppenviertel sind sie uferlos, wenn Elbblick dabei ist. Und wer im Hanggebiet baut, kann sich darauf verlassen, dass es teuer wird. Bauunternehmer Sörensen erklärt, warum das so sein muss: „Weil alles Baumaterial mit Schubkarren herangeschafft wird. Und weil für die Schubkarren erst eine Holzrutsche gebaut werden muss, um die Treppen zu überwinden. Alles, was hier gebaut wird, kommt über die Schulter des Mannes. Das kostet."

Alte Blankeneser wissen das. Und die neuen haben es gelernt. Wenn man

Die Ortsmitte ist nach oben gezogen

Der „Treppenkrämer" in der Hans-Lange-Straße ist sowohl Tante-Emma-Laden als auch Bistro. Eine überlebenswichtige Institution

Blankeneser haben immer das Wasser im Blick

Beste Fernsicht von Baurs Weg hoch oben: Die Häuser am Hang bieten ein großartiges Panorama, am Horizont sieht man die Elbinsel Neßsand und Niedersachsen dahinter

nicht aufpasst, wird man arm hier. Auch wenn es in Hamburg kaum einer für möglich hält: Nicht jeder Blankeneser ist reich. Nun ja, vielleicht thront über dem Hanggebiet der eine oder andere Millionär, finden sich im Treppenviertel Reeder, Schiffsmakler und Banker, Verleger und Medienleute. Erfolgsmenschen, die Geldsorgen nur auf einem höheren Level kennen, wie der langjährige „Spiegel"-Chef Stefan Aust, die Segel-Legende Hans-Otto Schümann oder Otto Waalkes in seiner Elbburg an der Süllbergsterrasse. Ein paar Häuser weiter wohnt Rolf Zuckowski, Freund singender Kinder, und um die Ecke Jan Philipp Reemtsma, Erbe der Tabakdynastie, Sozialforscher und Mäzen.

Karl Lagerfeld, in Blankenese geboren, bezog in reiferen Jahren die neoklassizistische Villa Schüler in Wilmans Park, ist aber nun endgültig ausgewandert. Danach übernahm Michael Haentjes, Vorstandsvorsitzender im Musikbusiness, das geheimnisvolle Haus hinter den drei hohen Toren.

Im Hanggebiet ist vor allem Mittelstand zu Hause. Architekten, Apotheker, Einzelhändler, Handwerker, Journalisten, Friedensforscher. Sie alle sind an den beschwerlichen Auf- und Abstieg gewöhnt, an eine eng gekuschelte Nachbarschaft, die alles andere bietet als vornehme Distanz, an feuchte und dunkle Küchen zum Hang, an mächtige Stützmauern aus Naturstein, die Haus und Grund am Rutschen hindern.

Blankeneser mit Hang zum Hang haben sich entschieden, auf einen gewissen Komfort zu verzichten: Sie haben kein Auto vor der Tür. Das Hanggebiet ist ein bürgernahes Großprojekt für autofreies Wohnen. In den Treppen gibt es keine Zufahrt, keinen Stellplatz und keine Garage. Auf der Blankeneser Hauptstraße, der einzigen Straße, die sich in Kurven zur Elbe windet, lässt sich ein Geländewagen kaum parken, und in den Treppen hilft kein Allradantrieb. Jede Mülltüte, jede Flaschenkiste, Fahrräder und Kinderwagen müssen über viele, viele Stufen getragen werden, Treppe rauf, Treppe runter. Deshalb gibt es hier auch nicht sehr viele junge Familien mit Kindern.

Das Wasser. Blankeneser haben es immer im Blick, sehen die immer höher werdenden Bugwellen an den Bojen im Strom, 20 Zentimeter sind es schon, sicheres Zeichen für die zunehmende Fließgeschwindigkeit. Weil die Elbe für die großen Containerschiffe immer tiefer ausgebaggert wird, nimmt sie ihrerseits Fahrt auf. Seit der großen Flut von 1962 steht der Strandweg häufiger unter Wasser. Der Pegelstand war damals 5,70 Meter, diese Marke hat die Elbe bereits siebenmal überschritten, 1976 brachte sie es auf eine Rekordhöhe von 6,45 Meter.

„Die letzte Sturmflut kam bis zur ersten Rose", erinnert der Buchhändler Hinner Sautter, Gartenfreund und Alt-Blankeneser mit seefahrendem Großvater. Das Doppelhaus am Strandweg, das die Sautters mit der Architektenfamilie Patschan teilen, hat den wohl meistfotografierten Vorgarten Hamburgs. Bei Hochwasser, wenn der Wellengang vergessene Autos mit gleichmütigem Bumm-bängebäng gegen die Mauern schlägt, sind die Sautters vom Verkehr abgeschnitten. Aber unangenehmer ist meist der Morgen danach. „Das Hochwasser hinterlässt jede Menge Fetzen, Schilf, Unrat, Plastik, Balken und Liegestühle." Dann müssen sie alle ran.

Die Häuser am Strandweg sind flutsicher, die Stadt hat Geld gegeben. Wenn das Wasser kommt, machen sie hier die Schotten dicht. „Flutschutz ist eine Rechenaufgabe", sagt Sörensen trocken, „das Strandhotel wiegt 970 Tonnen. Dagegen steht der Auftrieb von 1000 Kilogramm pro Kubikmeter Wasser. Also frage ich: Wann schwimmt es auf? Und wie bringe ich die Kräfte auf die Wände, die das Haus am Boden halten?" Er setzt Stahlträger unter die Außenwände, bis 8,50 Meter über Normal Null soll nichts passieren.

So ist das hier, alles gesichert. Die Mauern, der Hang, die immer gleiche Nachbarschaft. Die Kinder sind aus dem Haus. „Unsere Tochter ist weggezogen, weil sie nicht in diesem ‚Pensionsdorf' leben wollte", erzählt der Architekt vom Krumdal. „Ich kann sie verstehen. Es liegt eine Käseglocke über dieser Gesellschaft, es ist eine heile Welt." Der Leuchtturm bleibt, das Panorama. Containerschiffe ziehen wie Schrankwände vorbei, und Optimisten segeln vor der Kulisse des Airbuswerks auf Finkenwerder. Malven, Kutterscholle und Speckstippe an der Strandpromenade. Das Treppenviertel ruht in sich, ein multipler Balkon. Die meisten Läden und Kneipen sind verschwunden, die Ortsmitte ist weiter gezogen – nach oben, wo die Parkplätze sind. □

Emanuel Eckardt *ist bekennender Blankeneser, wohnt aber nicht am Hang.*
Heike Ollertz, *Hamburger Fotografin, denkt gern an ihre Kindheit an der Elbe.*

Geht es um Kunst, ist dieser Mann überall zugleich: Sammler und Mäzen Harald Falckenberg im Treppenhaus seiner Phoenix Kulturstiftung in Harburg. In den 2008 umgebauten Fabrikhallen hat der gelernte Jurist endlich den Platz gefunden, um das zu tun, was er will: sich einmischen in die Kunstdiskussion

Männer-Träume

Manchmal werden Wünsche Wirklichkeit: Ein Jurist wird zum Spiritus Rector für subversive Kunst. Ein schiffsverliebter Top-Manager verhilft der Stadt zum maritimen Museum, und Zwillingsbrüder begeistern Millionen mit Modelleisenbahnen

FOTOS: KLAUS BOSSEMEYER

Sammlung Falckenberg

Auf 6 200 Quadratmeter Schaufläche feiert die RADIKALE UND KONTROVERSE KUNST der Phoenix Kulturstiftung gewaltige Triumphe

Zwischen stillgelegten brackigen Hafenbecken, rostigen Resten eines Bahnausbesserungswerks, Tiefgaragen, Schlachthof und Dönerbuden residiert Harald Falckenberg in einem nicht sehr gepflegten, doch denkmalgeschützten Stück Industriearchitektur mit dem Charme des globalen Shabby Chic: Die markant-rote Backsteinburg der Phoenix AG beherbergt bis heute das Stammwerk des Kautschuk-Verarbeiters. Sie ist für den eher hemdsärmeligen und zugleich scheuen Erfolgsmenschen mit dem überraschenden Hang zu Künstlern mit brüchigen Biografien der richtige Platz. Der ideale Freiraum für jemanden, der im Berufsleben Jurist und Geschäftsführer eines mittelständischen Unternehmens ist, mit Tankstellenzubehör handelt, ansonsten aber „an nichts glaubt als an die Ironie und die Absurdität des Lebens“. Eine radikale, groteske, provozierende Kunst feiert bei ihm im Backsteinbau inzwischen Triumphe. „Knallhart am Mainstream vorbei“, so *art*-Chefredakteur Tim Sommer.

Vielleicht lässt sich so das Leben für jemanden wie Harald Falckenberg besser ertragen. Für ihn ist es „ein Chaos, in das man versucht, Ordnung zu bringen". Die Fabriketagen an Harburgs Wilstorfer Straße helfen ihm dabei, aufzuräumen. Als mit zunehmendem Rationalisierungsdruck die Flächen zu groß für das Geschäft wurden, kam Falckenbergs Idee gerade recht, einige der leer stehenden Werkshallen mit Kunst zu füllen. Zusammen mit der Phoenix AG gründete er zunächst die Phoenix Kulturstiftung und beauftragte den Architekten Roger Bundschuh, 2300 Quadratmeter Werksbrache für internationale Kunstschauen umzurüsten.

2001 feierte Falckenberg mit einer Gemeinschaftsausstellung verschiedener Sammler in den ehemaligen Maschinensälen eine glanzvolle Premiere. Neben Arbeiten von Sigmar Polke, Martin Kippenberger und Gerhard Richter aus der eigenen Sammlung waren Konzeptkunst und Minimal Art aus der Sammlung Lafrenz sowie Fotografie von Nan Goldin und Joel-Peter Witkin aus der Sammlung F. C. Gundlach zu sehen. Weitere 1700 Quadratmeter reservierte Falckenberg für seine sperrigeren Exponate: Installationen von Thomas Hirschhorn, Raum füllende Arbeiten von Jonathan Meese und Mike Kelley.

Arbeiten des deutschen Künstlers Andreas Hofer: „untitled yet", 1999/2000 (li.), „Welt ohne Ende", 2002/2007 (re.)

Installation der kanadischen Gruppe „General Idea": „Red Placebo", 1991, und „Ghent Poodle Paintings", 1984

Warum der heute 64-Jährige 1994 begann, Kunst zu sammeln, ist eine der Fragen, die Falckenberg nerven. „Würde ich auch gern wissen", sagt er darauf. Doch an das erste Werk, das er erwarb, erinnert er sich genau: Es war eine ironische Schriftcollage des amerikanischen Künstlers Bill Beckley. Der faszinierte die Kunstszene mit zeichenreichen, rätselhaften Bildern und hatte als Lehrer an der New Yorker School of Visual Arts einen Schüler, von dem Falckenberg als nächstes Bilder kaufte: den Graffiti-Künstler Keith Haring.

Für den Sammlerneuling, der sein Jurastudium weit über römisches Recht hinaus bis zurück zu Texten in babylonisch-assyrischer Keilschrift ausgedehnt hatte, waren Künstler wie Beckley und Haring Geistesverwandte: „Die Verbindung von Schrift und Chiffren mit dem Bild und Malerischen war Ausgangspunkt und ist bis heute wesentliches Element der Sammlung", sagt Falckenberg, dessen Phoenix Kulturstiftung inzwischen zu den bedeutendsten Privatsammlungen Deutschlands zählt. Nach der jüngsten Erweiterungen stehen ihm und seiner Kunst in den Harburger Hallen 6200 Quadratmeter Ausstellungsfläche zur Verfügung. „Dagegen", so der Kunstkritiker Alfred Nemeczek, „wirkt die Galerie der Gegenwart der Hamburger Kunsthalle marginal."

„Ich habe versucht, Räume zu schaffen, die sich der Kunst anpassen, nicht umgekehrt." Strahlend wie ein kleiner Junge, dem man gerade sein Lieblingsspielzeug geschenkt hat, präsentierte der Sammler im Mai 2008 vor mehreren hundert Gästen den gelungenen Umbau, den sein Hausarchitekt Roger Bundschuh entworfen hat: ein intelligentes Raumkonzept, das nicht nur verschiedenen Ausstellungen, sondern auch dem gewaltigen Schaulager der Sammlung mit ihren ca. 1900 Arbeiten einen repräsentativen Raum gibt. Bundschuh schuf ein transparentes System, das die verschiedenen Ebenen und Etagen des alten Fabrikgebäudes in einen einzigen Raumkörper verwandelt. In dessen Mitte begeistert ein blendend weißer, kaskadenartiger Treppenraum, der die fünf Geschosse miteinander verbindet. Helle Sichtachsen erlauben weite Blicke in die einzelnen Ausstellungsräume. Falckenbergs Vision, „Kunst gesellschaftswirksam zu platzieren", wird hier Realität.

Highlight der Eröffnungsschau war die umfassende Inszenierung von Paul Thek. Der amerikanische Künstler, Jahrgang 1933, der 1988 an Aids starb, gilt vielen jungen Kollegen als „artist's artist", als absolute Kultfigur. Obwohl er 1968 und 1972 an der Documenta teilnahm, verschwand sein Werk nahezu aus dem Bewusstsein des Kunstpublikums. Den fast vergessenen Amerikaner ins Zentrum der ersten großen Präsentation in den neuen Räumen zu stellen, war für Falckenberg beinahe Pflicht. Thek sei so etwas wie die Personifizierung seines Kunstkanons, dessen Helden „exemplarische Außenseiter" sind. Also eine Retrospektive mit programmatischer Ansage? – „Botschaften", rudert Falckenberg zurück, „sind von mir nicht zu erwarten".

Nicolaus Neumann, *Kunst- und Architekturjournalist, kuratiert selbst auch Ausstellungen.*

MERIAN | TIPP Sammlung Falckenberg

(b 4) **Sammlung Falckenberg / Phoenix Kulturstiftung**
Wilstorfer Str. 71, www.sammlung-falckenberg.de
Führungen Sa 15 Uhr nach Anmeldung: Mi-Fr 11-18 Uhr, Tel. 32 50 67 62 oder per Mail: besuch@sammlung-falckenberg.de

Ex-Verlagsvorstand Peter Tamm überführte seine private Sammlung in eine Stiftung. Im historischen Kaispeicher B eröffnete er Hamburgs erstes Schifffahrtsmuseum

Maritimes Museum

3 000 Jahre Schifffahrt auf neun Etagen: Die Fülle an HISTORISCHEM DETAILMATERIAL beeindruckt Liebhaber und überwältigt Laien

Okay, denkt man sich als Junge aus dem Mittelgebirge, gehen wir halt mal an Deck. Man betritt also das Foyer des Internationalen Maritimen Museums und verharrt fast auf der Stelle. Darf man hier ohne Filzpantoffeln rein? Ja, Filzpantoffeln wären jetzt, in diesem gediegenen Gebäude, diesem durch und durch hanseatischen Haus, dem ältesten erhaltenen und jetzt teuer renovierten Speicherbauwerk angemessen, sehr angemessen. Aber es stehen keine Filzpantoffeln im Kaispeicher B bereit, und deswegen marschiert man gemessenen Schrittes ans hintere Ende des Erdgeschosses, betritt eine Treppe und erklimmt, um Abstand von diesem imposanten Foyer zu gewinnen, Stufe um Stufe. Schon steht der Mittelgebirgler in einer ihm unbekannten und faszinierenden Welt. Sieht gewaltige Gemälde von Entdeckern und deren filigrane, handgearbeitete Navigationsgeräte. Mustert gewaltige Schiffe unter Segeln. Lernt das Schiff als Bauwerk zu erkennen und gewinnt einen Eindruck von den mächtigen Antriebsmaschinen unter Deck. Erfährt vom Dienst an Bord, aber nur wenig, weil unvorstellbar für eine bekennende Landratte und deswegen uninteressant. Weiter also auf Deck 5, wo man sich nolens volens inmitten von Krieg und Frieden befindet – auch das nicht interessant. Stopp: Spätestens jetzt muss man fairerweise erwähnen, dass so ein Museumsbesuch ja immer auch eine sehr subjektive Sache ist. Und ein Internationales Maritimes Museum, das sich selbst in der Stadt als Hamburgs „neues Seezeichen" angekündigt hat und in der Springer-Lokalpresse mit „Jetzt hat Deutschlands größte Hafenstadt endlich ein Schifffahrtsmuseum" begrüßt worden ist, gibt zunächst einmal Rätsel auf. Was ist überhaupt ein Seezeichen? Schnell ein Lexikon zur Hand genommen: Ein Seezeichen ist ein im Wasser oder an Land befindliches, festes oder schwimmendes Hilfsmittel zur sicheren Navigation. Aha, was der frühere Springer-

„Mit dem Wind um die Welt: Schiffe unter Segel". Seeleute und Windjammer stehen auf Deck 2 hinter Glas

Wo früher Stückgut lagerte, glänzen jetzt Einzelstücke: Der Kaispeicher B von 1879 wurde aufwendig restauriert

Modell des Schlachtschiffes Bismarck auf Deck 5 in der Abteilung „Krieg und Frieden: Marinen der Welt seit 1815"

Alleinvorstand Peter Tamm der Stadt und der Welt stolz überlässt, ist also als „Sehzeichen" zu verstehen: Die weltgrößte private Schiffsmodellsammlung und – gefühlt – die beeindruckendste private Schiffsgemäldesammlung, die ausführlichste private Schiffskonstruktionsplänesammlung sowie die penibelste private Schiffszubehöroriginalexponatesammlung sind das Lebenswerk des früheren „Admirals auf der Kommandobrücke des Axel-Springer-Verlags" *(Hamburger Abendblatt)*. Mithin also ein uferloses historisches Panorama, das Tamm einst in seiner Villa an der Elbchaussee hortete und hütete und nun unter Mithilfe erfahrener Museumsdesigner an den Hafen verfrachtet hat und zu einem öffentlichen Erlebnisraum werden ließ, der den Besuchern neue Horizonte erschließt.

Deck 6 ist für die Landratte wieder interessanter, behandelt es doch die Passagier- und Handelsschifffahrt. Aber dann, auf den Decks 7 und 8, wird der Museumsbesuch so richtig spannend. Was man über die Tiefsee, den „Keller des Erdballs", und die mögliche Nutzung der dort unten vorhandenen Ressourcen erfährt, öffnet gewaltig die Augen, zumal zufällig gerade ein Mitarbeiter des IFM-Geomar, des Leibniz-Instituts für Meereswissenschaften an der Universität Kiel, anwesend ist und für neugierige Nachfragen zur Verfügung steht.

Das hilft dem Mittelgebirgler ein wenig, seine latente Angst vorm offenen Wasser abzubauen. Und schließlich entdeckt er gar sein persönliches Highlight des Tages. Und zwar in der Abteilung, die sich Schatzkammer nennt, Deck 8, West. Dort ist ein Modell der Segelfregatte „Chesapeake" zu bewundern. 144 x 42 x 96 Zentimeter groß, also ganz schön groß. „Eine wundervolle Rarität", heißt es im Museum, was noch untertrieben ist wegen der dazugehörenden anrührenden Geschichte aus der Zeit des britisch-amerikanischen Krieges. Am 1. Juni 1813 wurde die USS „Chesapeake" beim Gefecht mit der britischen HMS „Shannon" manövrierunfähig geschossen, der amerikanische Kapitän James Lawrence tödlich verletzt und das Schiff gekapert. Die Mannschaft leistete erbitterten Widerstand, wurde gefangen genommen und deportiert. Und während der Zeit auf einem britischen Gefangenenschiff fertigten die Häftlinge dieses wirklichkeitsgetreue Modell an – aus Walknochen in den Essensresten. Es sollte ein Erinnerungsstück für die Witwe von Kapitän Lawrence werden.

Peter Tamm, dessen Sammelleidenschaft einst durch ein geschenktes Modellschiff ausgelöst worden ist, entdeckte die „Chesapeake"-Miniatur bei einem Trödelhändler in London, verstaubt und in jämmerlichem Zustand. Er handelte sie dem unwissenden Mann für kleines Geld ab, erzählt man sich. Und kam so in den Besitz des vermutlich größten Knochenschiffs der Welt.

MERIAN | TIPP Maritimes Museum

(O 3) **Internationales Maritimes Museum**
Kaispeicher B, Koreastr. 1, Tel. 30 09 23 00
www.internationales-maritimes-museum.de; Di-So 10-18, Do bis 20 Uhr, Erw. 10 €, Familie 22 €, erm. 7 €

Die Dauerausstellung der Hamburger Zwillinge Frederik (re.) und Gerrit Braun ist die weltgrößte digital gesteuerte Modelleisenbahnanlage. Besondere Attraktion: die naturgetreue Nachbildung dreier Schweizer Kantone. Auch die Idee für das Miniatur Wunderland kam Frederik Braun in der Schweiz

Miniatur Wunderland

Die fantastische Synthese von EISENBAHN UND PUPPENSTUBE ist ein einziger Superlativ – und ein Riesenspaß für Groß und Klein

Zum Beispiel Nathalie. Gelernte Bühnenbildnerin, seit 2002 dabei. Hatte sich als Studentin beworben, suchte nur einen Semesterferienjob. Brauchte das Geld, um Freiraum zu gewinnen für ihre eigentliche Passion, das Kindertheater. Und jetzt? Ist sie nicht mehr wegzudenken aus dem Modellbauteam, denn es gibt sonst niemanden, der Angela Merkel und Anne Will, aber auch Fernsehstudios und Toilettenhäuschen so gut nachbildet wie sie. Sie sagt: „Ich konnte das schon immer gut. Früher, für mein Puppenhaus, hab ich Tetrapaks bemalt und beschriftet. Heute nehm ich das dünnste Weißblech, das ich finden kann." Oder Sönke, Tischlergehilfe von Beruf. Wie Nathalie in der Kreativabteilung „Kleben und Basteln" gelandet. Er sagt lakonisch: „Wir sind hier nicht nur am Spielen, es gibt klare Aufträge, und nur wenn ich die erledige, kommt am Ende des Monats Geld." Und dann ist da Gerhard, den sie poetisch den „Vater der Oberfläche" nennen. Er ist die gefühlte Nummer drei in der Geschichte des Miniatur Wunderlandes, die im Juli 2000 in Zürich begann und als die unglaubliche Geschichte der Zwillinge Frederik und Gerrit Braun genug Stoff für einen Dokumentarfilm beinhaltet.

Frederik könnte man im Vergleich zu seinem Bruder einen Träumer nennen. Er träumte erst davon, die „größte Mickey-Mouse-Hefte-Sammlung der Welt" zu besitzen, das war mit elf, und dann von der eigenen Disco und dem eigenen Plattenlabel. Bis auf die Sache mit Mickey Mouse trat bis Ende der neunziger Jahre alles ein, was daran lag, dass Gerrit, der kühle Rechner, Frederiks Spontaneität und Phantasie kanalisierte. So kauften sie auf bestimmten Hamburger Flohmärkten Comics günstig ein, um sie später auf Flohmärkten in vornehmeren Stadtteilen mit Gewinn zu verkaufen.

In der Innenstadt von Zürich entdeckte Frederik einen Modelleisenbahnladen, was zu seiner bislang schrägsten Idee führte. „Wir bauen die größte Modelleisen-

In einer Stunde um die Welt: Touren führen auch hinter die Kulissen und bieten technische Einblicke

Hamburg ist Starmodell der Modellstadt, fast jede Sehenswürdigkeit ist vertreten: Landungsbrücken mit Speicherstadt

Highlights im Zwergenformat ersetzen den Stadtrundgang, etwa der detailgetreue Nachbau des Michel

bahn der Welt", fernmeldete er seinem zu Hause gebliebenen Bruder. Doch so gaga wie's klang, war's nicht. Gerrits Umfrage bescheinigte Frederiks Männertraum Erfolgspotenzial. Und in solchen Fällen spielen beide so virtuos und harmonisch zusammen, dass gar nichts anderes als ein Hit entstehen kann. Das Miniatur Wunderland zählt heute zu den touristischen Attraktionen der Stadt. Verzeichnet im sechsten Jahr in Folge Besucherrekorde. Die Zahlen sprechen für sich: 1150 Quadratmeter Modellfläche, 160 Mitarbeiter, 12 000 Meter Gleise, 870 Züge, 1200 Signale, 300 000 Lichter, 3505 Häuser und Brücken, 215 000 Bäume, 5 500 Autos, 200 000 Figuren, 20 Tonnen Gips, 4,5 Tonnen Stahl – das ist imposant. 8,7 Millionen Euro Baukosten sind unglaublich und mehr als fünf Millionen Besucher seit der Eröffnung im August 2001 in jedem Fall spektakulär.

Die Miniwelt lebe wie das Legoland, so *Die Zeit*, vom „Kinderspaß des Modellierens eigener Welten". Nur eben ohne Legosteine. Für die technische Vernetzung dieser vielen Miniaturen miteinander haben Tüftler Gerrit und Chefmodellbauer Gerhard Dauscher gesorgt. 200 von Computern gesteuerte Züge und 180 scheinbar eigenständig fahrende Autos helfen, den Betrachtern Geschichten zu erzählen. Aber das ist noch gar nichts im Vergleich zu dem, was sie derzeit konstruieren: einen Verkehrsflughafen mit realistischen Starts und Landungen. Ein neues Highlight im Winzlingformat. Doch für den eigentlichen Aha-Effekt wird auch dann wieder Gerhards Abteilung mit Nathalie und Sönke sorgen, die ihre Figuren so gruppieren, dass die Fragmente des Lebens ebenso zum Spektakel wie zu einer Momentaufnahme mit sozialkritischem Touch werden. Mit verunglückenden Rennradfahrern, protestierenden Umweltschützern, ausbrechenden Häftlingen, ausschweifenden Hinterhofpartys und jubelnden Fußballfans. 12 000 von denen sitzen in einem Nachbau des HSV-Stadions, wo nonstop das legendäre 4:3 im Lokalderby gegen St. Pauli läuft. Ein Platz in der Arena ist unbesetzt – der von Frederik Braun, dem Dauerkartenbesitzer. Er ist ja schließlich bei der Arbeit.

Das ist der Humor, der den besonderen Charme des Miniatur Wunderlandes ausmacht. Die technischen Kapriolen – sie werden hinreichend bestaunt. Das hinzugeklebte und daneben gebastelte Szenario – das wird jedoch geliebt und gefeiert. Und warum Nathalie die allerbesten Miniaturen gelingen, kann Gerhard erklären: „Sie sind harmonischer, nicht so gewollt witzig." □

Hansjörg Falz, MERIAN-*Redakteur, faszinieren Eisenbahnen mehr als Schiffe. Er ist familiär vorbelastet: Sein Großvater konstruierte Dampfloks für Henschel und baute Gleise und Weichen in Größe H0.*

MERIAN | TIPP Miniatur Wunderland

(M 3) **Miniatur Wunderland**
Kehrwieder 2-4, Tel. 300 68 00
www.miniatur-wunderland.de. Mo-Fr 9.30-18, Di bis 21, Fr bis 19, Sa 8-21, So 8.30-20 Uhr
Kinder unter 1 Meter Größe frei, sonst 5 €, Erw. 10 €

BILDNACHWEIS

Anordnung im Layout: o=oben, u=unten, r=rechts, l=links, m=Mitte.
Titel: Elbphilharmonie c) Herzog & de Meuron; Titel-Teilauflage: Blue Port c) Marc-Oliver Schulz; S. 3 lu Walter Schmitz; S. 4 m Günter Zint/K & K; S. 4/5 o Michael Müller, u Klaus Bossemeyer; S. 5 ml Frank Siemers, mr Michael Lange, u Heike Ollertz; S. 8 o Roberto K. Hegeler, ml Simulation: MTC, mr Klaus Frahm/arturimages, ul Müller; S. 10 o Ollertz, m K. Nietfeld/picture-alliance; S. 13 o bildagentur-hamburg.de, m Stephan Wallocha; S. 14/15 W. Schmitz; S. 16/17, 18, 19 M. Müller; S. 20/21, 22/23 W. Schmitz; S. 24, 25 M. Müller; S. 26, 27 W. Schmitz; S. 28/29 M. Müller; S. 31 W. Schmitz; S. 32 M. Müller; S. 34/35 Herzog & de Meuron; S. 36/37 Lothringer/Thal/Stern Infografik/Picture Press; S. 37 ol ReGe Hamburg, or Herzog & de Meuron; S. 38 o Egbert Kossak, ul Werbeck, um Landesdenkmalschutz Hamburg, ur HHLA; S. 40 o M.-O. Schulz, u Studio Andreas Heller/ReGe Hamburg; S. 42-50 K. Bossemeyer; S. 52 M.-O. Schulz; S. 54 Chr. Gebler/Groß & Partner GmbH; S. 55 Illustration: Henning Larsen Architects/HafenCity Hamburg; S. 56 ol, or Illustration: Michael Behrendt/Überseequartier Beteiligungs GmbH, ml Illustration: Behrendt + Männchen/Überseequartier Beteiligungs GmbH, mr Hafencity Universität; S. 57 Illustration: Behnisch Architekten/HafenCity Hamburg; S. 58 Illustration: OMA/HafenCity Hamburg; S. 58/59 Foto: HafenCity Hamburg/Grafik-Bearbeitung: Agathon Design, Iffeldorf; mit frdl. Genehmigung aus: *Deutsche Bauzeitung*, Ausgabe 7/2008, Schwerpunkt „Hamburg Hafencity"; S. 80 St. Hesse/picture-alliance; S. 62/63, 64 Walter Schmitz; S. 66 M.-O. Schulz; S. 68 W. Schmitz; S. 69 o M.-O. Schulz, m Picture Press/picture-alliance, u M. Schröder/picture-alliance; S. 70 m l. Wandmacher/Fotofinder, ul bildagentur-hamburg.de, ur Bildagentur Huber; S. 72-82 Frank Siemers; S. 84 o Modrow/laif, u Hark Weidling/ GEO 11/2003; S. 87 o A. Burgi/picture-alliance; S. 86-92 Gerald Hänel; S. 94-96 Isabell Kreitz; S. 98-100 Gerald Hänel; S. 102-108 M.-O. Schulz; S. 110/111 www.wdr.de/comedy; S. 111 M.-O. Schulz; S. 116-122 Michael Lange; S. 124-128 Sabine Otto; S. 130 lostplaces.de/ Sammlung M. Grube; S. 131 o Schmidt-Luchs/Ullstein Bild, u M.-O. Schulz; S. 132/133, S. 134/135, S. 136/137 m, S. 137 u, S. 138 Günter Zint; S. 136 o G. Zint/K & K, u P. Brüchmann/K & K; S. 140-145 W. Schmitz; S. 148-158 Heike Ollertz; S. 160/161, S. 162, S. 164, S. 166/167 Klaus Bossmeyer; S. 163 Michael Zapf; S. 171, 172 Müller; S. 174 Wikipedia; S. 174/175, S. 176/177 W. Schmitz; S. 176 K. Nietfeld/picture-alliance; S. 178 Andreas Hallaschka; S. 178/179 W. Schmitz; S. 180 Petra Becker; S. 182 Chr. Spielmann/ Schweizweit; S. 184/185 A. Hallaschka; S. 186/187 Kl. Bossemeyer; S. 190 Multhaupt/laif; S. 192 l W. Schmitz, r M. Sasse/Golden Cut Club; S. 193 M. Müller; S. 196 o T. Schuppius/Focus; S. 198, S. 200, S. 201, S. 208 W. Schmitz; S. 206 M. Gumm/White Star; S. 207 R. Magunia/DDP; S. 210 o Tom Till, ml A. Raldes/AFP/gettyimages, mr Xiaolin Ye.

Computergrafik der Elbphilharmonie Hamburg, geplante Fertigstellung 2011 © Herzog & de Meuron

MERIAN

Heft 11/2008, November, Erstverkaufstag dieser Ausgabe ist der 23. 10. 2008
MERIAN erscheint monatlich im Jahreszeiten Verlag GmbH, Poßmoorweg 2, 22301 Hamburg
Telefon 040/27 17-0 **Anschrift der Redaktion:** Postfach 601728, 22217 Hamburg
Telefon 040/27 17-26 00, Fax 040/27 17-26 28, E-Mail: redaktion@merian.de
Leser-und Aboservice: Postfach 601220, 22212 Hamburg, Tel. 040/87 97 35 40, Fax 040/27 17-20 79
Syndication: www.jalag-syndication.de
GourmetPictureGuide: Stefanie Lüken, Telefon 040/27 17-20 02, Fax 040/27 17-20 89, www.gourmetpictureguide.de
Internet: www.merian.de

Herausgeber: Manfred Bissinger
Chefredakteur: Andreas Hallaschka
Stellvertretender Chefredakteur: Hansjörg Falz
Art Directorin: Sabine Lehmann **Chefs vom Dienst:** Tibor M. Ridegh, Michael Hess (freie Mitarbeit)
Textchefin: Kathrin Sander **Redakteure:** Roland Benn (freie Mitarbeit), Thorsten Kolle (freie Mitarbeit)
Charlotte von Saurma **Schlussredaktion:** Tibor M. Ridegh, Jasmin Wolf
Layout: Cornelia Böhling, Beke Jürgensen (freie Mitarbeit), Ingrid Koltermann (Schlussgrafik)
Dorothee Schweizer (stellv. Art Directorin) **Bildredaktion:** Hanni Rapp, Eva M. Ohms
Redakteurin dieses Heftes: Charlotte von Saurma **Bildredakteurin dieses Heftes:** Hanni Rapp
Kartographie: Peter Münch **Dokumentation:** Jasmin Wolf, freie Mitarbeit: Stefanie Plarre, Sebastian Schulin, Andrea Wolf
Mitarbeit: Julia Braune, Lisa Fröhling, Helmut Golinger, Jonas Morgenthaler, Stephanie Preißler
Herstellung: Karin Harder **Redaktionsassistenz:** Sabine Birnbach, Katrin Eggers
Geschäftsführung: Joachim Herbst, Dr. Jan Pierre Klage, Peter Rensmann, Hermann Schmidt
Verlagsleitung Premium Magazine: Oliver Voß
Group Head Anzeigen Premium Magazine: Roberto Sprengel **Anzeigenleitung:** Christel Janßen
Anzeigenstruktur: Patricia Hoffnauer **Marketing:** Kenny Machaczek, Justus Hertle, Sonja Wünkhaus
Vertrieb: PSG PREMIUM SALES GERMANY, Poßmoorweg 6, 22301 Hamburg
Vertriebsleitung: Jörg-Michael Westerkamp (Zeitschriftenhandel), Frank H. Häger (Buchhandel)
Verantwortlich für den redaktionellen Inhalt: Andreas Hallaschka
Verantwortlich für Anzeigen: Roberto Sprengel

Verlagsbüros Inland: Hamburg: Tel. 040/27 17-25 95, Fax -25 20, E-Mail: vb-hamburg@jalag.de
Berlin + Hannover: Tel. 0511/85 61 42-0, Fax -19, E-Mail: vb-hannover@jalag.de
Düsseldorf: Tel. 0211/901 90-0, Fax -19, E-Mail: vb-duesseldorf@jalag.de
Frankfurt: Tel. 069/97 06 11-0, Fax -44, E-Mail: vb-frankfurt@jalag.de
Stuttgart: Tel. 07 11/966 66-520, Fax -22, E-Mail: vb-stuttgart@jalag.de
München: Tel. 089/99 73 89-30, Fax -44, E-Mail: vb-muenchen@jalag.de

Repräsentanzen Ausland:
Basel: Intermag AG, Tel. +41 61/275 46-09, Fax -10, E-Mail: info@intermag.ch
London: The Powers Turner Group, Tel. +44 20/7630 99 66, Fax 76 30 99 22, E-Mail: cweiss@publicitas.com
Mailand: Media & Service International Srl, Tel. +39 02/48 00 61 93, Fax 48 19 32 74, E-Mail: info@it-mediaservice.com
Paris: International Magazine Company, Tel. +331/53 64 88 91, Fax 45 00 25 81, E-Mail: imc@international.fr
Madrid: Alcála Media International Media Representation, Tel. +34 91/326 91 06, Fax -07, E-Mail: alcalamedia@retemail.es
Wien: Publimedia Internationale Verlagsvertretungen GmbH, Tel. +431/215 30, Fax 212 16 02
E-Mail: ppn-vienna@publicitas.com
New York: The Russell Group Ltd., Tel. +12 12/213 11-55, Fax -60, E-Mail: info@russellgroupltd.com

Die Premium Magazin Gruppe im Jahreszeiten Verlag

A&W Architektur & Wohnen COUNTRY DER FEINSCHMECKER WEIN Gourmet MERIAN

Gültige Anzeigenpreisliste: Nr. 40

Preis im Abonnement im Inland monatlich 6,79 € inklusive Zustellung frei Haus. Der Bezugspreis enthält 7% Mehrwertsteuer. Auslandspreise auf Nachfrage. Postgirokonto Hamburg 132 58 42 01 (BLZ 200 100 20) Commerzbank AG, Hamburg, Konto-Nr. 611657800 (BLZ 200 400 00)
Führen in Lesemappen nur mit Genehmigung des Verlages. Printed in Germany

Weitere Titel im Jahreszeiten Verlag: Für Sie, petra, vital, PRINZ, A&W Architektur & Wohnen, COUNTRY, DER FEINSCHMECKER, WEINGourmet, schöner reisen, Zuhause Wohnen, selber machen
Litho: Alphabeta Druckformdienst GmbH, Hamburg. Druck und Verarbeitung: heckel GmbH, Nürnberg,
ISBN: 978-3-8342-0811-8, ISSN 0026-0029 MERIAN (USPS No. 011-458) is published monthly.
The subscription price for the USA is $ 110 per annum. K.O.P.: German Language Publications, Inc., 153 South Dean Street, Englewood NJ 07631. Periodicals postage is paid at Englewood NJ 07631, and at additional mailing offices. Postmaster: send address changes to: MERIAN, German Language Publications, Inc. 153 South Dean Street, Englewood NJ 07631.

JAHRES ZEITEN VERLAG
Ein Unternehmen der
GANSKE VERLAGSGRUPPE

TEXTE **Birgit Heiland** REDAKTIONSSCHLUSS **September 2008**

MERIAN

TIPPS Das sollten Sie bei einem Besuch in Hamburg unbedingt gesehen haben

>> **Hamburger Hafen** Über 800 Jahre alt und aufregender denn je: Barkassen, Werften, Landungsbrücken und Elbtunnel, Strand-Pauli und Fischauktionshalle, Containerterminal und Museumshafen – für jeden ist etwas dabei.

>> **Reeperbahn und St. Pauli** Das größte Vergnügungsviertel Deutschlands, Kult-Stadtteil und Szene-Treff. Jährlich flanieren Millionen Menschen über die Meile und bevölkern coole Clubs, bestes Theater und intelligentes Kabarett.

>> **Alster mit Jungfernstieg** Frisch renovierte Prachtstraße direkt am großen Binnensee mitten in der Stadt, Ausgangspunkt für Rundfahrten mit den weißen Alsterdampfern. Abends wunderbar illuminiert.

>> **Treppenviertel Blankenese** Weißes Fischer- und anmutiges Lotsendorf, mediterranes Feeling garantiert. Von der Kuppe des 75 Meter hohen Süllbergs bietet sich ein grandioser Blick auf und über die Elbe.

>> **Hafencity** Hamburgs Boomtown. Jeden zweiten Tag entsteht etwas Neues auf dem 155 Hektar großen Gelände und in seinen zwölf unterschiedlichen Quartieren, die in wenigen Jahren das Stadtbild Hamburgs prägen werden.

>> **St. Michaelis, kurz: der Michel** Der Turm mit seinem grünen Kupferdach ist das Wahrzeichen Hamburgs. 132 Meter hoch bietet sich von dort eine fantastische Aussicht. Zugleich die bedeutendste Kirche der Stadt, berühmt für ihre beeindruckenden Orgelkonzerte und schön anzuschauen als barocker Bau.

>> **Planetarium im Stadtpark** Sensationelle Blicke in den Sternenhimmel erlaubt das virtuelle Teleskop im alten Wasserturm. Dazu gibt es zahlreiche themenbezogene Kulturveranstaltungen. Neu: Ein „Geoskop" stellt Erd- und Klimadaten dar. Der Stadtpark ist eines der beliebtesten Wochenendziele der Hamburger.

>> **Speicherstadt** Der weltgrößte zusammenhängende Lagerhauskomplex strahlt bei einem Nachtspaziergang am schönsten: Dann wird die Backstein-Neugotik illuminiert.

>> **Fleetinsel-Galerien** In der Admiralitätstraße 71 gibt es zahlreiche spannende Galerien (u. a. Jürgen Becker Galerie, Dörrie & Priess, Produzentengalerie), die sich vor allem mit neuen künstlerischen Positionen befassen. Im selben Komplex ist auch Hamburgs wunderbare Kunstbuchhandlung Sautter + Lackmann.

Den Strom im Blick: Zwischen Neumühlen und dem Burchardkai beherrscht einer der „Vier Männer auf Bojen" von Stephan Balkenhol das Elbfahrwasser

Foto: Michael Müller

MERIAN | TIPP

Pötte und Dickhäuter

Hagenbeck und Hafen begeistern den Nachwuchs, meint MERIAN-Redakteurin Kathrin Sander

Kinder lieben Hamburg, vorausgesetzt man zeigt ihnen die richtigen Ecken. Dazu gehört ein Spaziergang auf den **Landungsbrücken**, vorbei an „Rickmer Rickmers" und „Cap San Diego" auch bei bedecktem Himmel, die Wasserlichtkonzerte am Parksee in Planten un Blomen im Hochsommer und – noch wichtiger und jederzeit – **Hagenbecks Tierpark**. Anfang des 20. Jahrhunderts war er der erste und einzige gitterlose Zoo der Welt. Heute leben hier 210 Arten in einem 25 Hektar großen, wunderschön angelegten Park. Unbedingt besuchen sollte man die Orang-Utans in ihrer gläsernen Kuppel und das große Elefantengehege direkt am Haupteingang. Mit Kindern kommt man an den Dickhäutern sowieso nicht vorbei, da sich diese bereitwillig mit Äpfeln und Möhren füttern lassen (Proviant und Zeit einplanen!). Den riesigen Spielplatz finden übrigens die meisten Kinder spektakulärer als alle Löwen und Tiger dieser Welt. Wenn Sie genug Zeit haben, kommen Sie darum am besten zweimal: Erstens können Sie mit der Aussicht auf den nächsten Besuch den Nachwuchs bei Laune halten, zweitens verpassen Sie sonst etwas: Denn das neue, absolut sehenswerte Tropen-Aquarium plus Zoo in einem einzigen Besuch zu besichtigen, wird selbst den stärksten Tierfan erschöpfen.

Wer die heimische Fauna bevorzugt, sollte den **Wildpark Schwarze Berge** ansteuern. Hängebauchschweine sind dort das Pendant zu Hagenbecks Elefanten. Auch sie trifft man gleich hinter dem Eingang, auch sie lassen sich füttern, und man kann bei ihnen problemlos Stunden verbringen, da Kinder die frei umherlaufenden Tiere schnell in ihr Herz schließen. Hängebauchschweine haben übrigens einen außerordentlichen Appetit, deswegen sollten Sie genügend 1-Euro-Stücke für den Wildfutter-Automaten dabei haben. Außerdem leben im Wildpark Hirsche, Füchse, Otter, sogar Wölfe in großzügigen Gehegen, das Areal ist riesig und naturnah angelegt. Genau richtig für einen Tag Pause von der Großstadt.

(C/D 1) **Hagenbecks Tierpark und Tropen-Aquarium**
Lokstedter Grenzstr. 2, Tel. 530 03 30, www.hagenbeck.de
März-Juni, Sept.-Okt. 9-18, Juli-Aug. 9-19, Nov.-Feb. 9 bis 16.30 Uhr, 15 € (Kinder 10 €); Aquarium: 13 € (Kinder 9 €)

(a/b 4) **Wildpark Schwarze Berge** Rosengarten, Am Wildpark 1, Tel. 81 97 74 70, www.wildpark-schwarze-berge.de
Okt.-März 9-17, April-Sept. 8-18 Uhr, 7,50 € (Kinder 5,50 €)

(F 7) **Alter Elbtunnel**
Die kürzeste Verbindung zwischen Stadt und Hafen seit 1911. Die Röhren sind 448,5 m lang und gekachelt. Ein echter Spaß, mit einem der Fahrkörbe abzutauchen. Lohnenswert: Spaziergang durch den Tunnel zur Aussichtsplattform am südlichen Elbufer.
Bei den St. Pauli-Landungsbrücken 7
Tel. 428 47 47 42
Für Fußgänger jederzeit offen, für Autos nur Mo-Fr 5.30-20 Uhr

(d 3) **Bergedorfer Schloss**
Die im frühen 13. Jh. errichtete Wasserburg ist Hamburgs einziges Schloss. Heute Museum für Bergedorf und die Vierlande. Bemerkenswert: Festzimmer mit Stuckaturen und reichem Intarsienschmuck.
Bergedorfer Schlossstr. 4
Tel. 428 91 25 09
www.bergedorfmuseum.de
Apr.-Okt. Di-Do, Sa, So 10-18
Nov.-März Di-Do, Sa
So 10-17 Uhr; 3 €

(a 2/3) **Blankenese**
>> siehe Seite 148

(F 7) **Cap San Diego**
Der Stückgutfrachter von 1961 fuhr im Linienverkehr zwischen Hamburg und Südamerika. Heute liegt das maritime Denkmal als Museumsschiff im Hamburger Hafen. Im Angebot: Führungen, Fahrten, Übernachtungen an Bord.
Überseebrücke, Tel. 36 42 09
www.capsandiego.de
tgl. 10-18 Uhr; 6 €

(M 3) **Deichstraße**
Bereits im 17. Jh. wurden hier Fässer, Säcke und Kisten von den Schiffen im Nikolaifleet in die Speicher der mehrstöckigen Kaufmannshäuser gehoben. Sehenswert ist das Haus Nr. 25, das im Inneren bemalte Balkendecken aus dem 17. Jh. hat. Sehr schön ist der Blick auf die wasserseitigen Fachwerkfassaden zwischen den Hausnummern 39 und 41.

(E 7) **Fischmarkt**
Seit 1703 existiert der Markt rund um die Fischauktionshalle. Am frühen Sonntagmorgen bieten dort Händler lautstark alles an – vom frisch gefangenen Rotbarsch über geräucherten Aal, Tulpen und Palmen, lebende Küken bis hin zu Kräutern, Klamotten und Kurzwaren.
St. Pauli Fischmarkt
April-Sept. So 5-9.30 Uhr
Okt.-März 7-9.30 Uhr

(F/G 7) **Hafen-U-Bahn**
Ein Stück Elbe, Hafen und Speicherstadt im Vorbeifahren genießen. Mit der gelben Linie U 3 vom Rathaus Richtung Schlump oder umgekehrt. Die Bahn fährt bis zur Station Landungsbrücken auf einer auf Stelzen gebauten Hochbrücke.

(C/D 1) **Hagenbecks Tierpark und Tropen-Aquarium**
Alles begann damit, dass der Fischhändler Gottfried Clas Carl Hagenbeck 1848 in St. Pauli sechs Seehunde vorführte. Später entstanden Tierhandelshaus, Völkerschau, Zirkus und der privat geführte Tierpark (1907), der erste Zoo der Welt, der Tiere nicht mehr durch Käfiggitter, sondern durch unüberwindbare Gräben von den Besuchern trennte. Legendär sind heute „Dschungel-" und

Die großen Lettern (A 7) beziehen sich auf die MERIAN-Karte auf S. 203, die kleinen (d 3) auf die Karte auf S. 202

Abkühlung im Wassergraben: Hagenbecks Elefanten baden mit viel Publikum

„Romantiknächte", in denen Feuerwerk, Show und Musik die Nacht im Zoo zum Tage machen. Neu: das Tropen-Aquarium über vier Ebenen. Tierpark und Tropen-Aquarium beherbergen insgesamt rund 16 150 Tiere aus über 500 Arten.
>> siehe MERIAN-Tipp S. 172

(a 3) **Hirschpark**
Der Park hoch über der Elbe ist angenehm still und birgt einen Schaugarten und ein Damwildgehege. Im Café Witthüs zu empfehlen: Qualle auf Sand.
Elbchaussee 499a

(b 3) **Jenischpark und Ernst Barlach Haus**
Wunderbarer Landschaftsgarten an der Elbe mit dem Jenisch-Haus von 1830 nach Plänen Schinkels. Schräg hinter dem Jenisch-Haus steht das moderne Ernst Barlach Haus mit Skulpturen und Zeichnungen des Expressionisten Barlach (1870-1938).
Jenisch-Haus: Baron-Voght-Str. 50
Tel. 82 87 90, www.altonaermuseum.de
Di-So 11-18 Uhr; 5 €
Ernst Barlach Haus: Baron-Voght-Str. 50 a
Tel. 82 60 85, www.barlach-haus.de
Di-So 11-18 Uhr; 6 €

(M 3) **Krameramtsstuben**
So sah Hamburg früher aus. In dieser Wohnhofanlage aus dem 17. Jh. am Fuß des Michels lebten Krämerwitwen. Zu besichtigen ist im Museum eine im ursprünglichen Zustand erhaltene, historisch eingerichtete Wohnung.
Krayenkamp 10, Tel. 37 50 19 88
Hofensemble: tgl. ab 10 Uhr
Museum: Di-So 10-17 Uhr; 1 €

(M 3) **Michel (St. Michaelis)**
Das Wahrzeichen Hamburgs ist die bedeutendste Barockkirche des Nordens mit Platz für 2550 Menschen. 1647-61 erbaut, brannte der Michel zweimal ab und wurde nach 1906 völlig neu aufgebaut. Neben den sehr empfehlenswerten evangelischen Gottesdiensten finden Kryptakonzerte, Orgelkonzerte in der Hauptkirche und eine Multivisions-Diashow zur Stadtgeschichte im Turm statt. Werktags 10 und 21 sowie So um 12 Uhr bläst ein Trompeter in alle Himmelsrichtungen einen Choral. Aussichtsplattform in 82 m Höhe (452 Stufen oder Fahrstuhl).
Englische Planke 1a, Tel. 37 67 80
www.st-michaelis.de
Kirche und Turm Mai-Okt. tgl. 9-20
Nov.-April tgl. 10-18 Uhr; 3 €

(F/G 5) **Hamburg Messe**
Neue Adresse und neue Gebäude: Das nagelneue Messegelände ist größer und ein echtes architektonisches Schmuckstück geworden – mit gläserner Brücke über die Karolinenstraße eine Attraktion nicht nur für Fachbesucher.
Messeplatz 1, Tel. 356 90
www.hamburg-messe.de

(M 3) **Miniatur Wunderland**
>> siehe Seite 166

(B 7) **Museumshafen Övelgönne**
Liegeplatz von 27 restaurierten Küstenschiffen – vom Dampf-Eisbrecher „Stettin" bis zum See-Ewer „Amazone". Besichtigungen nach Absprache.
Fähranleger Neumühlen
Tel. 41 91 27 61
www.museumshafen-oevelgoenne.de

(c 2) **Ohlsdorfer Friedhof**
Mit knapp 400 Hektar und 356 000 Grabstellen der größte Parkfriedhof der Welt. Hier finden sich die Mausoleen großer Kaufmannsfamilien und die Grabstätten von Gustaf Gründgens, Hans Albers, Wolfgang Borchert, Ida Ehre und Carl Hagenbeck. Separat liegt der große jüdische Friedhof. Wunderschöner Park mit alten Bäumen. Im Mai und Juni blühen Rhododendren. Rund 2500 Bänke bieten Platz für Pausen bei Spaziergängen. Thematische Führungen.
Haupteingang Fuhlsbüttler Str. 756
Tel. 59 38 80, www.friedhof-hamburg.de
April-Okt. tgl. 8-21 Uhr, sonst bis 18 Uhr

(J 1) **Planetarium**
Im Kuppelraum des ehemaligen Wasserturms (Stadtpark) gibt es ein spannendes Kinoerlebnis. Das virtuelle Teleskop ermöglicht sensationelle Blicke in den Sternenhimmel. Ganz neu: das „Geoskop" zur Darstellung von Erd- und Klimadaten. Anmeldung wird empfohlen.
Hindenburgstr. 1b, Tel. 42 88 65 210
www.planetarium-hamburg.de
Mo, Di 9-17, Mi-Fr 9-21, Sa 12.30-21.30, So 10-19 Uhr; ab 7,50 €

(M 1) **Planten un Blomen**
Der botanische Garten liegt an den ehemaligen Wallanlagen und vereint unterschiedlichste Gestaltungsstile vom Rosen- bis zum japanischen Garten. Im Sommer zahlreiche kostenlose Veranstaltungen von Konzerten bis zu illuminierten Wasserlichtspielen im Dunkeln.
Eingänge beim Fernsehturm, am Stephansplatz und Bahnhof Dammtor

MERIAN | TIPP

Verkannte Moderne

Eine Wiederentdeckung der City Nord durch MERIAN-Redakteur Roland Benn

Die Hamburger mögen ihre **City Nord** nicht, sie fahren drum herum oder schnell hindurch. Zwar arbeiten dort für rund 300 Firmen fast 28 000 Menschen, aber die verschwinden nach Arbeitsschluss. Dann liegen die sechsspurigen Straßen still da.

Das Ensemble aus Nutzarchitektur der letzten 40 Jahre gilt als unlebendig und kalt. Was man dabei leicht vergisst, ist seine Entstehungsgeschichte: In den 50er Jahren gab es noch große Trümmerflächen in Hamburg, das Wirtschaftswunder wiederum lockte immer mehr Firmen in die Stadt, die rund um Alster und Elbe nach Standorten für ihre Firmen suchten, die oft als Hochhäuser geplant waren – Hamburg drohte eine ähnliche Entwicklung, wie Frankfurt sie später erlebte.

Um das zu verhindern, legte 1960 der damalige **Oberbaudirektor Werner Hebebrand** das Konzept einer Bürostadt vor, wie man sie in Europa noch nicht gesehen hatte; die Anregungen holte er sich aus den USA. Das Vorhaben war, ähnlich wie heute die Hafencity, eines der größten wie anspruchsvollsten Projekte seiner Zeit. Eine Pioniertat: dreißig bis vierzig Verwaltungsgebäude auf 117 Hektar. Es gab keine Vorbilder – aber auch keinen Nachfolger. Der Auftakt war das **HEW-Gebäude** (heute: Vattenfall) des Dänen **Arne Jacobsen** – ein vielbewunderter Klassiker und das wohl eleganteste Hochhaus Hamburgs: von minimalistischer Strenge, klarer Gliederung, großer Materialqualität. Es zeigt, was für ein Ensemble hier hätte entstehen können. Stattdessen bildete sich jedoch trotz hoher Qualität einzelner Bauten ein beziehungsloses Geflecht von Solitären.

Das klar strukturierte HEW-Gebäude ist das architektonische Prunkstück der City Nord

Heute baut man wieder. Es lohnt sich, sich auf eine der Fußgängerbrücken zu stellen und zu gucken, ob der Anschluss an 1960 gelingt. Die Chance ist da.

(c 2) **HEW(Vattenfall)-Haus** Überseering 12

www.plantenunblomen.hamburg.de *Mai-Sept. 7-23 Uhr Okt.-April 7-20 Uhr*

(N 2) **Rathaus**
Der Sitz von Senat und Bürgerschaft stammt aus dem späten 19. Jh. und rühmt sich, mehr Räume zu haben als der Buckingham-Palast. Imposant sind die Eingangshalle und der große Festsaal. Idyllisch ist der abends illuminierte Innenhof mit Brunnen und einem Café (im Sommer).
Rathausmarkt 1
Tel. 428 31 20 10
www.hamburg.de *Führungen: Mo-Do 10-15, Fr 10-13, Sa 10-17, So 10-16 Uhr (halbstündlich)*

(F 7) **Rickmer Rickmers**
Einer der letzten Großsegler, 1896 aus Stahl auf der Rickmers-Werft in Bremerhaven gebaut, ganze 97 m lang. In den achtziger Jahren wurde es von einem Hamburger Verein gekauft und renoviert. Seit 1987 als Museumsschiff im Hafen.
St. Pauli-Landungsbrücken Ponton 1a, Tel. 319 59 59
www.rickmer-rickmers.de
tgl. 10-18 Uhr; 3 €

(N 1) **Spielbank Hamburg**
Roulette, Black Jack und Poker an 18 Tischen, 150 Glücksspielautomaten. Elegantes Ambiente in neuem Domizil.
Stephansplatz 10, Tel. 334 73 30
www.spielbank-hamburg.de
tgl. 12-4 Uhr, 2 €
Eintritt ab 18 Jahre, Dresscode für Herren: Hemd und Sakko, Jeans und Turnschuhe verboten. Damen: „büroschick“

(J/K 1) **Stadtpark**
Ein echter Volkspark, rund 150 Hektar groß, 1914 eröffnet. Hier kann man joggen, Fußball spielen oder im Sommer grillen. Dazu ein See mit Strandbad, Sport- und Spielplätze sowie eine Freilichtbühne. Am westlichen Ende der Hauptachse: das Planetarium.
Winterhude

(O 2) **St. Jacobi**
Größtenteils zwischen 1350 und 1400 erbaut, ist die Kirche eines der letzten architektonischen Zeugnisse des mittelalterlichen Hamburgs. Prunkstück im Inneren: die Arp-Schnitger-Barockorgel von 1693. Sechsmal im Jahr öffnet das Turmcafé seine Pforten. Wunderbarer Blick über die Stadt, Fahrstuhl vorhanden.
Steinstr., Tel. 303 73 70
www.jacobus.de
Kirche: Mo-Sa 10-17 Uhr Orgelführung Do 12 Uhr; Turmcafé: Mai-Okt. jeden ersten Sa im Monat 12-18 Uhr

(a 2/3) **Willkomm-Höft im Schulauer Fährhaus**
Kitschig und anrührend zugleich: Jedes große Schiff, das auch außerhalb der deutschen Küsten verkehrt und den Hamburger Hafen ansteuert oder verlässt, wird bei Wedel mit der jeweiligen Nationalhymne per Lautsprecher begrüßt. Buddelschiffmuseum im Fährhaus.
Wedel, Parnaßstr. 29
Tel. (041 03) 920 00
www.schulauer-faehrhaus.de
tgl. 9.30 Uhr bis Dämmerung

Hamburgs Hexenkessel fürs Entertainment: In der neuen Color Line Arena treten die Superstars aus Musik und Sport auf

SPORTSTÄTTEN

(A 1) **Color Line Arena**
Halle für Shows, Großkonzerte, Eishockey-, Handballspiele. Fasst rund 17 000 Besucher.
Sylvesterallee 10, Tel. 88 16 30
www.colorline-arena.de

(c 3) **Golf Lounge Hamburg**
Hier hat schon mancher seine Mittagspause verlängert: Zehn Autominuten von der City entfernt kann man seinen Abschlag verbessern. Schöner Blick über die Norderelbe.
Billwerder Neuer Deich 40
Tel. 81 97 87 90
www.golf-lounge.de

(A 2) **HSH-Nordbank-Arena**
Hier trägt der HSV seine Fußballspiele aus, Rockstars wie Bon Jovi treten auf. Das Stadion fasst 57 000 Plätze.
Sylvesterallee 7
Tel. 41 55 15 50 (Führungen)
www.hsv-hshnordbank-arena.de

(F 6) **Millerntor-Stadion**
Einmalige Atmosphäre bei den Kickern vom FC St. Pauli im etwas ramponierten Stadion. Wird derzeit neu gestaltet und ist fast immer ausverkauft.
Heiligengeistfeld, Tel. 317 87 40
www.fcstpauli.de

(G/H 3) **Tennis am Rothenbaum**
Hier wurde Sportgeschichte geschrieben: Im größten Tennisstadion Deutschlands haben 13 000 Zuschauer Platz.
Hallerstr. 89, Tel. 41 17 84 11
www.amrothenbaum.de

THEATER UND OPER

(J 5/6) **Deutsches Schauspielhaus**
Experimentierfreudige Bühne, die einige Turbulenzen überwunden hat. Zwischen 1996 und 2005 viermal zum „Theater des Jahres" gewählt. Größtes deutsches Sprechtheater (Kapazität: 1200) – da wirkt das Haus bei 700 Zuschauern schon leer. Immer einen Besuch wert.
Kirchenallee 39
Tel. 24 87 13
www.schauspielhaus.de

(C/D 6) **Die 2te Heimat**
Theater der besonderen Art: Im Foyer gibt's einen Begrüßungssekt, auf der Bühne amüsant-melancholische Geschichten, die der Alltag schrieb, und anschließend wird an Holztischen ein Menü serviert. Sehr gemütliche Atmosphäre.
Max-Brauer-Allee 34
Tel. 30 60 65 41
www.die2teheimat.de
49 € inklusive Menü (bitte anmelden)

MERIAN | TIPP

Reise in die Tiefe

Durch den alten Elbtunnel und in die Bunker führt MERIAN-Redakteur Tibor Ridegh

Mit Hochgeschwindigkeit bewegen wir uns per Bahn und Auto tief unter Hamburger Boden, unter Alster wie Elbe, ohne uns der Ingenieursleistungen bewusst zu werden, die das ermöglichten. Dagegen faszinieren uns Unterwelten, von denen wir gar nicht wussten, dass es sie (noch) gibt. Durch den Verein „Hamburger Unterwelten" erhält man Zugang zu einigen: So können wir in die Vergangenheit reisen.

Das bekannteste historische Bauwerk im Untergrund ist der **Alte Elbtunnel** (St. Pauli-Elbtunnel) unter der Norderelbe zwischen den Landungsbrücken und der Hafen- und Werftinsel Steinwerder. Bei Fertigstellung 1911 galt er mit zwei Röhren in 24 Meter Tiefe und Fahrzeugaufzügen als ein technisches Meisterwerk. Der Tunnel ist für jedermann, Fußgänger und Radfahrer, kostenfrei zu benutzen, aber über seine interessante Geschichte erfährt man nur etwas auf einer geführten Tour.

Für Fußgänger stets zugänglich: die Röhren des Alten Elbtunnels

Wer auf dem **Hauptbahnhofsvorplatz** (Spitalerstraße) steht, weiß wohl kaum, dass sich unter einer zwei Meter starken Abschlussdecke einer der größten Tiefbunker befindet. Dreistöckig wurde er zwischen 1941 und 1944 gebaut. Ausgelegt für 2460 Personen, bot er während der Bombenangriffe weit mehr Menschen Schutz. In der Nachkriegszeit richtete die Bahn in der Tiefe ein Restaurant und ein Hotel ein. Nach der Kubakrise 1962, zur Zeit der Atomkriegsangst, wurde der Tiefbunker wieder instandgesetzt: Die Liegesäle mit Metallpritschen aus den 60er Jahren sind erhalten, in einem Schutzraum liegt heute noch das Notwendigste: Becher, Schüssel, Löffel, Decke, Handtuch, Seife und Toilettenpapier.

Der Verein **Hamburger Unterwelten** führt Besucher auch zu anderen Baudenkmälern wie dem Operationsbunker des Krankenhauses Eppendorf oder dem Bunker in Altona.

Verein Hamburger Unterwelten Tel. (051 94) 39 95 53, www.hamburgerunterwelten.de, Führung nur mit Anmeldung

(F 6) **Fliegende Bauten**
Show, Musik und Theater in einem Zelt mit 650 Plätzen nahe der Reeperbahn. Von Comedy à la Atze Schröder über Tango bis hin zu Flamenco.
Glacischaussee 4
Tel. 47 11 06 33
www.fliegende-bauten.de

(G 4) **Kammerspiele**
Nach misslungenem Neustart beginnen die Kammerspiele mit hochrangigen Künstlern Respekt und Sympathie des Publikums zurückzugewinnen.
Hartungstr. 9-11
Tel. 41 33 44 44
www.hamburger-kammerspiele.de

(M 1/2) **Laeiszhalle**
Weiterhin (bis zur Fertigstellung der Elbphilharmonie) die einzige Musikhalle der Stadt. In den beiden Sälen treten Künstler aller Musikrichtungen auf. Jährlich 400 000 Besucher belohnen das inzwischen stimmige Veranstaltungskonzept.
Johannes-Brahms-Platz
Tel. 34 69 20, www.laeiszhalle.de

(F 6) **Schmidt Theater/ Schmidts Tivoli**
Comedy at its best: Beide Theater auf dem Kiez haben ein festes Monatsprogramm, darunter viele Eigenproduktionen, die uneingeschränkt zu empfehlen sind. Die US-Adaption „Caveman" ist das erfolgreichste Soloprogramm Deutschlands.
Spielbudenplatz 24-28
Tel. 31 77 88 99
www.tivoli.de

(N 1) **Staatsoper**
Schon ab 1678 gab es in Hamburg für 60 Jahre ein öffentliches Opernhaus – das erste außerhalb Italiens. Die heutige Staatsoper unter Simone Young wartet mit Uraufführungen, Auftritten des Philharmonischen Orchesters sowie des berühmten Balletts unter John Neumeier auf.
Große Theaterstr. 25
Tel. 35 68 68
www.hamburgische-staatsoper.de

(O 2) **Thalia Theater**
Gilt als eines der besten deutschen Sprechtheater mit einem vielgerühmten Ensemble. In Konkurrenz zum Schauspielhaus setzt das Haus an der Binnenalster auf moderne Klassiker-Interpretationen und öffnet sich vorsichtig dem Zeitgenössischen. Pro Spielzeit gibt es etwa neun Premieren. Das Thalia ist ein Muss für jeden Theaterfreund.
Alstertor, Tel. 32 81 44 44
(C 5) Zweite Spielstätte: Thalia in der Gaußstraße
Gaußstr. 190
www.thalia-theater.de

(d 3) **Theater Haus im Park**
Hamburgs erste Adresse für einmalige Gastauftritte z. B. des Wiener Burgtheaters, des Deutschen Theaters Berlin oder der Münchner Kammerspiele. Für das exklusive Programm lohnt sich der Weg nach Bergedorf. Knapp 500 Plätze.
Gräpelweg 8
Tel. 428 91 20 06
www.theater-bergedorf.de

Zwischen Hamburg und Afrika: Niki de Saint Phalles „Nana“ vor dem Theater im Hafen. Hier spielt das Musical „König der Löwen“

MUSICALS

(D/E 5) Neue Flora
Popstar Phil Collins schrieb die Musik zum Musical „Tarzan“, der neuesten Disney-Produktion, die seit Oktober 2008 läuft.
Stresemannstr. 163
Kartentel. 018 05 44 44
www.neueflora.de

(F 7) Theater im Hafen
Das Abenteuer beginnt mit der Überfahrt von den Landungsbrücken zur andere Elbseite. Dort geht es mit afrikanischen Rhythmen und Disneys erfolgreichem Musical „König der Löwen“ spannend weiter.
Kartentel. 018 05 11 44 44
www.loewenkoenig.de *Di-So*

(F 6) TUI Operettenhaus
„Ich war noch niemals in New York“ – Musical-Komöde mit Liedern von Udo Jürgens. Die Kommentare reichen von „grässlich“ bis „sensationell“.
Spielbudenplatz 1
Kartentel. 018 05 11 44 44
www.tuioperettenhaus.de

MUSEEN

(C 6) Altonaer Museum
17 original eingerichtete Bauernstuben dokumentieren das Leben in Norddeutschland ab dem 17. Jahrhundert. Auch Exponate zu Schifffahrt, Fischerei und Kunst werden präsentiert. Der Kinderolymp, eine interaktive Abteilung des Museums, vermittelt Kindern spielerisch und phantasievoll Themen aus Kunst, Kultur, Wissenschaft. Dazu gibt's ein Kinderbuchhaus. Das Museum ist ein Beweis, wie man mit wenig Geld und viel Einsatz Großes erreichen kann.
Museumsstr. 23
Tel. 428 135 82
www.altonaermuseum.de
Di-So 10-17 Uhr; 6 €

(O 5) BallinStadt
>> siehe Seite 206

(N 2) Bucerius Kunst Forum
Die Ausstellungen beschäftigen sich mit Kunst von der Antike bis zur klassischen Moderne. Das Forum wurde von der Zeit-Stiftung Ebelin und Gerd Bucerius ins Leben gerufen. Reizvoll: das „Café Canaletto“ mit Blick auf das Alsterfleet.
Rathausmarkt 2, Tel. 360 99 60
www.buceriuskunstforum.de
tgl. 11-19, Do bis 21 Uhr; 5-8 €

(O 3) Deichtorhallen
Zwei ehemalige Markthallen. In der einen befindet sich das „Haus der Photographie“. Dessen zentrales Element ist die Sammlung des Gründungsdirektors F. C. Gundlach. Die

MERIAN | TIPPS

Fernweh umsonst

MERIAN-Grafikerin Dorothee Schweizer liebt den Strand von Wittenbergen. Und den „Engel"

Övelgönne und die „Strandperle" kennt jeder. Aber Wittenbergen? Hier spielt die Elbe Meer, ist der Strand weiß und breit, der Sand weich und warm. Gegenüber liegt die Insel Neßsand, das sieht ein bisschen aus wie Nordsee ganz nah. Der **Strand von Wittenbergen** unterhalb von Rissen ist der schönste Hamburgs. Schön zum Picknicken, Sonnenbaden und um den dicken Pötten hinterherzuschauen. Es gibt auch einen Leuchtturm, 30 Meter hoch, rot-weiß geringelt und von 1899, der gleich fünf Jahre nach Inbetriebnahme um acht Meter verschoben wurde. Dort steht er noch heute. Man kann auch wunderbar nach Wittenbergen spazieren gehen. Denn was früher unbewaldeter Geestrücken war (darum Wittenbergen, „weiße Berge"), ist heute ein Waldpark. Fahren Sie also zum Parkplatz (s. u.) und marschieren Sie auf dem Wanderweg rund drei Kilometer. Bei den vielen Steigungen dauert das knapp eine Dreiviertelstunde, während der Sie immer wieder durch Baumwipfel hindurch auf die Elbe schauen können. Immer gen Westen.

Der Wittenbergener Leuchtturm am Elbufer vor Neßsand

Es gibt ein Restaurant oberhalb des Strandes. Aber viel schöner ist es, auf dem Rückweg in die Stadt auf der Elbchaussee an der Landeanlage Teufelsbrück Halt zu machen (Bushaltestelle Teufelsbrück, Fähre) und dort das **Restaurant Engel** zu besuchen: Das ist einerseits Schiffsanleger für Elbbarkassen, andererseits ein Spitzenlokal. Sanft schaukeln die Wellen, während der Wein im Glas schwappt und das pochierte Kabeljaufilet eine angenehme Liaison mit Borlottiböhnchen eingeht.

(a 2/3) **Strand Wittenbergen**
Anfahrt mit der Buslinie 286 bis Falkenstein oder mit dem Auto bis zum Parkplatz an der Buswende, Kreuzung Falkenstein/In de Bargen. Weglänge (hin und zurück) 7 km mit vielen Steigungen.

(b 3) **Restaurant Engel** Landeanlage Teufelsbrück
Tel. 82 41 87, www.restaurant-engel.de
Mo-Sa ab 11, So Brunch 10-14.30 Uhr

andere Halle zeigt in Wechselausstellungen aktuelle Kunst.
Deichtorstr. 1-2, Tel. 32 10 30
www.deichtorhallen.de
Di-So 11-18 Uhr; 7 €

(O 3) **Dialog im Dunkeln**
>> siehe Seite 52

(N 3) **Hamburg Dungeon**
Interaktive Grusel-Zeitreise. Bis zu zwei Stunden dauert der Rundgang mit Special Effects, häufig mit Bezug zur Hamburger Geschichte (Sturmflut, Feuersbrunst).
Kehrwieder 2, Tel. 36 00 55 20
www.hamburgdungeon.de
tgl. 11-17 Uhr; 14,50 €

(O 2) **Hamburger Kunsthalle**
Höhepunkte der Kunstsammlung sind die Holländische Malerei aus dem 17. Jh. und die Malerei der Deutschen Romantik, des Impressionismus und der Klassischen Moderne. Berühmt sind die Werke von Caspar David Friedrich („Wanderer über dem Nebelmeer") und Max Beckmann. 1997 kam die „Galerie der Gegenwart" hinzu. Im vierstöckigen Quader wird eine herausragende Sammlung internationaler Kunst seit 1960 gezeigt – von der Popart bis heute: Gerhard Richter, Georg Baselitz, Andy Warhol, David Hockney.
Glockengießerwall
Tel. 428 13 12 00
www.hamburger-kunsthalle.de
Di-So 10-18, Do bis 21 Uhr; 6 €

(F 6) **hamburgmuseum**
In einem imposanten Backsteingebäude dokumentiert das Museum für Hamburgische Geschichte die Entwicklung der Stadt mit Schwerpunkten wie „Mittelalter" oder „Mode". Tolle Panoramen und Dioramen. Nach Renovierung noch sehenswerter. Für kleine und große Kinder: die Modelleisenbahnanlage im zweiten Stock, die im Maßstab 1:32 den Verkehr zwischen Harburg und Hauptbahnhof nachbildet.
Holstenwall 24
Tel. 42 81 32 23 80
www.hamburgmuseum.de
Di-Sa 10-17, So 10-18 Uhr
7,50 €

(b 4) **Helms-Museum**
Das Hamburger Landesmuseum für Archäologie, benannt nach dem Kaufmann August Helms, bietet einen Überblick über 200 000 Jahre Geschichte der Region. Bis Frühjahr 2009 ist die archäologische Schau im ersten Stock der Harburg Arcaden zu sehen (Harburger Rathausplatz/Lüneburger Str. 39, Mo-Fr 9-19, Sa 10-19, So 14-18 Uhr, Eintritt frei). Dann eröffnet das Museum mit neuer archäologischer Erlebniswelt.
Museumsplatz 2
Tel. 428 71 36 09
www.helmsmuseum.de
Di-So 10-17 Uhr; 6 €

(O 3) **Internationales Maritimes Museum**
>> siehe Seite 163

(L 2) **Museum der Arbeit**
Dokumentation der Geschichte der Arbeit auf dem Gelände der ehemaligen „New-York-

Viel Raum für Freestyle-Kunst: Platz vor der Galerie der Gegenwart. Im weißen Quader wird neue Kunst präsentiert

Hamburger Gummi-Waaren Compagnie". Gezeigt werden alte Maschinen und Techniken und ein riesiger Bohrkopf.
Wiesendamm 3, Tel. 428 13 30
www.museum-der-arbeit.de
Mo 13-21, Di-Sa 10-17
So 10-18 Uhr; 6 €

(J 6) **Museum für Kunst und Gewerbe**
Von der Antike bis zur Gegenwart, von Kunst bis zu Alltagsgegenständen – eines der führenden Museen für angewandte Kunst. Toll: die Sammlung historischer Tasteninstrumente und die „musikalischen Führungen". Sehr gute Sonderausstellungen.
Steintorpl., Tel. 42 81 34 27 32
www.mkg-hamburg.de
Di-So 10-18, Do 10-21 Uhr; 8 €

(G 4) **Museum für Völkerkunde**
Die ganze Welt in einem Haus: vom Südsee-Maskensaal über das Maori-Haus bis zum jährlich stattfindenden „Markt der Völker" – die vielfältige und bemerkenswerte Sammlung wird leider in sehr angestaubter Form präsentiert. Didaktisch nicht auf der Höhe der Zeit. Sehr hübsch ist das angrenzende Shanghaier Teehaus in der Feldbrunnenstr., ein originalgetreuer Nachbau, mit dem Restaurant „Lü Bolang".
Rothenbaumchaussee 64
Tel. 428 87 90
www.voelkerkundemuseum.com
Di-So 10-18, Do 10-21 Uhr; 5 €

(O 3) **Prototyp Personen. Kraft. Wagen.**
Ein sehr zeitgeistiges Museum, in dem die Präsentation genauso wichtig ist wie der Inhalt. Zwei junge Unternehmer zeigen ein Stück Automobil- und Rennsportgeschichte.
Shanghaiallee 7/Beim Lohseplatz, Tel. 39 99 69 68
www.prototyp-hamburg.de
Di-So 10-18 Uhr; 7,50 €

(b 4) **Sammlung Falckenberg**
>> siehe Seite 160

GALERIEN

(D 7) **Peter Borchardt**
Wer das Stilwerk betritt, findet im obersten Stockwerk diese schicke Galerie. Wechselnde Ausstellungen zur internationalen, zeitgenössischen Kunst.
Große Elbstr. 68, Tel. 38 89 88
www.galerie-borchardt.de
Di-Fr 12-18, Sa 11-16 Uhr

(H 4) **Brockstedt**
Als einer der Ersten arbeitete Hans Brockstedt mit Horst Janssen zusammen – seit Ende der 50er Jahre stellt er dessen Arbeiten aus. Außerdem Werke der Klassischen Moderne und abstrakter Künstler.

MERIAN | TIPP

Ein Wochend-Traum

Vom Theater über Hotel und Café bis zu exquisiten Läden: Wunschziele von MERIAN-Redakteurin Charlotte von Saurma-Jeltsch

Wenn ich nicht schon in Hamburg eine Wohnung hätte – dann würde ich gern diese Stadt als Reisende besuchen. Mir eine jener aufregenden Inszenierungen im **Thalia Theater** anschauen, Hamburgs zurzeit beste Bühne am Alstertor. Die hat eine wunderbare Kooperation mit dem **Hotel Wedina** in der Gurlittstraße, nur einen Steinwurf entfernt vom Hauptbahnhof. Das „Wedina" ist eine Art zeitgemäße Boheme-Absteige – schlicht, frisch, urban, mit einer stillen Gartenoase und doch mitten im Großstadtviertel St. Georg. Also auch nur zwei Steinwürfe entfernt vom Thalia.

Vier Häuser hat das Hotel, das rote, gelbe, grüne, blaue, in denen ich noch den Atem von Nobelpreisträgern und Nachwuchsautoren zu spüren glaube: Hier nächtigen sie alle kostenlos, wenn sie in Hamburgs Literaturhaus, ebenfalls nicht weit von hier, auftreten. Darum ist die Bibliothek des Hauses auch mit handsignierten Werken bestückt, Gastgeschenke der Dichter und Denker. Man liest sich halbe Tage lang fest und braucht dann nicht einmal den Regenschirm, der zur Zimmerausstattung gehört.

Ein Fahrrad kann ich mir auch hier leihen, damit radele ich um die Alster auf der Suche nach dieser nordischen Helligkeit, die die weißen Prachtvillen zum Leuchten bringt. Ein kleiner Radschlenker zum **Neuen Wall** ist auch drin, dort, wo sich die Edelboutiquen aneinanderreihen. Nein, nicht zu den Guccis und Puccis dieser Welt fahre ich, sondern zu Nummer 10, zu Hoffmann. O Gott, da gibt es Dessous, Märchen für die Nacht, kleine Kostümchen, alle handgeschneidert. Nur leider unbezahlbar. Auch ein Traum. Zum Glück gibt es ja noch die Illusionen. Geschriebene, gebundene, käufliche in der **Buchhandlung Samtleben**, die im Entree des **Literaturhauses** am Schwanenwik 38 ihre Bücher präsentiert. Damit setze ich mich in den spätklassizistischen Festsaal, der tagsüber, wenn keine Lesungen stattfinden, Café ist. Mit seiner Mischung aus Geist und Gastronomie ist das **Literaturhauscafé** unschlagbar. Heißgeliebt: das Sonntagsfrühstück, der Mittagstisch und der Schoppen vor der literarischen Lesung.

Traumhaft schön: das Literaturhauscafé

(J 5) **Hotel Wedina** Gurlittstr. 23, Tel. 280 89 00, www.wedina.de *59 Zi.* €€€
(J 4) **Literaturhaus Hamburg** Schwanenwik 38, Tel. 22 70 20 11
www.literaturhaus-hamburg.de mit Buchhandlung Samtleben und Café-Restaurant
Tel. 220 13 00, www.literaturhauscafe.de *Mo-Fr 9-24, Sa, So 10-24 Uhr*

Die Kunst des Genießens – beim Champagnerseminar in der Galerie kulturreich

Magdalenenstr. 11, Tel. 410 40 91
www.galeriebrockstedt.de
Mo-Fr 10-18, Sa 10-13 Uhr

(N 2) **Commeter**
Hamburgs älteste Galerie, 1821 gegründet. Zeitgenössische Kunst in der Dachgalerie des Commeter-Hauses.
Bergstr. 11, Tel. 32 63 21
www.commeter.de
Di-Fr 11-18, Sa 11-16 Uhr

(E 3) **Grauwert**
Im Archiv dieser auf Fotografie spezialisierten Galerie befinden sich viele Vintage- und Modern-Prints.
Telemannstr. 27, Tel. 491 40 01
www.grauwert.de *Mo-Fr 9-18 Uhr*

(L 3) **hamburger kunstprojekt**
Aktuelle zeitgenössische Kunst, von Malerei über Skulpturen bis hin zu Installationen, nahe der Hochschule für bildende Künste gelegen.
Gluckstr. 53a, Tel. 20 97 64 25
www.hamburgerkunstprojekt.de
Di-Fr 14-18, Sa 10-14 Uhr

(F 5) **Heliumcowboy artspace**
Was Jörg Heikhaus zeigt, hat experimentellen Charakter. In der Galerie werden seit fünf Jahren Werke junger Künstler ausgestellt, mit großem Erfolg.
Sternstr. 4, Tel. 48 40 88 60
www.heliumcowboy.com
Di-Fr 10-19 Uhr

(M 2) **kulturreich**
Wechselnde Ausstellungen. Plattform für Gegenwartskultur am Großneumarkt mit der Möglichkeit, die Künstler abends im Salon zu treffen.
Wexstr. 8, Tel. 75 36 86 61
www.kulturreich.de
Mo-Sa 11-18, Do 11-22 Uhr

(G 1) **Levy**
Werke der klassischen Avantgarde und Popart präsentiert in einer ehemaligen Kaffeerösterei. Sehr sehenswert.
Osterfeldstr. 6, Tel. 45 91 88
www.galerielevy.de *Mo-Fr 10-18 Uhr*

(M 2) **Lumas Editionsgalerie**
Neue Kunst, endlich bezahlbar: riesige Auswahl spannender Fotos in hohen Auflagen von zum Teil jungen, noch nicht so bekannten Künstlern.
ABC-Str. 51, Tel. 38 90 48 60
www.lumas.de
Mo-Sa 10-20, So 13-18 Uhr

(N/O 3) **Robert Morat**
Der gelernte Journalist zeigt Ausstellungen von großen deutschen und internationalen Fotografen.
Kleine Reichenstraße 1
Tel. 32 87 08 90
www.robertmorat.de
Mo-Fr 11-18, Sa 11-16 Uhr

(O 3) **Flo Peters Gallery**
Die Großen der Fotokunst: Galerie mit Schwerpunkt auf Schwarz-Weiß-Bildern.
Chilehaus C/Pumpen 8
Tel. 30 37 46 86, www.flopetersgallery.com *Mo-Fr 12-18, Sa 11-15 Uhr*

(M 3) **Produzentengalerie**
Die erste Adresse in dem Galerien-Hotspot rund um die Fleetinsel. Internationales Renommee.
Admiralitätstr. 71, Tel. 37 82 32
www.produzentengalerie.com
Di-Fr 11-13, 15-19, Sa 11-15 Uhr

(N 3) **Dirk Rose**
Hat sich konsequent der realistischen Malerei verschrieben.
Großer Burstah 36, Tel. 36 56 36
www.galerierose.com
Di-Fr 11-18, Sa 10-14 Uhr

(D 3) **Ruth Sachse**
Kunstliebhaber finden hier in Eimsbüttel interessante Werke von jungen Künstlern, die ihr Medium noch erforschen, aber schon Handschrift zeigen.
Sillemstr. 76 a, Tel. 552 37 70
www.galerie-ruth-sachse.de
Mo-Fr 11-17 Uhr

MERIAN | TIPP

Zuzügler, Typ I

Der Berner MERIAN-Redakteur Jonas Morgenthaler auf der Suche nach ein bisschen Schweiz

Obwohl die Matjes schmecken und sich der Räucherfisch schon zur lieb gewonnenen Delikatesse gemausert hat, tauchen vor meinem inneren Auge regelmäßig Käselaibe auf. Sofort steigt mir der deftige Geruch eines gut gelagerten Greyerzers oder Appenzellers in die Nase. Die Sehnsucht nach heimischen Produkten kennt kein Halten mehr und wird auch durch die guten Käsestände auf Hamburgs Märkten nicht gesättigt. Dagegen hilft nur ein Besuch im **schweizweit.** Für Heimwehschweizer ist das kleine Lokal eine Oase, für alle anderen eine lohnenswerte Entdeckung. Gleichzeitig Bistro und Laden bietet es unter anderem hervorragenden „Chääs“ (Käse), köstliche Weine (Tipp: Humagne Rouge) und „Schoggi“ (Schokolade) sowie kreativ interpretierte Schweizer Gerichte. Hinter dem Ganzen steht Koch und „Eidgenießer“ Stefan Caspers – der kommt nicht etwa aus der Schweiz, sondern aus Westfalen.

Göttlicher Käse: Auch Norddeutsche werden das „schweizweit“ lieben

Die **Absinth-Bar** lockt zu einer weiteren Heimatreise. Zwar waren es vor allem die Künstler des Fin de Siècle, die das hochprozentige Getränk in Paris exzessiv konsumiert und so bekannt gemacht haben. Doch die lange Zeit verbotene „Grüne Fee“ stammt ursprünglich aus dem Val de Travers im Neuenburger Jura, 1797 begann dort die erste Absinthdestillerie ihre Produktion. Nach ein, zwei Gläsern ist die Heimat ganz nah. Da braucht man die typischen helvetischen Trendprodukte gar nicht mehr. Trotzdem: Taschen aus Lastwagenplanen im **Freitag Flagship Shop** anzugucken, ist trotzdem nett. Echte Freitag-Läden gibt es sonst übrigens nur noch in der Schweiz, in Zürich und Davos.

(C 6) **schweizweit** Große Rainstr. 20, www.schweizweit.de
(F 5) **Absinth-Bar** Schanzenstr. 79, Tel. 01 76 23 62 19 56
(O 2/3) **Freitag** Klosterwall 9, Tel. 328 70 20, www.freitag.ch

MERIAN | TIPP

Raus aufs Wasser

Hamburgs wahre Schönheit zeigt sich auf der Alster, meint MERIAN-Chefredakteur Andreas Hallaschka

Aasee, Wann- und Maschsee sind ja nett, aber so was wie die Alster gibt es nur in Hamburg. Auswärtige Gäste führe ich immer zur **Alsterperle** am Eduard-Rhein-Ufer 1 – meiner Lieblings-Angeberstelle. Hier hat man einen weiten Blick übers Wasser auf die Kirchtürme der Innenstadt. Morgens bekommt man Kaffee und Gebäck und bis nachts ein feines Bier. Ebenfalls gut geeignet, um Besucher zu beeindrucken: eine **Tretboottour** über die Außenalster. Am liebsten miete ich im **Café Isekai** – mittwochs zum halben Preis. Von hier kommt man am besten in die **Alsterkanäle** (Hamburg hat mehr Brücken als Venedig) und kann in die Gärten der feinen Villen gucken. Wer Ortskenntnis hat, kann sich von **Gadermann Kajaks** Kanus oder Kajaks an die Einstiegsstelle seiner Wahl bringen lassen. Etwas ganz Besonderes ist eine **Kanutour** auf dem **Oberlauf der Alster**. Hier wird klar, dass die Alster kein See, sondern ein aufgestautes Flüsschen ist. Hier wird sie eng und windet sich über viele Kilometer durch ein idyllisches Tal. Am besten man mietet ein Boot beim Verleih neben dem Restaurant **Zur Ratsmühle**. Danach gibt's dort ein großes Alsterwasser zum Abkühlen.

(H 2) **Café Isekai**, Isekai/Ecke Heilwigstr., Tel. 47 34 61, www.cafe-isekai.de (b/c 2) **Restaurant Zur Ratsmühle** Ratsmühlendamm 2, Tel. 50 55 54
(c 2) **Gadermann Kajaks** Hummelsbütteler Steindamm 70 (Norderstedt), Tel. 52 98 30 06, www.gadermann.de

Feriengefühl: Die Boberger Dünen erinnern an die Nordseeküste

Ein Galloway-Rind grast an der Wandse im NSG Höltigbaum

Über das Eppendorfer Moor fliegt ein Reiher, mitten in der Stadt

29 Naturschutzgebiete (NSG) liegen auf Hamburger Stadtgebiet. Das jüngste sind die Hummelsbütteler Moore, sie wurden erst im Januar 2008 ausgewiesen. Acht Prozent der Stadtfläche sind Naturschutzgebiet – das ist ein Rekordwert auf Bundesgebiet. 16 Stadtteilgruppen des örtlichen Naturschutzbundes betreuen ehrenamtlich die meisten Flächen. http://hamburg.nabu.de

Fischbeker Heide

Die Fischbeker Heide ist weit weniger überlaufen als die berühmte Schwester bei Lüneburg, doch dabei nicht weniger schön. Seit 50 Jahren steht das malerische Gebiet am südlichen Hamburger Stadtrand unter Naturschutz. Besonders von Mitte August bis September, wenn die Besenheide violett blüht, lohnt sich eine Wanderung in der hügeligen Landschaft, in der Ziegen und Heidschnucken weiden, die die Heide offen halten sollen. Eigentlich kurios, denn entstanden ist die Heide durch Kahlschlag im Mittelalter. Damals wurde das Holz der Wälder als Bau- und Brennmaterial benötigt. Ein umgebauter Schafstall im Fischbeker Heideweg 43a dient als Infozentrum, Auskunft gibt auch die Schäferin Ute Pelka, die mit ihrer Herde im Auftrag der Umweltbehörde das Gelände beweidet. In der Heide leben etwa 2000 Kleintierarten – darunter seltene Schmetterlinge sowie die hübschen Heidelibellen, Käfer und Insekten und die bis zu 15 Zentimeter langen Zauneidechsen, die besonders auffällig gefärbt sind. Neben

Die Fischbeker Heide am südlichen Stadtrand ist die kleine Schwester der Lüneburger Heide und nicht minder reizvoll

der Besenheide wachsen hier vor allem Rosmarinheide, Ginster und verschiedene Beerenarten wie Krähen- und Moosbeeren. Auch wenn's schwerfällt: Pflücken ist absolut verboten. Wie in allen Naturschutzgebieten ist nur Gucken erlaubt.
Anfahrt: vom Hauptbahnhof mit der S 3 bis Neugraben. Dort umsteigen in den Bus 250 bis Station Fischbeker Heideweg, dann zu Fuß weiter ins NSG.

Boberger Niederung

Die Dünen und die bis zu 30 Meter hohe Geest des NSG Boberger Niederung lassen sofort Ferienstimmung aufkommen, weil man sich unwillkürlich an die Nordseedünen erinnert fühlt. Ein Badesee trägt das seine dazu bei, und immer wieder sieht man Kinder die Dünen hinuntertollen. Kaum zu glauben, dass die Dünen bis ins 19. Jahrhundert noch viel höher und größer waren, bis hier für Bauzwecke Sandabbau betrieben wurde. Dünen, Marsch, Geest und Moor liegen hier dicht beieinander, und entsprechend artenreich ist das NSG im Bezirk Bergedorf. Hier leben Ringelnatter, Zauneidechse und Eisvögel, es gedeihen aber auch viele Orchideenarten. Am besten startet man am Infozentrum in der Boberger Furt, wo es auch eine Wanderkarte gibt.
Anfahrt: mit der U 3 zur Haltestelle Mümmelmannsberg, dort mit Bus 132 Richtung Bergedorf zur Haltestelle Am Langberg. Von dort gut zehn Minuten zu Fuß.

Eppendorfer Moor

Eingeklemmt zwischen der vielbefahrenen Alsterkrugchaussee, dem Hamburger Flughafen und Wohngebieten liegt das Eppendorfer Moor nördlich der Innenstadt im Stadtteil Groß Borstel. Es ist der Rest eines einst mächtigen Moores und seit 1984 als Naturschutzgebiet ausgewiesen. Hier wachsen bedrohte Arten wie der Sumpffarn und der Lungenenzian, Röhrichte und Gräser. Aber auch Reiher haben hier ein citynahes Revier gefunden, im Moor brüten Nachtigallen, Kleiber und Kleinspechte. Außerdem ist es Lebensraum für mehrere Hundert Schmetterlingsarten, Molche, Fledermäuse und Frösche. Trotzdem werden die meisten Hamburger das Moor nur als Wäldchen am Rande der Straße zum Flughafen kennen. Doch wer sich auf einen Spaziergang einlässt, ist schnell vom Zauber dieser innerstädtischen Oase gefangen.
Anfahrt: vom Hauptbahnhof Süd mit der U 1 Richtung Ohlsdorf bis Lattenkamp, weiter mit Bus 114 Richtung Lufthansa-Basis bis Haltestelle Orchideenstieg.

Höltigbaum und Stellmoorer Tunneltal

40 Jahre lang war der Höltigbaum Truppenübungsgelände der Bundeswehr – und ist deswegen im Kopf vieler Hamburger nicht recht präsent. Tatsächlich steht das große Areal am östlichen Stadtrand bereits seit 1998 unter Naturschutz und wird von Galloway-Rindern und Heidschnucken das ganze Jahr über beweidet, damit es nicht zuwächst. Am Infohaus in der Straße Eichberg beginnt ein Weg durch die Weidelandschaft. Bald hat man vergessen, dass man sich in Hamburg befindet, und genießt die herrliche, offene Landschaft, die die letzte Eiszeit geformt hat. Das angrenzende Naturschutzgebiet Stellmoorer Tunneltal ist feucht und Heimat vieler Amphibien. Dort wie auf dem Höltigbaum bieten sich gute Gelegenheiten, seltene Vögel zu beobachten.
Anfahrt: mit der S 4 bis Rahlstedt, von dort mit Bus 268 zur Haltestelle Eichberg.

MERIAN | TIPP

Genuss mit Aussicht

Speisen mit Blick auf beleuchtete Kräne, Docks, Barkassen, Segelboote – das ist Hamburg pur

Berlin hat mehr Restaurants als Hamburg. Hamburg hat natürlich aber die besseren Restaurants als Berlin. Und am beeindruckendsten ist der Ausblick in etlichen Hamburger Restaurants. Das ist einzigartig in Deutschland! Vom **Schauermann** zum Beispiel genießt man abends eine geniale Sicht auf den beleuchteten Hafen. Schauermänner waren die Malocher, die für das Be- und Entladen der Schiffe zuständig waren, harte Arbeiter also. Im Schauermann gibt es ehrliche, gute Küche, und man blickt auf die Elbe und die Werft von Blohm + Voss. Herrschaftlicher geht es im Süllberg Hotel in Blankenese zu, hier sitzt man hoch über der Elbe, da, wo der Strom am breitesten ist. Das Edelrestaurant **Seven Seas** bietet hervorragende Küche, besonders empfehlenswert ist aber die richtige Terrasse. Der Selbstbedienungsbereich bietet kleine Speisen für kleineres Geld. Genug, um sich zu stärken und die Aussicht zu genießen. Die war im **Au Quai** immer wichtiger als das Essen. Seit an der Wasserlinie gebaut wurde, hat die Küche mächtig zugelegt und ragt aus dem üblichen Neu-International-Mediterran-Maritim-Angebot heraus. Bestehen Sie auf einen Terrassenplatz! Das **Tafelhaus** ist für Gourmets die erste Adresse am Wasser, auch wenn Küchenchef Christian Rach in den Augen vieler zu viel Zeit für seine TV-Karriere verschwendet.

(E 7) **Schauermann** Hafenstr. 136-138, Tel. 31 79 46 60
www.restaurant-schauermann.de
Mo-Fr 11.30-14.30, Mo-Sa 18-23 Uhr €€
(a 3) **Seven Seas** Süllbergsterrasse 12, Tel. 86 62 52 14
www.suellberg-hamburg.de
Mi-Sa 18.30-22, So 12-15 Uhr, Terrasse ab 11 Uhr €€€
(C 7) **Au Quai** Große Elbstr. 145 b-d
Tel. 38 03 77 30, www.au-quai.com
Mo-Fr 12-22.30, Sa 18-22.30 Uhr €€€
(B 7) **Tafelhaus** Neumühlen 17, Tel. 89 27 60
www.tafelhaus.de *Di-Fr 12-16, 19-24, Sa 19-24 Uhr* €€€
Weitere empfehlenswerte Restaurants am Wasser:
(N 2) **D.O.C** Edler Designkubus mit dem schönsten Blick auf die Binnenalster. Jungfernstieg 58, Tel. 32 52 76 45
www.doc-restaurant.de *tgl. 11-23 Uhr* €€
(N 1) **Portonovo** Direkt an der Außenalster, windgeschützte Plätze. Alsterufer 2, Tel. 41 35 66 16, www.ristorante-portonovo.de *Mo-Sa 12-23.30, So 12-22 Uhr* €€€
(c 3) **Zum Skipper** Bodenständiger Treff für Freizeitkapitäne in der Billwerder Bucht, zehn Minuten von der City entfernt. Kaltenhofe Hinterdeich, Wassertreppe 12, Tel. 63 60 56 56
www.pontonrestaurant-zumskipper.de
März-Okt. Do-So ab 11.30 Uhr €

(J 4) **54° nord**
Im Souterrain in Uhlenhorst wird norddeutsche Küche zeitgemäß aufgepeppt: Pannfisch, Griesflammerie, Labskaus.
Papenhuder Str. 49
Tel. 23 84 41 40
www.54grad-nord.de *Mo-Fr 12-15, Di-So 18-24 Uhr* €€

(H/J 2) **Antonio Saraiva**
Wer gern ein gutes Steak isst, aber die Ponderosa-Atmosphäre von Steakhäusern hasst, kann aufatmen, wenn er dieses versteckte Restaurant und seinen liebenswürdigen portugiesischen Chef entdeckt. Und die Steaks? Premiumqualität!
Dorotheenstr. 105
Tel. 279 78 77, www.antonio-saraiva.de *Mo-Fr 12-15, 18-23 Sa, So 18-23 Uhr* €€

(F 5) **Artisan/Bude 1**
Mittags Imbiss, abends ambitioniertes Restaurant: Zum Lunch bietet Thorsten Gillert Salate und Tagesgerichte zu moderaten Preisen. Abends kreiert er 5- bis 8-Gänge-Menüs, bei denen Hummer schon mal auf Schwein mit Melone und Minze trifft. Weinempfehlungen beachten!
Kampstr. 27, Tel. 42 10 29 15
www.artisan-hamburg.com
Mo-Sa 12-14.30 Uhr (Bude 1), Di-Sa ab 19 Uhr € *mittags* €€€ *abends*

(C 5) **Atlas**
Früher fuhr man in den Phoenixhof, um Möbel aus der Gründerzeit zu kaufen. Heute fährt man immer noch dorthin – zum Essen im Atlas. Gerne zum Brunch (So 10.30 bis 15 Uhr), mal zum Kochkurs, aber auch auf ein Red-Snapper-Filet oder ein Schnitzel.
Schützenstr. 9 a, Tel. 851 78 10
www.atlas.at *Mo-Fr ab 12 Sa, So ab 18 Uhr* €€

(M 2) **Benli**
Der Großneumarkt entwickelt sich. Neu ist auch das kleine türkische Restaurant mit guter osmanischer Küche. Im Winter jeden ersten Samstag im Monat Livemusik.
Großneumarkt 2
Tel. 35 00 47 30
www.benli-online.de
Mo-Sa 11-22 Uhr €€

(M 2) **Brasserie Marblau**
Ordentliches Frühstück, ordentlicher Mittagstisch, ungewöhnliche Snacks wie „Pizette Pancetta Feige" und Hauptgerichte wie „Kaninchen mit Aprikosen, Kürbis, Ingwer, Zimt, Lorbeer, schwarzem Pfeffer".
Poolstr. 21, Tel. 35 01 65 55
www.marblau.de
tgl. 11.30-23.30 Uhr €€

(D 7) **Buddha's Kitchen**
Auf Holzbänken im Freien sitzen, die Elbe riechen. Und wenn dann auch noch ein Containerschiff den Strom entlangzieht … Die Speisen? Der übliche Thai-China-India-Mix, nicht aufregend, aber gut.
Große Elbstr. 133, Tel. 25 55 45
www.bkitchen.de
tgl. ab 11.30 Uhr €

(L 6) **Caberlo**
Nach den ersten drei raffinierten Tellerportiönchen kommt der Chef, Andreas Caberlo, bei neuen Gästen an den Tisch und fragt, wie es denn schmecke – dann entscheidet der Gast: Ob er geht (ausgeschlossen!) oder weitere Portiönchen genießen möchte. Selbst Schuld, wer da knausert. Er verpasst einiges. Die „Caberlos" wechseln wöchentlich.
Neu unter der Woche: guter und günstiger Mittagstisch.
Ausschläger Weg 36
Tel. 25 17 87 87
www.essen-in-der-kueche.de

Die großen Lettern (J 4) beziehen sich auf die MERIAN-Karte auf S. 203, die kleinen (a 3) auf die Karte auf S. 202

Auf der Panoramaterasse des Au Quai direkt an der Elbe wird selbst das köstlichste Essen zur Nebensache

Mo-Fr 11.30-14.30
Do-Sa ab 18 Uhr
€ *mittags* €€€ *abends*

(J 5) **COX**
Zentral gelegen nahe Schauspielhaus und Kunsthalle. Hohe Decken, rote Lederpolster auf verschiedenen Ebenen, an manchen Tischen wäre mehr Licht günstig. Dafür entschädigt die frische Küche, die auch Deftiges wie hausgemachte Wildschwein-Bratwurst oder Kalbsleber mit Salbei bietet.
Lange Reihe 68/Greifswalder Straße 43, Tel. 24 94 22
www.restaurant-cox.de
Mo-Fr 12-15, Mo-So ab 19 Uhr
€€€

(E 3/4) **Dionysos**
Die kretischen Vorspeisen werden Sie bezaubern. 30 Kleinigkeiten (Oktopus, Scampi, Lammkoteletts) in Schälchen serviert hat Mekalis Josing auf seiner alle zwei Tage wechselnden Karte notiert. Sehr lecker!
Eppendorfer Weg 67
Tel. 49 88 00
Mo-Sa 17.30-23 Uhr €€

(B 4) **Das kleine Rote**
„Französisch grundierte, stark mediterran geprägte Gourmetküche", so urteilt *Der Feinschmecker.* Wer einen besonders romantischen Abend zu zweit erleben möchte, geht mit dem Menü (4-, 5- oder 6-Gänge, ab 69 €) kein Wagnis ein.
Holstenkamp 71
Tel. 89 72 68 13
www.das-kleine-rote.de
Di-Fr 12-14.30, Di-Sa 19-23.30
Küche bis 21.30 Uhr €€€

(B 7) **Das weisse Haus**
Ambiente: hell, freundlich, aber nicht steril. Küche: experimentierfreudig, aber nicht zu extravagant. Service: zuvorkommend, aber nicht unterwürfig. Fazit: Auch ohne Fernsehkoch Tim Mälzer lohnt sich ein Besuch bei Christian Senkel in dem ehemaligen Lotsenhaus am Elbstrand. Abends unbedingt reservieren, am besten mit viel Vorlauf.
Neumühlen 50, Tel. 390 90 16
www.das-weisse-haus.de
Mo-Sa 12-15, ab 18 Uhr
€ *mittags* €€€ *abends*

(F 5) **Delta Bistro**
Da, wo sich die Messe immer breiter macht, war früher der Schlachthof. Das Delta Bistro ist längst mehr als eine Kantine für Fleischgroßhändler, es hat Kultstatus erreicht. Die Mittagskarte ist günstig (unter 10 €), das Rib-Eye-Steak vom „Freesisch Ochs" gewaltig (600 g!).
Lagerstr. 11, Tel. 43 16 13 6/7
www.delta-hamburg.de
Mo-Fr ab 12, Sa ab 18 Uhr
€€€

(M 2) **Die Bank**
Küchenchef Fritz Schilling kocht französisch-mediterrane Speisen, voller Dynamik und Energie. In der stattlichen Kassenhalle einer ehemaligen Hamburger Bank.
Hohe Bleichen 17
Tel. 23 80 03 0
www.diebank-brasserie.de
Mo-Sa ab 11.30 Uhr €€€

Dos Amigos
So muss mexikanisches Essen sein: scharf, knusprig und preiswert.
(M 2) Großneumarkt 54
Tel. 35 71 09 72 *Mo-Fr ab 11 Uhr*

Preiskategorien

Alle Adressen im Info-Magazin sind MERIAN-Empfehlungen.
Der Preis für ein Hauptgericht liegt bei
€ bis 10 Euro
€€ 10 bis 20 Euro
€€€ über 20 Euro

Sa, So ab 17 Uhr
(D 3) Sillemstr. 74
Tel. 40 19 72 84
tgl. ab 17 Uhr
www.dos-amigos.de €€

(O 3) **Fillet of Soul**
In den südlichen Deichtorhallen werden überaus kreative und immer wieder neue Gerichte zu überschaubaren Preisen aufgetischt. Wen die Unruhe in dem immer voll besetzten Raum mit offener Küche stört, der findet draußen zwischen den Ausstellungshallen Ruhe. Mittags nur kleine Karte.
Deichtorstr. 2
Tel. 70 70 58 00
www.fillet-of-soul.de *Di-Sa 11-24, So 11-18 Uhr* €€€

(J 2) **Gallo Nero**
Corrado Falco will jeden Gast verwöhnen und für die sizilianische Küche begeistern. So hat er es zum besten Italiener der Stadt gebracht. Es gibt Olivenöl aus eigener Herstellung.
Sierichstr. 46
Tel. 27 09 22 29
www.gallo-nero.net
tgl. 12-24 Uhr €€

(F 5) **Gastraum 4Experiment**
Wild und unkonventionell, lecker und laut. Damit ist alles gesagt über die sechs experimentierfreudigen Köche und ihre Art, die täglich frischen, von lokalen Erzeugern gekauften Produkte zu verarbeiten. Im lang gestreckten Gastraum kommt abends Stimmung auf – die Gäste sind begeistert.
Karolinenstr. 32
Tel. 43 18 84 32, www.gastraum4experiment.de
Mo-Sa ab 19 Uhr €€

(L 5) **Genno's**
Kleines, sympathisches und preiswertes Restaurant. Alles, was hier an internationalen Klassikern auf den Tisch kommt, ist makellos.
Hammer Steindamm 123
Tel. 20 25 67
www.gennos.de
Mo-Sa ab 18.30 Uhr €€

(G 2) **Goldfisch**
Marion Gstrein kocht raffiniert, ambitioniert und mit tollem Ergebnis. Weniger bekannt: Hier kann man sich auch Picknickkörbe packen lassen und Kanus oder Kajaks mieten, um von der Terrasse aus in See zu stechen. Vorbestellen!
Isekai 1, Tel. 57 00 96 90
www.goldfisch.de *Mo-Sa 12-23, So 10-23 Uhr* €€€

(K/L 2) **Goldstück**
Wirt Levetzow liebt Wein, Ciabatta, Pasta und Tiramisu – weil's einfach gut schmeckt. Und das Beste: Das Goldstück ist ein noch nahezu unentdeckter Schatz.
Saarlandstr. 23
Tel. 28 78 19 70
www.goldstueck-bistro.de
Mo-Sa ab 17 Uhr €

(D 7) **Henssler & Henssler**
Steffen Henssler ist der schöne, junge Koch aus dem Fernsehen. Köstlich ist sein extravagantes Sushi. Aus der offenen Küche des Restaurants aber kommt noch mehr: Die Crew kombiniert mutig, aber stets gelungen japanische und kalifornische Spezialitäten. Unbedingt reservieren!
Große Elbstr. 160
Tel. 38 69 90 00
www.h2dine.de *Mo-Sa 12 bis 15, 18-23.30 Uhr* €€€

Jim Block
Der beste Burger der Stadt wird in den Selbstbedienungsfilialen der Steakhaus-Institution von Eugen Block (Block House) gebraten. Und das gleich viermal in Hamburg.
(J 6) Kirchenallee 37
Tel. 18 06 79 55
(d 3) Sachsentor 2
(Bergedorf), Tel. 721 24 25
(L 1) Fuhlsbüttler Str. 165
Tel. 691 59 95
(N 2) Jungfernstieg 1-3
(wird im November eröffnet)

MERIAN | TIPP

Lust auf Eis?

Der Stoff, aus dem süße Träume sind: Eis in den verschiedensten Sorten und verrücktesten Kreationen. Zwei Tipps zum Dahinschmelzen!

(J 2) **Eiscafé am Poelchaukamp**
Der Name ist nicht aufregend, das Eis umso mehr. Überschaubare Anzahl an Sorten, die alle lecker sind: Käse-Sahne, Zimt, Schokolade. Bei Schlechtwetter gibt es Mohn-Eis – als Seelentröster.
Poelchaukamp 3
Tel. 27 25 17
Mitte Feb.-Mitte Okt. tgl. 11-22 Uhr

Eis Schmidt
Hervorragendes, selbst gemachtes Eis mit Anspruch auf die Favoritenrolle aller Hamburger Eisdielen. Gibt es insgesamt viermal in Hamburg.
(G 1) Eppendorfer Landstr. 96
(G 2) Eppendorfer Landstr. 23
(C 6) Ottenser Hauptstr. 37
(E 5) Schulterblatt 78
Tel. 18 07 85 65
www.eis-schmidt.com
Saison: tgl. 10-23
Nebensaison: tgl. 11-22 Uhr

MERIAN | TIPP

Kaffee & Kuchen

Lassen Sie die unzähligen Coffeeshop- und Bäckerei-Filialen links liegen und besuchen Sie lieber die wirklich guten Cafés.

(G 3/4) Swedish Cream
Sensationelle (Frucht-)Kuchen, alle von Hand gerührt und täglich frisch gebacken. Zusatzplus im Sommer: hausgemachtes Eis. Unbedingt versuchen: Swedish Cream Cake aus Frischkäse mit Zitrone, Sahne und kleinen Stückchen von Löffelbiskuits.
Rothenbaumchaussee 78
Tel. 41 35 54 03
www.swedishcream.com
Mo-Fr 7-19, Sa/So 13-18 Uhr

Sweet Dreams Confiserie
In einer offenen Backstube werden verführerische Apfel-Käse-Caramel-Tarts und Schokoladen-Himbeer-Pies gezaubert. Der Laden hat nur einen Stehtisch – also mit dem Kuchen an die Alster setzen. Eine Auswahl des Gebäcks gibt es auch in der Elbgold Kaffeerösterei.
(G 2) Lehmweg 41,
Tel. 46 88 10 45 www.sweet-dreams-confiserie.de
Fr 9-18, Sa 9-16, So 13-16 Uhr
(J 2) Elbgold Kaffeerösterei
Mühlenkamp 6 a
Tel. 27 88 22 23
www.elbgoldkaffee.de
Mo-Fr 8-20, Sa 8-19
So 10-19 Uhr

(a 2/3) Witthüs
Die hauseigene Bäckerei zaubert köstliche Kuchen und Torten auf den Tisch. Bekannt für die vielen Teespezialitäten. Romantische Lage.
Elbchaussee 499a
Tel. 86 01 73
www.witthues.com
Mo-Sa ab 14, So ab 10 Uhr

www.jim-block.de
So-Do 11.30-22 Uhr
Fr-Sa 11.30-23 Uhr €

(G 4) K&K Kochbar
Seit 2007 dürfen Klaus Peter Kofler & Kompanie, ein international agierender und erfolgreicher Caterer, hier im Curiohaus eine „Eventlocation" betreiben. Die fantastischen Kreationen des jungen, wilden Kochs Bastian Falkenroth sind so gut, dass sie den Blick von den echten Balkenhol- und Baselitz-Kunstwerken ablenken.
Rothenbaumchaussee 11
Tel. 36 11 16 36
www.koflerkompanie.com
Mo-Sa ab 18 Uhr €€€

(C 6) Kleine Brunnenstraße 1
Draußen unter der roten Pergola gemütlich sitzen und zu moderaten Preisen vorzüglich speisen – dieses kleine Ecklokal im lebendigen Ottensen ist schon längst kein Geheimtipp mehr, sondern die beste Adresse im Viertel.
Kleine Brunnenstr. 1
Tel. 39 90 77 72
www.kleine-brunnenstrasse.de
tgl. 12-15, ab 18 Uhr €€

(d 3) Trattoria Le Madonie
Der Hamburger Osten ist kein Hort der Spitzengastronomie. Wer jedoch auf eine richtig gute Pasta und noch bessere Pizza aus ist, findet beides in diesem ehemaligen Bootshaus mit malerischem Blick auf die Bille.
Schillerufer 41, Tel. 72 69 71 40
www.madonie.de
Okt.-April Mo-Fr 12-15, 18-23
Sa 17-23, So 12-22 Uhr
Mai-Sept. Mo-Sa 12-23
So 12-22 Uhr €€

(G 4) La Mirabelle
Lust auf eine Lehrstunde in der Kunst der geschmacklichen Verdichtung von Soßen? Lust auf Fisch, der nach Fisch und trotzdem raffiniert schmeckt? Ab ins La Mirabelle, zu Pierre Moissonnier, der die französische Küche liebt und zelebriert.
Bundesstr. 15, Tel. 410 75 85
www.la-mirabelle-hamburg.de
Mo-Sa ab 18 Uhr €€€

(B 7) Le Canard Nouveau
Ali Güngörmüs führt den bescheidensten aller Hamburger Gourmettempel. Und der Blick von dort oben auf die Containerterminals im Hafen ist einfach unbezahlbar.
Elbchaussee 139
Tel. 88 12 95 31/32
www.lecanard-hamburg.de
Di-Sa 12-14.30, 18.30-22.30 Uhr €€€

(D 7) Lørdag's
Kleines Gourmetbistro am Hafen, vis-à-vis der Elbe. Die fangfrischen Fischspezialitäten sind einfach lecker.
Große Elbstr. 148
Tel. 389 34 51, www.lordags.de
Mo-Fr 11.30-17, Sa 11.30-18 Uhr, So nur bei schönem Wetter 12-18 Uhr €€

(E/F 6) Man Wah
Madame To bietet 30 Dim Sum, 16 Suppen, Hühnerfüße, Rindermägen und andere leckere, kantonesische „Schweinereien" – wie in einer original chinesischen Garküche.
Spielbudenplatz 18
Tel. 319 25 11 *tgl. 12-3 Uhr* €

(D 7) Marseille
Die Nähe zu den Fischgroßhändlern garantiert noch keine gute Bouillabaisse, doch der Patron hat in Frankreich wochenlang nach dem besten Rezept recherchiert. Fast alle Gerichte als kleine und große Portionen. Und alle sind richtig gut.
Große Elbstr. 164
Tel. 41 30 72 21
www.restaurant-marseille.de
Mo-Sa 11.30-24 Uhr €€

(M/N 3) Nido
Kaiserschmarrn aus dem Wok, vorher Wiener Schnitzel und ein paar Sushi – die ungewöhnliche Kombination überzeugt: Die Ehe zwischen Österreich und Fernost schafft unvergessliche (kulinarische) Momente.
Cremon 35-36, Tel. 51 31 03 17
www.nido-hamburg.de
Mo-Fr 12-15 Uhr
Mo-Sa ab 18 Uhr €€

(L 4) Ni Hao
Keine Zugeständnisse an den europäischen Gaumen: In China ausgebildete Köche bereiten jahreszeitlich typische Gerichte aus Kanton und Szechuan sowie Shanghai und Peking zu.
Wandsbeker Zollstr. 25-29
Tel. 652 08 88, www.ni-hao.de
tgl. 12-23 Uhr €€

(E/F 5) Nil
Seit nahezu zwei Jahrzehnten gleichbleibend kreative und gute Küche mit stets frischen Zutaten. Super Service, tolles Ambiente auf drei Stockwerken. Hamburger gehen gern sonntags zum „Abendbrot" zu Inhaberin und Sommelière Elisabeth Füngers.
Neuer Pferdemarkt 5
Tel. 439 78 23
www.restaurant-nil.de
Mo, Mi, Do 18-23, Fr/Sa 18-24
So 18-22 Uhr €€

(O 3) Oberhafenkantine
Winzig, windschief, aber wunderbar: Einst drohte dem Häuschen von 1925 der Abriss, dann kamen der Denkmalschutz und die Mutter von Tim Mälzer. Jetzt führt Thorsten Gillert (Artisan) die ehemalige

Moderne Gastlichkeit, exzellente Küche: Das Restaurant Nil ist seit zwanzig Jahren Trend

Kaffeeklappe für Hafenarbeiter. Kühlung und Küchenblöcke sind beweglich wegen des Hochwassers, und die echte Hamburg Aalsuppe schmeckt so, wie sie schmecken soll: rauchig, süß und sauer.
Stockmeyerstr. 39
www.oberhafenkantine-hamburg.de
Mo-Sa 12-21, So 12-19 Uhr €

(G 4) **Raw Like Sushi**
Einer der drei besten „Japaner" der Stadt. Unbedingt bestellen: die „Special Makis" „Verdi" (Thunfisch, Chillisauce, Erdnüsse, Masago), „Jewel" (Garnele, Mandel, Knoblauchsauce) und „Chanel" (Lachs, Ruccola, Masago, Limonen-Dressing).
Grindelallee 134, Tel. 45 79 31
www.raw-like-sushi.de
tgl. ab 19 Uhr €€

(b 3) **Restaurant Engel**
Speisen vom Feinsten in einmaliger Lage direkt auf dem Wasser. Mit ein wenig Phantasie glaubt man, in den Kajütenfenstern der vorbeiziehenden Schiffe sogar etwas erkennen zu können.
Landeanlage Teufelsbrück
Tel. 82 41 87
www.restaurant-engel.de
Mo-Sa 11-22.30, So 18-22.30 Uhr (Sonntagsbrunch 10-14.30 Uhr) €€€

(M 2) **Riads**
Gegenüber der Laeiszhalle erwartet Sie im Souterrain eine Karawane der Köstlichkeiten: die libanesische Küche mit kalten, warmen, immer aromatischen Leckereien von Mister Riad. Übersetzt heißt Riad übrigens „Paradies".
Johannes-Brahms-Platz 7
Tel. 35 71 69 23, www.riads.de
Mo-Fr 11.30-15.30, 18-24 Sa 16-24, So 13-24 Uhr €€

(M 2) **Rialto**
Eine gute gastronomische Melange aus Kaffeehaus, Weinbar und Restaurant. Spannend der Blick auf das Fleet aus dem ehemaligen Speicherhauskeller. Mittags beliebter Treffpunkt der Kultur- und Medienwelt.
Michaelisbrücke 3, Tel. 36 43 42
www.rialto-hamburg.de
tgl. 12-22 Uhr €€€

(d 3) **Ristorante San Lorenzo**
Für dieses Essen müssen Sie sich aus der City heraus wagen: nach Glinde in eine Gründerzeitvilla zu Iris und Beppe Dellavecchia. Der Weg lohnt sich: authentische italienische Küche zum Verlieben.
Kupfermühlenweg 2
Tel. 711 24 24
Di-Sa ab 17, So 12-14.30 ab 17 Uhr €€€

(D 7) **Rive**
Spezialitäten wie Austern, Langostinos und traditionelle Scholle im ehemaligen Fährterminal. Nur zwei Meter über der Wasserlinie mit grandiosem Blick auf den Industriehafen.
Van-der-Smissen-Str. 1
Tel. 380 59 19, www.rive.de
tgl. 12-24 Uhr €€

(D 3) **Thang Long**
Madame Oanh Thu Hoang und ihre Familie beziehen aus Hanoi Kräuter und Tees. In den Vorspeisen und Suppen wecken sie ein Feuerwerk an Aromen – so muss vietnamesische Küche schmecken.
Osterstr. 165, Tel. 43 27 18 52
tgl. 12-22.30 Uhr €€

(G/H 7) **Wandrahm**
Elegant, chic, viel Weiß und Creme, aber dennoch nicht kühl – das Ambiente stimmt, das Essen sowieso. Vormittags Coffee- und Tea-Shop, mittags schneller, frischer Lunch, nachmittags Kuchen und abends ausgefallene Gerichte, für die man sich Zeit nehmen sollte.
Am Kaiserkai 13
Tel. 31 81 22 00
www.wandrahm.de *Mo-Fr ab 8 Sa/So ab 10 Uhr* €€€

(c 1) **Zum Wattkorn**
Wunderbar: der Garten. Aufmerksam: das Personal. Lecker: alles, was die Karte zu bieten hat. Fazit: unbedingt einen Abstecher wert.
Tangstedter Landstr. 230
Tel. 520 37 97, www.wattkorn.de *tgl. ab 11.30 Uhr* €€

MERIAN | TIPP

Flirt im Grünen

Hier fallen alle Klassenschranken: MERIAN-Redakteur Thorsten Kolle über den Stadtpark

An den (in Hamburg seltenen) grauen Tagen ist die **große Wiese** zwischen **Planetarium** und **Stadtparksee** einfach nur eine große Wiese. Zeigt sich die Sonne, verwandelt sie sich in einen freudetrunkenen Melting Pot, gegen den der New Yorker Central Park wie ein Friedhof wirkt. Denn bei Temperaturen über der 15-Grad-Grenze strömt ganz Hamburg mit Grillgut und Bierkästen, Fuß- und Federbällen, Frisbeescheiben und Sonnenschirmen, Ghettoblastern und Wandergitarren auf eben diese große Wiese. Und da der Stadtpark an der Nahtstelle zwischen dem sich immer etwas fein gebärdenden Winterhude und dem tendenziell barschen Barmbek liegt, lässt sich hier wunderbar beobachten, wie nasehochtragende „Elbletten" im Plisseekleidchen auf rüpelnde Straßenjungs im Bruce-Lee-Outfit treffen. Den Kampf um die besten Grillplätze gewinnen meistens die Elbletten, aber da die hanseatischen Klassenschranken nirgends so durchlässig sind wie auf der großen Wiese, soll es auch schon zu Versöhnungsritualen beim (verbotenen) nächtlichen Baden im **Naturbad Stadtparksee** gekommen sein.

Auf der Stadtpark-Wiese treffen Welten aufeinander

Ein Jahr später treffen sich die jungen Mütter und Väter dann gerne mit dem Nachwuchs im **Lesecafé am Rosengarten**, vorzugsweise am Dienstag, da zahlen Eltern und Kleinkinder für Kaffee und Kuchen den halben Preis. Ob mit oder ohne Kids – neben dem Wiesentrubel locken zwei Biergärten den durstigen Freiluftfreund: In **Schumachers Biergarten** am Freibad lässt sich wunderbar der Sonnenuntergang erleben; im **Landhaus Walter** rauschen die Linden im Takt zu den regelmäßig stattfindenden Jazz-, Blues- und Rockkonzerten. Flirttipp für alle, die auf der Wiese leer ausgingen: Dienstags und donnerstags ist hier Oldie-Disco.

(K 1) **Lesecafé am Rosengarten** Tel. 99 99 37 71
www.lesecafe-am-rosengarten.de

(K 1) **Schumachers Biergarten** Südring 5b, Tel. 27 80 69 79
www.schumachers-biergarten.de

(J 1) **Landhaus Walter** Hindenburgstr. 2, Tel. 27 50 54
www.landhauswalter.de

BARS, CLUBS, DISKOS

(O 1/2) **Bar Hamburg**
Ein Klassiker. In direkter Nähe zu Kunsthalle, verschiedenen Nobelhotels, Theatern und Werbeagenturen. Dementsprechend ist das Publikum.
Rautenbergstr. 6-8
Tel. 28 05 48 80
www.barhamburg.com
tgl. ab 19 Uhr

(M 1) **Café Seeterrassen**
Hübsch inmitten des Parks Planten un Blomen gelegen. Im monatlichen Programm finden sich Salsa, Lesungen, Tanztee. Gelegentlich Sonntagsbrunch (11-14 Uhr, vorher anrufen).
St. Petersburger Str. 22
Messeeingang Ost, Tel. 35 36 08
www.seeterrassen.de
tgl. ab 10 Uhr

(C 5) **Café Tapa-Bar Altamira**
Spanische Bar- und Esskultur. Wer spätnachmittags einen guten Café con leche sucht und in diesem Wintergarten hängenbleibt (15 Rotweine, Tapas ab 4 €), macht alles richtig.
Bahrenfelder Str. 331
Tel. 85 37 16 00
www.cafealtamira.de
Mo-Sa ab 18, So ab 17 Uhr

(E 7) **Christiansen's**
„Fine Drinks & Cocktails", so die Eigenwerbung. Barkeeper Uwe Christiansen ist in Hamburg der Beste seiner Zunft. Klasse: die Lage am Fischmarkt.
Pinnasberg 60, Tel. 317 28 63
www.christiansens.de
Mo-Sa ab 20 Uhr

(E/F 5) **Die Welt ist schön**
Lieblingsort aller Innenarchitekten und Jungdesigner. Schmales Stadthaus mit drei Bars, Lounge, Dachterrasse und Garten.
Neuer Pferdemarkt 4
Tel. 40 18 78 88
www.dieweltistschoen.net
tgl. ab 20 Uhr

(C 5) **Fabrik**
Der industriell anmutende Charme der einstigen Maschinenbaufabrik ist bis heute erhalten. Internationales Musik- und Kulturprogramm für alle Altersgruppen und Geschmacksrichtungen.
Barnerstr. 36, Tel. 39 10 70
www.fabrik.de
geöffnet je nach Programm
Eintritt 6-8 €, Konzerte 9-35 €

(F 7) **Frau Hedi**
Hamburgs schaukeligste Party: Die Elbbarkasse „MS Hedi" ist jeden Fr und Sa auf der Elbe unterwegs. Tanz, Musik und Sightseeing. Publikum zwischen 20 und 40.
Landungsbrücke 10
Tel. 42 10 28 23
www.frauhedi.de
Fr, Sa ab 17 Uhr, Eintritt ab 6 €

(O 1/2) **Golden Cut Club**
Aktueller Lieblingstreff der Szene-Hautevolee, oft mit Prominenz aus TV und Film.
Holzdamm 61, Tel. 85 10 35 32
www.goldencut.org
Fr, Sa ab 22 Uhr

(J 5) **Layback**
Weiße Ledersofas, kleine Tische, viele Kerzen und eine gigantische Auswahl an Cocktails. Empfehlenswerte Bar und Lounge.
Lange Reihe 113
Tel. 28 05 66 77
www.layback-hamburg.de
Mo-Fr 19-2, Sa ab 20 Uhr

Die großen Lettern (K 1) beziehen sich auf die MERIAN-Karte auf S. 203

Modern und minimalistisch: der „Golden Cut Club". Ein szeniger Treffpunkt auch für Film- und Fernsehsternchen

(N 2) **Le Lion – Bar de Paris**
Wer bei Jörg Meyer einen seiner erstklassigen Cocktails trinken möchte, muss klingeln. Gerade am Wochenende kann es dauern, bis man Sie einlässt. Preisgekrönte Bar mit gemütlichem Ambiente.
Rathausstr. 3
Tel. 334 75 37 80
www.lelion.net
Mo-Sa ab 20 Uhr

(E/F 5) **Mandalay**
Die ehemalige Bankfiliale verwandelt sich am Wochenende von der Cocktailbar in eine Diskothek. 20er-Jahre-Flair.
Neuer Pferdemarkt 13
Tel. 43 21 49 22
www.mandalay.tv
Di-Sa ab 20 Uhr

(O 2) **Markthalle**
70er-/80er-Jahre-Kultur in den ehemaligen Gemüse- und Blumenhallen am Hauptbahnhof. Rock, Pop, Metal, Lesungen.
Klosterwall 11, Tel. 33 94 91
www.markthalle-hamburg.de
Konzerte ab 20 Uhr
Partys ab 22 Uhr, Eintrittspreis je nach Veranstaltung

(O 2) **Nachtasyl**
Über dem Thalia Theater und unter künstlichem Sternenhimmel trifft sich die Kunst- und Kulturelite zu kleinen Konzerten, Lesungen und Partys.
Alstertor, Tel. 32 81 42 07
www.thalia-theater.de
tgl. ab 19 Uhr, Eintrittspreis je nach Veranstaltung

(G 4) **Pony Bar**
Treffpunkt der Lehrenden und Lernenden der angrenzenden Uni-Fakultäten. Café-Bar mit DDR-Mobiliar, 50er-Jahre-Tapete. Tolles Kulturprogramm.
Allendeplatz 1
Tel. 428 38 78 95
www.ponybar.de
Mo-Sa ab 9, So ab 10 Uhr

(E 7) **StrandPauli**
Sand und Liegestühle am Wasser. Sensationelle Lage zwischen Altem Elbtunnel und Fischmarkt, gegenüber Blohm + Voss Dock 10. Ein kühles Bier, Livemusik, Hamburg-Feeling!
Hafenstr. 89
Tel. 0178 52 03 12 3
www.strandpauli.de
Mai-Sept. Mo-Fr 11-23
Sa 11-24, So 10-24 Uhr

(A 7) **Strandperle**
Ehemaliger Kiosk, der längst Kult-Treff geworden ist. Mit Bier und Würstchen von der Stranddecke aus die Pötte auf der Elbe zählen.
Am Schulberg/Övelgönne
Tel. 880 11 12 *April-Okt.*
Mo-Fr ab 12, Sa, So ab 11 Uhr

An der „Strandperle" dröhnen nicht nur die Schiffshörner

MERIAN | TIPP

Britisch bis exotisch

Die Grandhotels sind in die Jahre gekommen. Aber es entstehen neue Häuser. Für jedes Budget

Auch Städte brauchen regelmäßig neue Visitenkarten. Sonst sehen sie alt aus. Neulich, zum Beispiel war ein Freund zu Besuch. Er ist Hotelier und wollte unbedingt im „Vier Jahreszeiten" nächtigen. Was für ein Debakel! Er hatte ein muffiges Zimmer neben einem knarzenden Aufzug und einer rummeligen Frühstücksküche. „Da ist ab halb sechs Uhr morgens nicht mehr an Schlaf zu denken gewesen ..." Über den Renovierungsstau in den beiden Grandhotels an Binnen- („Vier Jahreszeiten") und Außenalster („Atlantic") sowie das Fehlen eines „Hilton" oder „Ritz-Carlton" wird in Hamburg viel diskutiert. Ist halt so. Schlimmer wäre es, wenn es der Stadt an Hotelinvestoren mangeln würde. Ist aber nicht so. Derzeit laufen gut ein Dutzend Projekte: für Budgetbewusste, die preiswerte Zimmer buchen, und für Anspruchsvolle, die Ausgefallenes suchen. In St. Georg eröffnete im Oktober 2008 **The George**, das sich als Hommage an British Style mit Bibliothek und englischem Garten versteht. „Fühlen Sie sich wie im britischen Membership Club", verspricht Kai Hollmann, der Hotel-Chef. Auf exotischen Charme setzt Otto Lindner, der „das erste Tierpark-Themenhotel der Welt", das **Lindner Park-Hotel Hagenbeck**, bauen lässt. Geplante Fertigstellung 2009. Im Zentrum entstehen gerade zwei neue Budget-Hotels: die cool eingerichteten **Motel One** in der Neustadt und St. Georg. Auch der Flughafen will seine Attraktivität steigern: durch das neue **Radisson SAS Hotel Hamburg Airport** und die neue Airport Plaza mit edlen Shops und Restaurants.

Günstig und modern: Ein „Motel One" gibt es bereits in Hamburg-Altona

(J 5) **The George** Barcastr. 3, Tel. 280 03 00
www.thegeorge-hotel.de *125 Zi.* €€€

(D 3) **Motel One** Kieler Straße 171
Tel. 89 72 06 90 www.motel-one.com, *245 Zi.* €€
Filialen in der Neustadt und in St. Georg sind im Bau.

(B 5) **25hours**
Trendiges Boutique-Hotel, 2003 eröffnet. Seither ein Tummelplatz für Freunde des Retro-Designs. Die Zimmer sind „small", „medium", „large", das Wohnzimmer mit Kamin gemütlich. Köstliches Frühstück.
Paul-Dessau-Str. 2
Tel. 85 50 70, www.25hours-hotels.com/25h/ *104 Zi.* €€€

(J 5) **Aussen Alster Hotel**
Kleines Privathotel im lebendigen Stadtteil St. Georg für unprätentiöse Leute mit Geschmack. Ein hauseigenes Segelboot und Fahrräder sind kostenlos auszuleihen.
Schmilinskystr. 11-15
Tel. 24 15 57, www.aussenalster.eu *27 Zi.* €€€

(O 1) **Atlantic**
Große Tradition, hohe Promi-Dichte, liegt wie ein Schloss an der Alster. Patina allenthalben.
An der Alster 72-79
Tel. 288 80, www.kempinski.atlantic.de *252 Zi.* €€€€

(E 4/5) **Boston Hamburg**
2007 eröffnetes Designhotel, modern und schlicht eingerichtet, nicht weit vom Schanzenviertel und der Neuen Flora entfernt: Ein komfortabler Standort fürs Musical- und Shopping-Wochenende. Funkelnde Armaturen und glänzendes Granit im Bad.
Missundestr. 2
Tel. 589 66 67 00, www.boston-hamburg.de *46 Zi.* €€€

(D 7) **Clipper Elb-Lodge**
Eines der schicken, neuen Boardinghäuser für Geschäftsleute, die am Wochenende nach Hause jetten. Hochwertige Materialien, sinnliches Design, City-Lage am Wasser. Empfehlenswert auch das Hanse Clipper Haus.
Carsten-Rehder-Str. 71
Tel. 80 90 10
www.clipper-boardinghouses.de
57 Zi. €€€

(N 2) **Sofitel**
Die Außenfassade klar und schlicht, innen Luxus: Das 5-Sterne-Haus besticht durch seine Lage in der Innenstadt unweit der noblen Shoppingmeilen in diesem Viertel.
Alter Wall 40, Tel. 36 95 00
www.sofitel.com
241 Zi. €€€€

(E/F 6) **East**
Das als „zweitbestes Designhotel der Welt" ausgezeichnete Luxushotel ist außergewöhnlich – es ist eingerichtet in einer ehemaligen Eisengießerei. Extravaganz ist das Credo, und dieser Anspruch ist bis ins kleinste Detail umgesetzt. Die Bar ist der absolute In-Treff für Nachtschwärmer.
Simon-von-Utrecht-Str. 31
Tel. 30 99 30
www.east-hamburg.de
125 Zi. €€€€

(E 6/7) **Empire Riverside**
Manhattan meets Hamburg – dank des Stararchitekten David Chipperfield. Glas und Bau-

Die großen Lettern (B 5) beziehen sich auf die MERIAN-Karte auf S. 203, die kleinen (b 3) auf die Karte auf S. 202

Das Hotel „Le Royal Méridien“ – wirklich königlich ist die Aussicht vom Balkon eines der Zimmer über die Außenalster

bronze prägen den 20 Etagen hohen Turm. Der Clou ist die Bar „20up“ mit Panoramablick über den Hafen. Alle Zimmer sind zeitlos elegant, die meisten bieten eine atemberaubende Aussicht auf Elbe, Schiffe, Werften.
Bernhard-Nocht-Str. 97
Tel. 31 11 90, www.empire-riverside.de
328 Zi. €€€

(F 4/5) **Fritzhotel**
Im Hotel wohnen, aber sich trotzdem wie zu Hause fühlen. Die Zimmer sind zurückhaltend, minimalistisch eingerichtet. Der Service ist aufmerksam, freundlich, die Lage verkehrsgünstig am Bahnhof und unweit der Messe.
Schanzenstr. 101-103
Tel. 82 22 28 30
www.fritzhotel.com *17 Zi.* €€

(B 5) **Gastwerk**
Hinter den denkmalgeschützten Mauern des früheren Kohlevorratslagers verbirgt sich ein wunderbares Hotel. Das Loftambiente mit asiatischem Touch lockt internationales Publikum. Wintergarten, Wellness-Areal und das Restaurant „Mangold“ komplettieren das edle Angebot. In der Nähe von Ottensen.
Beim Alten Gaswerk 3/Daimlerstr.
Tel. 89 06 20, www.gastwerk.com
141 Zi. €€€

(G 5) **Grand Elysee**
Mit über 500 modernen Zimmern und Suiten macht das citynah zwischen Messe und Alster gelegene 5-Sterne-Haus seinem Namen alle Ehre. Ein großzügig angelegter Wellness- und Spa-Bereich sowie drei Restaurants und zwei Bars bieten nicht nur Messebesuchern Ruhe und Entspannung im Großstadttrubel.
Rothenbaumchaussee 10
Tel. 41 41 20
www.elysee.de
511 Zi. €€€

(J 5) **Hotel Annenhof**
Rot, blau, gelb, orange: Die Zimmer sind in kräftigen Farben gestrichen. Die Ausstattung ist einfach, aber hübsch, der Preis moderat und die Lage attraktiv: In St. Georg wohnt man trendy.
Lange Reihe 23, Tel. 24 34 26
www.hotel-annenhof.de
13 Zi. €€

(G 2) **Hotel Smolka**
75 Jahre Tradition, renoviert und stilvoll eingerichtet – wer die großen Häuser meidet, wird sich in diesem Kleinod wohlfühlen. Leihfahrräder stehen zur Stadtteilerkundung zur Verfügung. Ganz nah sind Alster, Isemarkt und Eppendorfer Baum.
Isestr. 98, Tel. 48 09 80
www.hotel-smolka.de
37 Zi. €€

(J 6) **Hotel Village**
Satintapeten, Baldachine und Plüsch erinnern an die Vergangenheit als Nobel-Bordell. Im Preis inbegriffen: das Frühstücksbuffet.
Steindamm 4, Tel. 480 64 90
www.hotel-village.de
20 Zi. €€

(J 4) **Hotel York**
Oft schlafen hier in der Stadt gastierende Opernsänger: „a wonderful place to stay“. Rühriges, urgemütliches Jugendstilhaus in Uhlenhorster Alsterlage, moderat im Preis, geführt von einem netten Grafikdesigner-Pärchen.
Hofweg 19, Tel. 227 14 20
www.hotel-york.de
13 Zi. €€€

(J 6) **Junges Hotel**
Innen und außen mit bunten Farben gestaltet, die Zimmer sind hell und freundlich. Das „Junge Hotel“ ist für Touristen und Geschäftsleute geeignet und bietet Tagungs- und Veranstaltungsräume.
Kurt-Schumacher-Allee 14
Tel. 41 92 30, www.jungeshotel.de
128 Zi. €€€

(b 3) **Landhaus Jenischpark**
Die elf modernen Appartements des Mustergutes von Caspar Voght liegen in historisch bedeutende Landarbeiterhäusern von 1792. Liebevoll restauriert, in bester Wohnlage mit jeglichem Komfort und ideal für Gäste, die Privatatmosphäre einem Hotel vorziehen.
Jürgensallee 124
Tel. 81 99 40 81
www.landhaus-jenischpark.de
11 App. €€€

(J 5) **Le Royal Méridien**
Sehr moderne, sehr schöne, sehr luxuriöse Zimmer. Service, Essen, Ambiente, hier ist alles vom Feinsten. Übrigens: Die Codekarte fürs Zimmer ist zugleich ein Ticket für die kostenlose Fahrt mit dem gegenüber anlegenden Alsterdampfer.
An der Alster 52-56
Tel. 210 00
www.leroyalmeridien-hamburg.de
284 Zi. €€€€

Bis zur achten Etage erstreckt sich die atriumartige Lobby des Designhotels „Side“

MERIAN | TIPP

Locker lassen

Sie suchen Ruhe von der Großstadthektik? Hier zwei Tipps, die Entspannung garantieren.

Grand Spa Resort A-ROSA Travemünde
Wer frische Meeresluft schnuppern möchte, der fährt von Hamburg aus nur eine gute Stunde mit dem Zug nach Travemünde an die Ostsee. Dort, im „Grand Spa Resort“, kann man sich im riesigen Wellnessbereich und anschließend in einem der drei Restaurants verwöhnen lassen. Die Zimmer sind modern, geräumig und hell.
Außenallee 10, Travemünde
Tel. (045 02) 307 06 32
www.a-rosa.de
194 Zi. €€€€

(M 3) **Meridian Spa**
Für ein paar Stunden Entspannung sorgt das „Day Spa“ nahe den Landungsbrücken. Massagen, Ayurveda- und Kosmetik-Behandlungen, Fitnesskurse und Saunalandschaft.
Schaarsteinweg 6
Tel. 65 89 11 00
www.meridianspa.de
Mo-Fr 7-23, Sa, So 9-22 Uhr
Tageskarte ab 16 €

Preiskategorien

Alle Adressen im Info-Magazin sind MERIAN-Empfehlungen. Der Preis für ein Doppelzimmer:
€ unter 60 Euro
€€ von 60 bis 100 €
€€€ von 100 bis 180 €
€€€€ über 180 €

(F/G 6) **Lindner Hotel Am Michel**
Leger-elegantes neues Hotel der Lindner-Gruppe in bester Lage unweit des Michels: Das Haus verbindet gekonnt internationale Trends mit guter hanseatischer Tradition, perfekt für Städtebummler. Mit Restaurants und „WellFit-Center“.
Neanderstr. 20
Tel. 307 06 70
www.lindner.de
259 Zi. €€€

(a/b 3) **Louis C. Jacob**
Der Gründer des Anwesens mit dem grandiosen Elbblick war ein Franzose: Sein Savoir-vivre prägt heute noch den Charakter des Hauses, die Einrichtung ist von gediegener Eleganz. Zu Recht gerühmt wird die großartige Küche von Thomas Martin. Noch berühmter als seine Speisen ist die von Max Liebermann gemalte Lindenterrasse.
Elbchaussee 401-403
Tel. 82 25 50
www.hotel-jacob.de
85 Zi. €€€€

(F 4) **Mövenpick Hotel Hamburg**
Zweieinhalb Jahre wurde der Wasserturm im Sternschanzenpark nach mehr als 40 Jahren Leerstand umgebaut. Eine Rolltreppe führt jetzt unterirdisch zum Empfang. Das Haus hat 21 Ebenen, alle Zimmer mit Blick über die Stadt. Spannend ist die Ausstattung: modernes Design im historischen Kreuzgewölbe.
Sternschanze 6, Tel. 334 41 10
www.moevenpick-hamburg.com
226 Zi. €€€

(O 2) **Park Hyatt Hamburg**
Im Zentrum der Innenstadt, im historischen Levantehaus. First class: die hochmoderne Ausstattung im gediegenen Chic. Hier steigen Vorstandsvorsitzende ebenso gern ab wie Popmusik-Stars.
Bugenhagenstr. 8
Tel. 33 32 12 34
www.hamburg.park.hyatt.de
252 Zi. €€€€

(J 5) **Relexa Hotel Bellevue**
Gepflegtes Haus, hübsche Zimmer und zuverlässiger Service. Die Aussicht auf die Außenalster allein ist Grund genug, hier zu übernachten, das Preis-Leistungs-Verhältnis überzeugt ebenfalls.
An der Alster 14, Tel. 28 44 40
www.relexa-hotels.de
85 Zi. €€

(M 1) **Side**
Das 5-Sterne-Haus ist ein Designhotel der Extraklasse. Minimalistisch, futuristisch, extravagant – das gilt fürs große Ganze ebenso wie für jedes Detail der Gestalter Jan Störmer (außen), Matteo Thun (innen), Robert Wilson (Licht). Alster, Oper und Gänsemarkt sind zu Fuß in wenigen Minuten zu erreichen. Einen Besuch wert ist das Spa, die „Sky-Lounge“ und das Restaurant „fusion“.
Drehbahn 49, Tel. 30 99 90
www.side-hamburg.de
178 Zi. €€€

(M 2/3) **Steigenberger Hotel Hamburg**
Auf der Fleetinsel gelegenes elegantes Haus mit Rotklinkerfassade – typischer Hamburger Understatement-Bau. Die Zimmer überzeugen mit gewohnt hohem Komfort, der Look ist einheitlich. Umwerfend das Spa mit Dachterrasse.
Heiligengeistbrücke 4
Tel. 36 80 60
www.hamburg.steigenberger.de
233 Zi. €€€

(K 5) **Suitehotel**
Highspeed-Internet, Telefon, Video, Musik sind kostenlos, und ab vier Tagen Aufenthalt gibt es einen Kleinwagen gratis geliehen – all das wissen Geschäftsreisende wie auch preisbewusste Gäste zu schätzen. Geräumige Zimmer.
Lübeckertordamm 2
Tel. 27 14 00
www.suitehotel.com
186 Zi. €€

(K 6) **Superbude**
Zentrales Hostel der Generation hip & cool. Hier wohnt man allein, zu zweit oder im Mehrbettzimmer. Public Viewing mit Großleinwand, Speisesaal, Dusche mit roter Wärmelampe – ein Quartier für Szenevolk und ewig Junggebliebene.
Spaldingstr. 152
Tel. 380 87 80
www.superbude.de
74 Zi. €

(N 2) **Vier Jahreszeiten**
Hamburgs traditionelle erste Adresse mit exzellentem Service. Die Zimmer atmen den Charme von mehr als 110 Jahren. Die Präsidentensuite ist mit 260 Quadratmetern die größte ihrer Art in der Stadt. Großartig die Restaurants „Haerlin“ und „Doc Cheng's“. Das Hotel verfügt über einen Wellnessbereich.
Neuer Jungfernstieg 9-14
Tel. 349 40
www.fairmont-hvj.de
156 Zi. €€€€

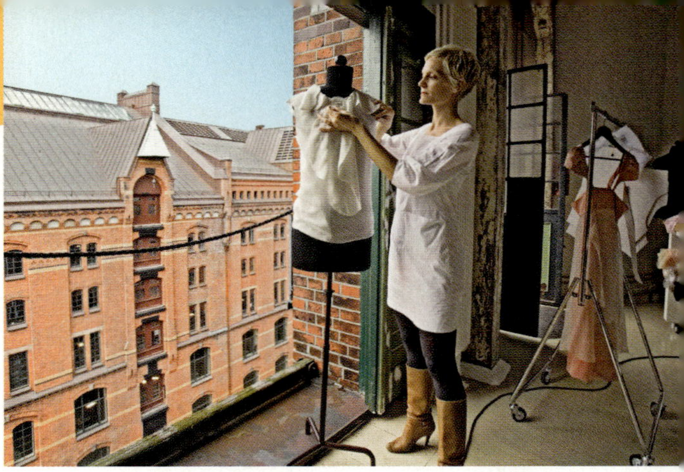

Inspirierender Ausblick: Silke Wilhelm in ihrem Showroom in der Speicherstadt

MERIAN | TIPP

Zuzügler, Typ II

Pumps und Barolo, Möbel und Mokka: Kombiläden faszinieren MERIAN-Mitarbeiterin Julia Braune

Zieht es den Kleinstädter in das große Hamburg, wird selbst das U-Bahnfahren zum Abenteuer: Alles ist hier größer, schneller, moderner, prominenter, der Kaffee „fair trade", die Currywurst gleich bio. Gibt es daheim allenfalls die Qual der Wahl zwischen H&M und C&A, betritt man hier ein Universum einzigartiger Geschäftsideen. Unweigerlich stößt man als Landei dabei auf die Spezies „Kombiläden". Einer der Pioniere ist Hermann Dreyer mit seinem **Scarpovino**. Vor knapp 20 Jahren in der Schanze eröffnet, verkauft Dreyer dort hochwertige Damen- und Herrenschuhe zusammen mit insgesamt 800 Weinen. Wer gutes Schuhwerk liebt, der wird auch den edlen Barolo dazu kaufen, oder? Alles eine Frage des Lebensstils. Oder des Marketings: Je länger der Kunde im Geschäft verweilt, so die Einzelhandelsregel, desto größer die Chance, ihn zum Kauf zu verführen.

Es gibt viele kleine Kombiläden in Hamburgs großer Shoppingwelt: **Die Pampi** verkauft dänische Möbel und Wohnaccessoires mit portugiesischem Kaffee, **Gute Köpfe** ist Café und Friseur in einem. Ungewöhnlich auch die Kooperation von Plattenladen und Friseursalon – bei **otaku records** stöbert man sich zuerst durch alle Musikrichtungen, um anschließend, einen Raum weiter, den Kopf gewaschen zu bekommen.

Am außergewöhnlichsten aber ist der **Salon du Bloc**, das erste Boulder(Klettern ohne Seil)-Café in Hamburg. In dem hallengroßen Raum sind alle Wände mit Holz und Griffen verkleidet, der Boden mit dicken Matten ausgelegt. Und mittendrin auf einer Empore können es sich die Interessierten, Wartenden, Unsportlichen auf Sofas mit Kaffee oder Bier gemütlich machen und denen hinterher schauen, die die Wände hochlaufen. Übrigens: Die Urmutter aller Kombigeschäfte ist auch ein echtes Hamburger Unternehmen: Tchibo.

(D 2/3) **Die Pampi** Hellkamp 70, Tel. 89 72 69 96 www.diepampi.de *Mo-Fr 7-19, Sa, So 8-19 Uhr*

(F 5) **otaku records** Feldstr. 45, Tel. 43 53 25 www.otaku-records.de *Mo-Fr 11-20, Sa 11-18 Uhr*

(G 4) **Gute Köpfe** Grindelallee 132, Tel 44 50 62 82 www.gutekoepfe.de *Mo-Do 11-20, Fr 11-22 Uhr*

(E 4) **Salon du Bloc** Eppendorfer Weg 4, Tel. 35 56 46 98 www.salondubloc.de *tgl. 10-23 Uhr*

(E/F 5) **Scarpovino** Susannenstr. 29, Tel. 439 00 43 www.scarpovino.de *Mo-Fr 10-19, Sa 10-17 Uhr*

(N 2) **Alsterhaus**
Nach dem Umbau des Traditionshauses von 1912 sind die Etagen hell und schick. Internationale Designer, Feinkostabteilung und Weinverkostung.
Jungfernstieg 16-20
Tel. 35 90 10, www.alsterhaus.de
Mo-Sa 10-20 Uhr

(c 3) **Andronaco**
Bei dem italienischen Großhändler gibt es hauchdünnen Parmaschinken oder Spianata Calabrese. In den Regalen: 660 Nudelsorten, 1200 verschiedene Weine und alles, was Italien ausmacht. Die Pasta im Bistro ist mittags nicht gerade al dente. Lieber Vorspeisen und Gambas essen.
Halskestr. 48, Tel. 78 08 13 51
www.andronaco.de
Mo-Fr 9-19, Sa 9-16 Uhr

(E 4) **Behütet**
Federhüte, Kappen, Haarreifen – alles, was Frau und Mann auf dem Kopf tragen können. Designerin Birke Breckwoldt ist für Kundenwünsche offen.
Weidenstieg 16, Tel. 51 31 02 03
www.birkebreckwoldt.de
Di-Fr 10-13, 14-19 Uhr
Sa 10-16 Uhr

(N 2) **Buchhandlung Felix Jud**
Veröffentlichungen zu Kunst, Philosophie und Weltgeschichte, aber auch Belletristik – zwischen Tradition und Avantgarde. Mit Antiquariat.
Neuer Wall 13, Tel. 34 34 85
www.felix-jud.de
Mo-Fr 10-18.30, Sa 10-16 Uhr

(G 2) **D'or**
Secondhand vom Feinsten: Da kann frau auch mal ein Kleid von Jil Sander entdecken. Designermode, Antiquitäten, Schmuck, Schuhe (Neuware).
Eppendorfer Baum 6
Tel. 46 88 19 63, www.d-or.de
Mo-Fr 10-19, Sa 10-18 Uhr

(N 2) **Dr. Götze Land & Karte**
Deutschlands größte geografische Fachbuchhandlung mit fast allen nur erdenklichen Karten dieser Welt. Reiseliteratur, moderne Navigationshilfen.
Alstertor 14-18, Tel. 357 46 30
www.mapshop-hamburg.de
Mo-Fr 10-19, Sa 10-18 Uhr

(D 7) **FrischeParadies Goedeken**
Fangfrischer Fisch auf Eis, in den begehbaren Kühlräumen frische Kräuter und ausgefallene Gemüsesorten: der beste Lebensmittelladen der Stadt!
Große Elbstr. 210
Tel. 38 90 83 33
www.frischeparadies.de
Mo-Fr 8-19, Sa 8-16 Uhr

(H 4) **Gebrüder Jürgens**
Absolute Küchenklassiker – von den Le-Creuset-Töpfen bis zum ultimativen Eislöffel.
Mittelweg 125, Tel. 44 31 97
www.gebrueder-juergens.de
Mo-Fr 9.30-18, Sa 9.30-14 Uhr

(L 2) **Globetrotter**
Was 1979 als Klitsche für Weltenbummler begann, ist heute Europas Marktführer für Outdoor-Artikel: Megastore auf 4000 m^2 mit Kältekammern und Kanu-Paternoster.
Wiesendamm 1, Tel. 29 12 23
www.globetrotter.de
Mo-Fr 10-20, Sa 9-20 Uhr

(N 2) **Hanse CD**
Was Sie auch hören wollen – hier finden Sie es. Kompetente Beratung. Wunderbar zum Stöbern und Reinhören.
Große Bleichen 36
Tel. 34 05 61, www.hanse-cd.de
Mo-Fr 10-19.30, Sa 10-19 Uhr

(M 2) **Haute Couture Stoffe Möller**
Kaschmir, Leinen, Seide – hier finden Sie die schönsten und feinsten Stoffe. Und das

Die großen Lettern (N 2) beziehen sich auf die MERIAN-Karte auf S. 203, die kleinen (c 3) auf die Karte auf S. 202

Die Mellin-Passage von 1846 führt von den Alsterarkaden zum Neuen Wall, direkt zur Buchhandlung Felix Jud

zu erschwinglichen Preisen.
ABC-Str. 46, Tel. 890 45 46
www.stoffe-moeller.de
Mo-Fr 11-18, Sa 11-14 Uhr

(N 2) **Juwelier Wilm**
Familienunternehmen in siebter Generation. Wertvolle Unikate und modern gestaltete Ketten.
Ballindamm 26, Tel. 325 65 50
www.mark-wilm.de
Mo-Fr 10-19, Sa 11-16 Uhr

(G 2) **Kaufrausch**
Ausgefallene Handtaschen, extravaganter Schmuck – im kleinen Kaufhaus im Eppendorfer Altbau gibt es originelle Artikel.
Isestr. 74, Tel. 47 71 54
www.kaufrausch-hamburg.de
Mo-Fr 11-19, Sa 11-18 Uhr

(N 2) **Ladage & Oelke**
Gediegener Familienbetrieb seit 1845. Hochwertige Produkte aus feinster Wolle und edlem Tuch. Rahmengenähte englische Schuhe.
Neuer Wall 11, Tel. 34 14 14
www.ladage-oelke.de
Mo-Fr 10-19, Sa 10-18 Uhr

(O 2) **Mutterland**
Bio-Feinkost, attraktiv verpackt: Schokoladen und Wildpasteten, aber auch liebevoll zubereitete, frische Pausenbrote für den kleinen Hunger.
Ernst-Merck-Str. 9
Tel. 28 40 79 78
www.mutterland.de
Mo-Sa 8-21 Uhr

(F 5) **Nuts and Pearls**
Extravagantes Ladenatelier im Karolinenviertel. Dort werden alte Perlen zu neuen Schmuckstücken umgestaltet.
Turnerstr. 10
Tel. 41 35 92 20
www.nutsandpearls.com
Mi-Fr 12-19, Sa 11-16 Uhr

(M 2) **Petra Teufel**
Hamburgs ausgefallenste Boutique. Hier gibt es das Aktuellste der internationalen Avantgarde: Burberry Prorsum, See by Chloé und Dries van Noten. Auch die Herrenmode ist spektakulär.
Hohe Bleichen 13
Tel. 378 61 60
www.petrateufel.de
Mo-Fr 10-19, Sa 11-18 Uhr

(J 6) **Policke**
Klassischer Herrenausstatter mit modischer Ware, kompetenten Verkäufern und guten Änderungsschneidern. Über 5000 Anzüge auf vier Etagen. Der Laden liegt etwas abseits, die Preise sind günstig.
Böckmannstr. 1a/2
Tel. 24 39 22
www.policke-herrenkleidung.de
Mo-Fr 9.30-19, Sa 9-15 Uhr

(M 3) **Sautter + Lackmann**
Die beste Kulturbuchhandlung der Stadt: alles zu den Themen Kunst, Architektur, Grafik-Design, Fotografie, Film und Mode. Sehr kompetente Beratung.
Admiralitätstr. 71, Tel. 37 31 96
www.sautter-lackmann.de
Mo-Fr 10-19, Sa 11-17 Uhr

(N 2) **Schacht & Westerich Papierhaus**
Allein die Auswahl an transparentem Papier ist faszinierend: alle Farbschattierungen in verschiedenen Stärken. Schöne Kugelschreiber und Füller.
Große Bleichen 36, Tel. 34 00 76
www.schacht-westerich-online.de
Mo-Sa 10-20 Uhr

(F 2) **Schmucke Perle**
Liebevoll aufgereiht werden die zum Teil antiken Perlen aus Venedig, Böhmen und Afrika zu langen/kurzen Ketten und Broschen. Jedes Stück ein Unikat.
Eppendorfer Weg 235
Tel. 46 77 51 16
www.schmuckeperle.de
Di-Fr 11-19, Sa 11-14 Uhr

(N 3) **Silke Wilhelm I.**
Bodenlange Abendkleider aus fließender Kaschmirseide oder liebevoll handbestickte Blusen. Die Mode von Silke Wilhelm ist zeitlos, edel und auch im Alltag tragbar. Ihr Showroom kann nach telefonischer Anmeldung besucht werden.
St. Annenufer 7
Tel. 76 97 87 74
www.silkewilhelm.com

(D 7) **Stilwerk**
Feine Einrichtungsläden auf fünf Etagen in einer alten Holzfabrik – von Bang & Olufsen bis zu Bauhaus-Klassikern.
Große Elbstr. 68
Tel. 30 62 11 00, www.stilwerk.de
Mo-Fr 10-19, Sa 10-18 Uhr
(So 13-18 Uhr Schautag)

(G 2) **Violas' Gewürze und Delikatessen**
Olivenöl aus den Abruzzen, Fleur de Sel aus Portugal, Earl-Grey-Schokolade – einfach schauen, schnuppern, schmecken. Besonders lecker sind die Bruschetta-Saucen.
Eppendorfer Baum 43
Tel. 46 07 26 76, www.violas.de
Mo-Fr 10-19, Sa 10-16 Uhr

(N 2) **Wempe**
Das Familienunternehmen ist inzwischen eine internationale Marke – und spezialisiert auf wertvolle Uhren. Eigenes Chronometerwerk seit 1938.
Jungfernstieg 8
Tel. 33 44 88 24
www.wempe.de
Mo-Fr 10-19, Sa 10-18 Uhr

Sehenswert

Alsterpavillon N 2
Alter Elbtunnel F 7
Cap San Diego F 7
Chilehaus O 3
Color Line Arena A 1
Dammtor-Bahnhof N 1
Davidwache E/F 6
Fernsehturm F 5
Fischauktionshalle E 7
Fischmarkt E 7
Hafencity H 3
Hamburg Dungeon N 3
Hauptbahnhof O 2
HSH Nordbank Arena A 2
Isemarkt G 2
Kaispeicher A (Elbphilharmonie) G 7
Köhlbrandbrücke b 3
Krameramtsstuben M 3
Landungsbrücken F 7
Literaturhaus J 4
Millerntor-Stadion F 6
Miniatur Wunderland M 3
Nikolaifleet M/N 3
Planetarium J 1
Rathaus N 2
Rickmer Rickmers F 7
Schulauer Fährhaus a 2/3
Speicherstadt M-O 3
Spielbank Hamburg N 1
StrandPauli E 7
Strandperle A 7
Traditionsschiffhafen N 3
View Point H 7

Straßen und Plätze

Beatles-Platz E 6
Große Freiheit E 6
Großneumarkt M 2
Jungfernstieg N 2
Magellan-Terrassen H 7
Marco-Polo-Terrassen H 7
Mönckebergstraße N/O 2
Neuer Wall M/N 2
Rathausmarkt N 2
Reeperbahn E/F 6
Spielbudenplatz E/F 6

Kirchen

St. Jacobi O 2
St. Johannis (Eppendorf) H 1
St. Katharinen N 3
St. Michaelis (Michel) M 3
St. Nikolai (Ruine) N 3
St. Petri N 2

Museen

Altonaer Museum C 6
BallinStadt (Auswanderermuseum) O 5
Bucerius Kunst Forum N 2
Deichtorhallen O 3
Galerie der Gegenwart O 2
hamburgmuseum F 6
Helms Museum b 4
Internationales Maritimes Museum O 3
Kunsthalle O 2
Museum der Arbeit L 2
Museum für Kunst und Gewerbe J 6
Museum für Völkerkunde G 4
Museum Prototyp O 3
Sammlung Falckenberg b 4
Speicherstadtmuseum N 3
Spicy's Gewürzmuseum N 3

Musik und Theater

Deutsches Schauspielhaus J 5/6
Die 2te Heimat C/D 6
Fabrik C 5
Fliegende Bauten F 6
Kammerspiele G 4
Kulturfabrik Kampnagel K 2
Laeiszhalle (Musikhalle) M 1/2
Neue Flora D/E 5
Ohnsorg-Theater N 2
Operettenhaus F 6
Schmidt Theater F 6
Staatsoper N 1
Thalia Theater O 2
Theater Haus im Park d 3
Theater im Hafen (Musicaltheater) F 7

Parks und Gärten

Alstervorland H 3/4
Botanischer Garten b 2/3
Große Wallanlagen F 6
Hagenbecks Tierpark C/D 1
Hirschpark a 3
Innocentiapark G 3
Jenischpark b 3
Ohlsdorfer Friedhof c 2
Planten un Blomen M 1
Stadtpark J/K 1
Sternschanzenpark F 4
Wildpark Schwarze Berge a/b 4

Von der Veddel in die Fremde: Fast fünf Millionen emigrierten zwischen 1850 und 1934

MERIAN | TIPP

Auf nach Übersee

Hamburg, Tor zur Neuen Welt: Die „BallinStadt" erinnert an die Zeit der großen Emigrantenwellen

Zu Beginn des 20. Jahrhunderts war Hamburg ein Zentrum der europäischen Auswanderung nach Übersee. Im Stadtteil Veddel bietet die Erlebnisausstellung **„BallinStadt"** Einblicke in die Zeit der großen Emigrantenströme.

Seit 2007 lässt sich in drei rekonstruierten Pavillons nachempfinden, wie hier Hunderttausende von Auswanderern auf ihre Überfahrt in die USA gewartet haben. Sie waren in großen Gebäuden untergebracht, die **Albert Ballin 1898-1901** auf der Elbinsel Veddel errichtet hatte. Der Direktor der Reederei HAPAG war einer der wichtigsten und reichsten Männer des Kaiserreichs. Mit den Auswandererhallen wollte er den Emigrationsprozess optimieren und die Einschleppung von Seuchen verhindern. Wegen mangelnder Hygiene und schlechten Unterkünften hatte Hamburgs Ruf als Auswanderungshafen gelitten – und damit auch Ballins Einnahmen. Er profitierte von den Emigranten – etwa den Juden, die vor den Pogromen im zaristischen Russland flüchteten.

Alles hatte System: von der Aufnahme der Personalien und der gründlichen Desinfizierung bei der Ankunft bis zur täglichen Arztkontrolle, die sich durch ein Trompetensignal zwischen 10.30 und 11 Uhr ankündigte. Schon wenige Jahre nach der Eröffnung war eine Erweiterung nötig. Nun konnten **auf 25 000 Quadratmetern bis zu 5000 Menschen** gleichzeitig untergebracht werden. Das Areal wurde zur kleinen Stadt – mit Barbier, Reiseladen, Wechselstube, Musikpavillon, Synagoge, Kirche und Alleen. Und doch waren alle Bewohner nur Besucher, schwebten wie im luftleeren Raum zwischen verlassener Heimat und noch weit entferntem Ziel, voller Hoffnungen und Ängste. Im Ersten Weltkrieg wurde diese Kleinstadt zum Lazarett umfunktioniert. Die HAPAG verlor ihre Flotte, Albert Ballin sah sein Lebenswerk zusammenbrechen und nahm sich 1918 das Leben. Die Hallen indes wurden 1924 bis 1934 weiter von Auswanderern frequentiert, vor allem von Deutschen, die zu Hause keine Zukunft mehr sahen. In den 60er Jahren wurden die Pavillons bis auf einen abgerissen. Heute wird hier das Leben der Emigranten dokumentiert, an Computern kann nach Auswanderern geforscht werden.

(0 5) **BallinStadt** Veddeler Bogen 2, Tel. 319 79 16
www.ballinstadt.de *tgl. 10-18 Uhr (letzter Einlass 17 Uhr)*

GESCHICHTSDATEN

831/32 Gründung des Bistums Hamburg, das bis 848 besteht. Die Festung Hammaburg soll das Reich der Franken gen Norden absichern.
845 Wikinger zerstören die Hammaburg.
10./11. Jh. Bei Überfällen durch die Wenden wird die Siedlung mehrmals zerstört.
1111 Graf Adolf I. von Schauenburg wird mit den Grafschaften Holstein und Stormarn – zu Letzterer gehört Hamburg – belehnt. Die Handelssiedlung erlebt einen Aufschwung.
1188 Auf der westlichen Alsterseite wird eine Kaufmannssiedlung („Neustadt") mit einem Hafen nahe dem heutigen Nikolaifleet errichtet.
1189 Angeblich garantiert Friedrich I. Barbarossa der Neustadt freie Schifffahrt auf der Unterelbe. Der 7. Mai gilt seitdem als Hafengeburtstag.
1201 Hamburg gerät unter dänische Herrschaft.
1214 Stauferkönig Friedrich II. tritt das Gebiet nördlich der Elbe formell an Dänemark ab.
1227 Ein Koalitionsheer deutscher Fürsten beendet die Herrschaft der Dänen in Hamburg.
um 1235 Ein Damm am späteren Jungfernstieg macht die Alster zum Stausee.
1321 Beitritt zum Kaufmanns- und späteren Handelsstädtebund der Hanse.
1350 Rund ein Drittel der Hamburger Bevölkerung fällt der Pest zum Opfer.
1400 Der Seeräuber Klaus Störtebeker wird auf dem Grasbrook enthauptet.
1510 Hamburgs Status als reichsfreie Stadt wird bestätigt.
1529 Mit der ersten evangelischen Kirchenordnung wird Hamburg protestantisch.
um 1535 Entstehung der Siedlung Altona.
1558 Hamburger Kaufleute gründen Deutschlands erste Börse.
1616-25 Bau eines Festungsrings, der die Stadt im Dreißigjährigen Krieg vor Zerstörungen bewahrt.
1678 Deutschlands erste bürgerliche Oper, das Opernhaus am Gänsemarkt, wird eröffnet.
1806-14 Napoleonische Truppen besetzen die Stadt, 1811-14 ist Hamburg – als Hauptstadt des Départements Elbmündungen – Teil des französischen Kaiserreichs.
1842 Der „Große Brand" zerstört einen beträchtlichen Teil der Stadt, 20 000 Hamburger sind obdachlos.
1842-44 Eröffnung der ersten Eisenbahnlinien (nach Bergedorf und Kiel).
1847 Gründung der HAPAG – später die größte Reederei der Welt.
1850 Rund 170 000 Menschen leben in der Stadt und ihren Vorstädten St. Georg und Hamburger Berg (St. Pauli).
1867 Hamburg wird Mitglied des Norddeutschen Bundes.
1885 Der Bau der Speicherstadt beginnt. Mit Unterbrechungen dauert er bis 1927.
1888 Gründung des Freihafens, der Hamburg in den folgenden Jahren zum wirtschaftlichen Aufschwung verhilft.
1892 Eine Cholera-Epidemie fordert mehr als 8600 Tote.
1897 Einweihung des neuen Rathauses.
1907 Carl Hagenbeck eröffnet seinen Tierpark in Stellingen.
1912 Hamburg ist Millionenstadt. In der Rangordnung der größten Welthäfen liegt die Stadt auf Platz drei hinter London und New York.
1914-18 Im Ersten Weltkrieg fallen 40 000 Hamburger Soldaten. Der Versailler Vertrag ordnet die Ablieferung fast der gesamten Handelsflotte der Stadt an.
1919 Helene Lange eröffnet das erste demokratisch gewählte Parlament der Stadt. Die SPD hält die absolute Mehrheit in der Bürgerschaft.

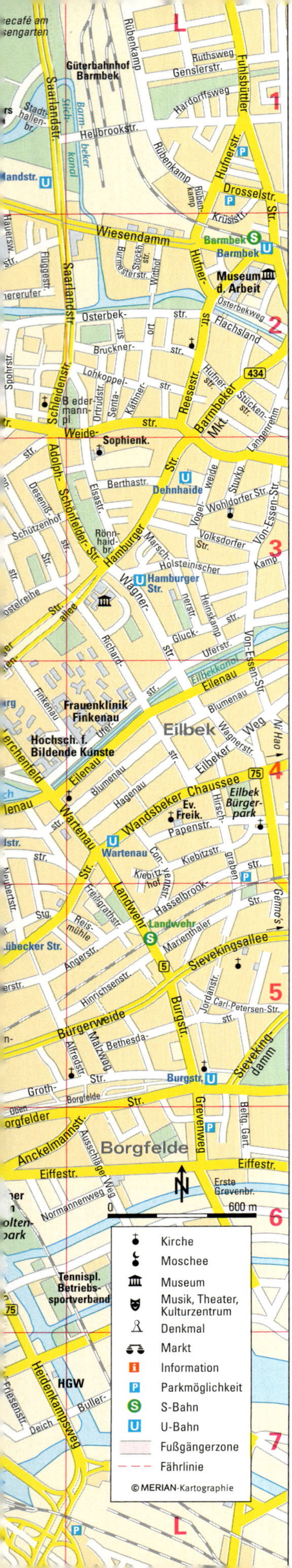
Güterbahnhof Barmbek
Wiesendamm
Barmbek
Museum d. Arbeit
Dehnhaide
Hamburger Str.
Eilbek
Frauenklinik Finkenau
Hochsch. f. Bildende Künste
Wandsbeker Chaussee
Wartenau
Landwehr
Burgstr.
Borgfelde
Tennispl. Betriebssportverband
HGW
0
600 m
Kirche
Moschee
Museum
Musik, Theater, Kulturzentrum
Denkmal
Markt
Information
Parkmöglichkeit
S-Bahn
U-Bahn
Fußgängerzone
Fährlinie
© MERIAN-Kartographie

Hamburg Innenstadt
0
270 m
Rotherbaum
Außenalster
Planten un Blomen
Messegelände
CCH-Congress Centrum Hamburg
Botanisches Mus.
Alter Botanischer Garten
Binnenalster
Alsterpavillon
Hotel Vier Jahreszeiten
Kennedybrücke
Lombardsbrücke
Hotel Atlantic
Galerie der Gegenwart
Hamburger Kunsthalle
Hauptbahnhof
Thalia-Theater
Laeiszhalle
Staatsoper
Hanseviertel
Ohnsorg-Theater
Bucerius Kunst Forum
Rathaus
Börse
St. Petri
St. Jacobi
Altstadt
Michaelis (Michel)
Krameramtsstuben
Fleetstreet
Patriotische Gesellschaft
St. Nikolai Turm
St. Katharinen
Deutsches Zollmus.
Speicherstadt
Dialog im Dunkeln
Deichtorhallen
Binnenhafen
Miniatur Wunderland
Hamburg Dungeon
HafenCity Info-Center
Maritimes Museum
Das Feuerschiff City Sporthafen
Sandtorhafen (Traditionsschiffh.)
© MERIAN-Kartographie

Hafen
Ottensen
Altona
St. Pauli
Fischmarkt
Landungsbrücken
Steinwerder
Musical-theater
Grasbrook
Norderelbe
Waltershof
Container-terminal
Burchard-kai
Eurokai
Kleiner Grasbrook
Veddel
BallinStadt
Neuhof
Kattwyk
Wilhelmsburg
Altenwerder Kirche
Container-Terminal Altenwerder (CTA)
S-Bahn
Fährlinie im Hamburger Verkehrsverbund (HVV)
0
1,5 km
© MERIAN-Kartographie

F
G
H
J
K
Eppendorf
Universitäts-klinikum Eppendorf
Eppendorfer Park
Bezirksamt Nord
Kellinghusens Park
St. Johannis
Damenstift St. Johannis
Winterhude
Stadtpark
Landhaus Walter
Planetarium
Tennis-Hockeypl. Harvestehuder THC
Stadtparksee
Johanneum
Wiesendamm
Jahreszeiten Verlag
Goldbek-Haus
Kulturfabrik Kampnagel
Barmbek
Hoheluft-West
Hoheluft-Ost
St. Markus
Isemarkt
Klosterstern
St. Nikolai
Eichenpark
Innocentiapark
St. Elisabeth
Geologisches Landesamt
Funkhaus Hamburg
Harvestehude
Pöseldorf
Alstervorland
Hansastr. Center Court
Bundesvermögens-amt
Musikhochsch.
Mus. für Völkerkunde
Rotherbaum
Außenalster
Uhlenhorst
Literaturhaus
Schwanenwikbrücke
Hohenfelder Brücke
Hohenfelde
Jerusalem-krkhs.
Geomatikum
Geolog.-Paläontolog. Mus.
Univ.
Sternschanzenpark
Wasserturm
Universität
Staatsbibliothek
Planten un Blomen
CCH-Congress Centrum Hamburg
Parksee
Messegelände
Dammtor
Moorweide
Ausschnitt siehe Nebenkarte
Botan. Mus.
Alter Botanischer Garten
Kennedybrücke
Lombardsbr.
Gurlitt-Insel
St. Georg
Mariendom
Allgemeines Krankenhaus St. Georg
Alsterschwimmhalle
Karolinenviertel
Neustadt
Gorch-Fock-Wall
Binnenalster
Hamburger Kunsthalle
Galerie der Gegenwart
Dt. Schauspielhaus
Hbf.
Hauptbhf.
ZOB
Mus. f. Kunst u. Gewerbe
Millerntor-Stadion (FC St. Pauli)
Heiligengeistfeld
Große Wallanlagen
hamburgmuseum
St. Pauli
Schmidt Theater
Operettenhaus
Alter Elbpark
Bismarck-Dkm.
St. Michaelis
Jungfernstieg
Thalia Theater
Ohnsorg-Theater
Rathaus
Rathausmarkt
Börse
Altstadt
St. Jacobi
St. Petri
St. Nikolai
St. Katharinen
Speicherstadt
Deichtorhallen
Markthalle
Kunstverein
Hammerbrook
Hammerbr. Schleuse
Klostertor
Landungsbrücken
Rickmer Rickmers
Cap San Diego
Das Feuerschiff
Binnenhafen
Niederhafen
Kehrwieder
Sandtorhafen
Harbour-Hall
Magellan-terrassen
Grasbrookhafen
Hafencity
View Point
Neues Metropol Musicaltheater (König der Löwen)
Kaispeicher A (Elbphilharmonie, im Bau)
Güterbahnhof
Oberhafen
Versmannkai
Überseeallee

Stadttour en passant: Die o
irdische Strecke der U 3
Landungsbrücken bis Rödi
markt ist außerirdisch sc

1920er Jahre Bau des Kontorhausviertels.
1933 Die Bürgerschaft wird von den Nationalsozialisten aufgelöst.
1937 Die preußischen Nachbarstädte Altona, Harburg-Wilhelmsburg und Wandsbek werden eingemeindet.
1939 Hamburg hat 1,7 Millionen Einwohner.
1943 „Operation Gomorrha": Britische und amerikanische Bomber legen die Stadt in Schutt und Asche. Mehr als 30 000 Einwohner sterben, ein Drittel aller Wohnhäuser wird zerstört.
1948 Unter britischer Kontrolle werden zahlreiche Publikationen (*Die Zeit*, *Stern*, *Der Spiegel*) gegründet, die erste Ausgabe von MERIAN erscheint. Hamburg wird Medienstadt.
1949 Die Freie und Hansestadt wird selbständiges Bundesland.
1960 Im „Indra", Große Freiheit 64, spielt erstmals die noch unbekannte Band The Beatles.
1962 Eine Sturmflut überschwemmt ein Fünftel des Stadtgebietes. 340 Menschen sterben, über 25 000 Helfer sind im Einsatz.
1964 Hamburg hat 1,9 Millionen Einwohner.
1968 Das erste Vollcontainerschiff wird gelöscht.
1974 Fertigstellung der Köhlbrandbrücke im Hafen.
1975 Eröffnung des neuen Elbtunnels.
1981 In der Hafenstraße werden leer stehende Wohnhäuser von Autonomen besetzt. Der Konflikt beschäftigt die Stadt jahrelang.
1995 Hamburg wird Bischofssitz des neuen Nordbistums.
2000 Der Internationale Seegerichtshof nahe der Elbchaussee nimmt seine Arbeit auf.
2002 Mit der Color Line Arena bekommt Hamburg eine überdachte Multifunktionsarena.
2003 Baubeginn Hafencity.
2007 Baubeginn der Elbphilharmonie in der Hafencity.
2008 Erste schwarz-grüne Koalition Deutschlands auf Landesebene.

AUSKUNFT

Zeitschrift und Internet

Im Monatsmagazin PRINZ finden sich alle Termine. Ständig aktualisierte Tipps nicht nur zum Nacht- und Szeneleben bietet die Website **http://hamburg.prinz.de**. Die offizielle Tourismusseite **www.hamburg-tourismus.de** hilft beim Buchen von Hotelzimmern und Tickets. **www.hamburg.de** ist das amtliche Portal der Hansestadt. Weitere Informationen bieten **www.hamburg-magazin.de** und der Online-Reiseführer **www.gohamburg.de.**

Touristeninformationen

Schriftliche Infos gibt es über die Hamburg Tourismus GmbH, Steinstr. 7, 20095 Hamburg, Tel. 30 05 13 00, Mo-Sa 9-19 Uhr.
Vier weitere Touristeninformationen sind: im **Hauptbahnhof**, Ausgang Kirchenallee, Mo-Sa 8-21, So 10-18 Uhr; am **Hafen** (St. Pauli Landungsbrücken zwischen Brücke 4 und 5), Apr.-Okt. tgl. 8-18 Uhr, Nov.-März 10-18 Uhr; am **Flughafen Fuhlsbüttel**, Terminal 1 + 2 (Ankunft), tgl. 6-23 Uhr, und im **Dammtorbahnhof** (Ausgang Congress Centrum Hamburg), Mo-Fr 8-19.45 Sa 10-16 Uhr.

UNTERWEGS IN DER STADT

Mit dem HVV

Rund 190 Buslinien und neun U- und S-Bahnlinien bringen Sie an jeden Punkt der Stadt. Für Touristen geeignet ist die 9-Uhr-Karte des Hamburger Verkehrsverbundes HVV. Gute Alternative: Die Hamburg CARD der Hamburg Tourismus GmbH gilt für alle öffentlichen Verkehrsmittel im Großbereich Hamburg und bietet Rabatte bei Sehenswürdigkeiten, Stadt- und Hafenrundfahrten, in Restaurants und Geschäften. Es gibt sie für einen, 3 oder 5 Tage sowie für Einzelpersonen und Gruppen (8-51 €). Erhältlich bei den Touristeninformationen und HVV-Ticketschaltern. Tel. 30 05 13 00, www.hvv.de, www.hamburg-tourismus.de

Mit dem Rad

„Call a Bike"-Räder der Deutschen Bahn gibt es am Hauptbahnhof und müssen dort wieder abgegeben werden. An sieben Punkten in der Innenstadt (Spitalerstraße, Mönckebergstraße, Rathausmarkt, Jungfernstieg, Gänsemarkt, Dammtor, Landungsbrücken) stehen Räder von „Nextbike" bereit. Bei beiden Anbietern werden die Velos über einen Telefonanruf freigeschaltet. Außerdem gibt es zahlreiche Geschäfte, die Zweiräder vermieten. Wer selbst nicht treten will, der bestellt sich ein Fahrrad-Taxi. Standorte: Landungsbrücken und Innenstadtbereich.
DB-Räder, www.callabike.de; Nextbike, Tel. 391 85 04 75, www.nextbike.de; Fahrradverleihservice Altona, Thadenstr. 90-92, Tel. 439 20 12, www.fahrradverleih-altona.de; Fahrradladen St. Georg, Schmilinskystr. 6, Tel. 24 39 08; Fahrradtaxen Tel. 0162 108 90 20, www.trimotion.de

Mit Tretboot und Segeljolle

Um die Alster und Oberalster herum können von April bis Okt. Kanus, Ruder-, Tret- und Segelboote (Segelschein notwendig) ausgeliehen werden. Der Klassiker: Segelschule & Bootsverleih Käpt'n Pieper (östliches Alsterufer), An der Alster/Atlanticsteg, Tel. 24 75 78, www.segelschule-pieper.de; Bobby Reich (nördliches Alsterufer), Fernsicht 2, Tel. 48 78 24, www.bobbyreich.de; Bodos Bootssteg, Harvestehuder Weg 1 b, Tel. 44 06 54, Stadtparksee, Südring 5 a, Tel. 27 34 16, www.stadtparksee.de; Café Sommer-Terrassen (Goldbekkanal), Südring 44, Tel. 270 62 74; Dornheim (Osterbekkanal), u. a. venezianische Gondeln, Kaemmererufer 25, Tel. 279 41 84, www.bootsvermietung-dornheim.de

GEFÜHRTE STADTTOUREN

Die Hamburg Tourismus GmbH bietet eine Fülle von geführten Rundgängen und Rundfahrten, etwa zu Hamburgs Kontorhäusern, St. Georg oder HafenCity. www.hamburg-tourismus.de

Per Bus

Doppeldeckerbusse (bei Sonne als Cabrio-Version) starten im Sommer alle halbe Stunde an den Landungsbrücken oder am Hauptbahnhof, Kosten ca. 13 €. Außerdem sind spezielle Touren, z. B. durch das Hafengelände, auf die Containerterminals Burchardkai und Altenwerder und zu architektonischen Highlights, möglich (Voranmeldung). Ganz neu: Die Tour „Filmstadt Ham-

Mit maritimem Flair: Die neue Messe fügt sich perfekt ins Stadtbild

burg – das rollende Kino" führt zu rund 20 Drehorten und erzählt deren Hintergrundgeschichten.
Jasper, Tel. 22 71 06 10, www.jasper.de;
Die Roten Doppeldecker, Tel. 79 28 79, www.die-roten-doppeldecker.de

Rundflüge

Hamburg von oben entdecken, zum Beispiel in einer historischen, dreimotorigen Junkers Ju 52, im Hubschrauber oder im Heißluftballon.
Junkers Ju 52, Flughafen Fuhlsbüttel, Deutsche Lufthansa-Berlin-Stiftung, Tel. 50 70 17 17, www.lufthansa-ju52.de;
Helicopter-Service Wasserthal, nach Anmeldung, Tel. 640 10 81, www.wasserthal.com;
Ballons über Hamburg, Gärtnerstr. 20, Tel. 48 46 77 www.ballons-ueber-hamburg.de

Auf dem Wasser

Alsterschiffe

Großes Angebot an Rund- und Sonderfahrten wie die Punschfahrt im Winter, die Tour durch die illuminierte Speicherstadt, die Literaturfahrt (viermal im Jahr, empfehlenswert!) oder eine Fahrt durch die Kanäle mit Blick in die Gärten der Hanseaten. Fahrpläne und Termine unter www.alstertouristik.de. Anleger Jungfernstieg, Tel. 357 42 40, Mi-So ab 10 Uhr

Barkassentörn

„He lücht" („Er lügt"), das wird über die Barkassenführer im Hamburger Hafen gerne mal gesagt. Trotzdem sind die Geschichten schön, die sie bei den Touren durch das Hafenbecken und/oder die Speicherstadt erzählen. Die größeren, beheizten Schiffe der HADAG fahren auch zu den Containerterminals nach Waltershof.
St. Pauli Landungsbrücken, Abfahrt im Sommer stündlich.
Tel. 37 31 68, www.barkassen-centrale.de; Tel. 317 73 70, www.barkassen-meyer.de;
Tel. 311 70 70, www.hadag.de

Alternative Hafenrundfahrt

Orientteppiche, Südfrüchte, Kakaobohnen – wer gewinnt und wer verliert wie viel beim Handel mit der Dritten Welt? Was verbirgt sich in den Containern? Interessant für alle, die abseits der touristischen Pfade schippern wollen.
Vorsetzen, gegenüber U-Bahn Baumwall, Tel. 18 98 67 58 www.hafengruppe-hamburg.de

Zu Fuß

Spurensuchen

Geführte Touren zu verschiedenen Themen, z. B.: „Hammaburg, Hexen und Hanseaten", „Der Atlantik wartet – Auswanderungsstadt Hamburg" oder „Wat heet hier Goethe!" (Hamburgs Theatergeschichte).
Tel. 41 28 10 87
www.spurensuchen.de

Touristjogging

Nicht schlendern, sondern Laufschuhe schnüren und losrennen: individuell verschiedene Routen bietet Gösta. Keine Angst, bei ihm hält jeder mit. Und lernt viel dabei.
Tel. 0163 17 38 780
www.touristjogging.de

Nachtwächter

Der Hamburger Geschichtenerzähler Volker Roggenkamp hat 14 verschiedene Touren im Programm. Erleben Sie mit ihm eine Fackelführung durch die Speicherstadt oder genießen Sie einen literarischen Spaziergang. Literarische Führungen finden nur nach Anmeldung statt. Tel. 36 62 69, www.hamburger-nachtwaechter.de

Stadt-Land-Fluss

Thematische Touren in Begleitung eines hanseatischen Kaufmanns im Frack und mit Zylinder oder ein „Buddenbrook-Dinner" mit literarischen Kostproben. Tel. 390 84 73 www.stadtlandfluss-hh.de

Hurentour

Bestbesuchter Stadtrundgang Deutschlands. Mit den seriösen und kompetenten Fremdenführerinnen über die Glitzermeile. Irma, Lola und Aspasia erzählen alles über die weltbekannte Amüsiermeile.
Anmelden unter
Tel. 01805 12 52 25
www.hurentour.de

Per Fahrrad

Die Stadt auf liebevoll restaurierten, gemütlichen Rädern erkunden – dabei bleibt Zeit für einen Klönschnack mit den Führern. Auch Touren ins Umland sind möglich. Anmeldung erforderlich.
Hamburg per Fahrrad, Elbberg 6-8, Tel. 0151 52 84 44 48, www.hamburg-per-fahrrad.de, Sa, So 10.30 Uhr

Per Roller

Stadttour für alle, die's futuristisch mögen: auf einem vom Computer ausbalancierten Segway-Roller durch die Stadt schweben. Eine kurze Schulung erklärt vor dem Start die Handhabung. Inklusive Soundkulisse über Audiosystem. Fahrspaß ist garantiert. Die Touren dauern ca. 2,5 Stunden. Anmeldung Tel. 47 11 33 00, www.segway-citytour.de
März-Okt.

Hamburg in Zahlen

Einwohner 1,7 Mio.
Aufteilung 7 Bezirke, 105 Stadtteile, auch die Nordseeinseln Neuwerk und Scharhörn gehören dazu
Gesamtfläche 755,2 km^2, darunter 60 km^2 Wasserflächen (Außenalster: 1,6 km^2) und 74,4 km^2 Hafenfläche. Rund ein Sechstel der Stadt sind Grünflächen
Klima Milde Winter, wärmster Monat ist der Juli (Mittelwert 18,4 Grad Celsius), die meisten Sonnenstunden können Touristen im Mai erwarten
Höchste Erhebung Harburger Berge, 116 m ü. NN
Höchstes Gebäude 278 m (Fernsehturm)
Brücken 2496 (mehr als Amsterdam und Venedig zusammen)
Länge des neuen Elbtunnels 3325 m
Wichtigste Wirtschaftszweige Konsumgüter, Luftfahrtindustrie, Logistik, Chemie, Elektrotechnik, Medien; Güterumschlag im Hafen ca. 140 Mio. Tonnen im Jahr
Touristen 4 Mio. Gäste und 7,4 Mio. Übernachtungen 2007. Hamburg ist für Kulturkurzreisende das beliebteste Ziel in Deutschland.
Telefonvorwahl 040

MERIAN-Stadtplan
HAMBURG
Stellingen
Hagenbecks Tierpark
Lokstedt
Langenfelde
Eimsbüttel
Bahrenfeld
Altonaer Volkspark
Ottensen
Övelgönne
Altona-Nord
Altona-Altstadt
Stresemannstr.
Kieler Str.
Holstenstr.
Max-Brauer-Allee
Behringstr.
Elbchaussee
Palmaille
Königstr.
Friedhof Bornkamp
Friedhof am Diebsteich
Jüdischer Friedhof
Wohlers Park
Walter-Möller-Park
Bonnepark
Lutherpark
Altonaer Rathaus
Altonaer Theater
Altonaer Mus.
Fischereihafen Dockland
St.-Pauli-Fischmarkt
Fischauktionshalle Altona
Neuer Elbtunnel
Elbe
Norderelbe
Blohm+Voss-Werft
HSH Nordbank Arena (HSV)
ColorLine Arena
Neue Flora
Fabrik
Holsten-kamp
A
B
C
D
E
1
2
3
4
5
6
7

Prinz Top Guide Hamburg 2009 Travel House Media 2008, 5,90 €. Die besten Informationen zur Hamburger Gastronomie, Partyszene und Kulturlandschaft. Mit Shopping- und Freizeit-Tipps

MERIAN Reiseführer Hamburg Simone Schellhammer, Jan-Rüdiger Vogler, Travel House Media 2008, 264 S., 22,95 € Sehenswürdigkeiten, Hotels, Restaurants und Museen mit Insider-Tipps. Herausnehmbarer Stadtplan, sechs Tourenkarten.

MERIAN live! Alle von Travel House Media. **Hamburg** Marina Bohlmann-Modersohn, 2008, 128 S., 9,50 € **Hamburger Hafen** Sascha Borrée Matthias Thiele, 2008, 128 S., 12,50 € **Hamburg Reeperbahn** Sarah Schelp, Sascha Borrée, Tim Cappelmann, 2008, 128 S., 12,50 € **Hamburger Spaziergänge** Gisela Buddée, 2007/2009, 160 S., 12,50 € In gewohnt kompakter Manier führt MERIAN live! durch Hamburg und konzentriert sich auf Themenschwerpunkte.

Hamburg: Bauen für die wachsende Stadt Ein Architekturführer Jovis 2006, 312 S., 4,95 € und **Hamburg: Parks und Plätze einer lebenswerten Stadt** Landschaftsarchitektur im Überblick Jovis 2008, 198 S., 4,95 € Viele Informationen auf engem Raum – passt in jede Hosentasche!

Hamburg Stadt- und Reiseführer Andrea Dimitriadis, Sindith Küster, PastFinder 2007, 144 S., 14,90 € „Entdecken, wie es damals war und heute ist" – Reiseführer mit historischem Schwerpunkt.

Schrittmacher Hamburg 154 Tipps, Entdeckungstouren, Lieblingsplätze Andrea Bierle, Carsten Kraemer, Schrittmacher 2008, 12,80 € In einer Schatulle verpackt: 154 Kärtchen mit ausgefallenen Empfehlungen.

Hamburg Kulturverführer Rolf Hosfeld, Metz 2007, 248 S., 14,80 € Übersichtliche Präsentation des Kulturangebots. Musik, Theater, Clubs – von traditionell bis innovativ.

Trends und Lifestyle in Hamburg und Umgebung Besonderheiten einer Großstadt Katrin Lipka, Max Mertens, Neuer Umschau Buchverlag 2007, 216 S., 29,90 € Trendige Mode, schicke Möbel – nach Stadtteilen sortierte Shopping-Adressen.

Hamburgs Geschichte – Mythos und Wirklichkeit Gisela Jaacks (Hg.), Ellert & Richter 2008, 136 S., 19,95 € Was ist dran am Mythos um Störtebeker? Experten räumen mit Sagen und Seemannsgarn auf.

Hanseaten Von stolzen Bürgern und schönen Legenden Matthias Wegner, Pantheon 2008, 464 S., 14,95 € Der Hamburger führt anekdotenreich durch die Geschichte vom Anfang der Hanse bis heute.

Hamburg – 69 Dichter und ihre Stadt Olaf Irlenkäuser, Stephan Sattleben, Hoffmann und Campe 2006, 272 S., 19,95 € Texte von und über Autoren wie Heinrich Heine und Matthias Claudius. Literarische Spurensuche durch verschiedene Stadtteile.

Hamburg Porträt einer Weltstadt Theo Sommer, Hoffmann und Campe 2007, 270 S., 15 € „... großartig, lebendig, mit Gefühl für Stil und Anstand, voller prächtiger Menschen" – solche und ähnliche Liebeserklärungen richtet der Ex-*Zeit*-Herausgeber an seine Stadt.

Alle Bücher können Sie bestellen unter www.merianshop.de

MERIAN | TIPP

The Hamburg Sound. Beatles, Beat und Große Freiheit
Ulf Krüger, Ortwin Pelc (Hg.), Ellert & Richter 2006, 240 S., 19,90 € Die Entwicklung der Musik, Kultur und Mode in den 60er Jahren, anschaulich mit vielen Fotos präsentiert. Zurzeit nur erhältlich im hamburgmuseum und im „K & K Center of Beat" (Laufgraben 16, Tel. 450 59 06).

Hamburg von oben
Michael Zapf (Fotos), Jörn Walter (Text), Ellert & Richter 2007, 160 S., 19,95 € Mehr als eine Sammlung von Luftaufnahmen: Ungewöhnliche Perspektiven offenbaren bisher nicht gesehene Details und Strukturen der Stadt.

Freuen Sie sich auf das nächste Heft | Im Handel ab 4. Dezember 2008

Spektakuläre Landschaft: Fly Geysir in der Black Rock Desert, Nevada

Alte Bräuche: Karneval in Oruro, Bolivien

Gigantische Städte: Shanghai

Zuletzt erschienen:

Oktober 2008

September 2008

August 2008

Juli 2008

Juni 2008

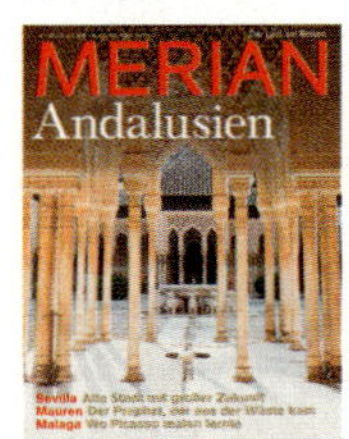

Mai 2008

Unsere Erde

Entdeckungsreisen von A bis Z

Wo liegt der einsamste Ort der Erde, und wie lebt es sich dort? Welche Überraschungen bergen unsere Ozeane? Wachsen unsere Städte ins Unendliche? Hat die Demokratie eine Zukunft? Macht uns das Internet immer dümmer? Wie sollen wir reisen? Und wohin? MERIAN Unsere Erde gibt Antworten und zeigt, wo die Welt am schönsten ist

> Urlandschaften: Relikte aus der Kinderstube des Planeten
> Megacitys: 50 Prozent der Menschheit leben auf zwei Prozent der Erdoberfläche
> Nicht überall sind YouTube und Google: das immaterielle Erbe der Menschheit
> Künstliche Welten: An manchen Orten hat sich der Mensch sein Paradies gebaut

Verpassen Sie nicht die nächsten MERIAN-Ausgaben: Argentinien | Linz und Oberösterreich | Cornwall und Englands Süden | Allgäu | Mallorca Abo: (040) 87 97 35 40 oder www.merian.de